T0355912

EL SECUESTRO DE BITCOIN

ROGER VER CON STEVE PATTERSON

EL SECUESTRO DE BITCOIN

LA **HISTORIA OCULTA** DEL BTC

Traducción de José Antonio Álvaro Garrido

MADRID - MÉXICO - BUENOS AIRES - SANTIAGO
2024

Título original: *Hijacking Bitcoin. the Hidden History of BTC*
© 2024. Del texto: Roger Ver con Steve Patterson
© 2024. De la traducción: José Antonio Álvaro Garrido
© 2024, De esta edición, Editorial EDAF, S.L.U., por acuerdo con el autor.
Diseño de la cubierta: Francisco Enol Álvarez Santana
Maquetación y diseño de interior: Francisco Enol Álvarez Santana
Todos los derechos reservados

Editorial Edaf, S.L.U.
Jorge Juan, 68,
28009 Madrid, España
Teléf.: (34) 91 435 82 60
www.edaf.net
edaf@edaf.net

Ediciones Algaba, S.A. de C.V.
Calle 21, Poniente 3323 - Entre la 33 sur y la 35 sur
Colonia Belisario Domínguez
Puebla 72180, México
Telf.: 52 22 22 11 13 87
jaime.breton@edaf.com.mx

Edaf del Plata, S.A.
Chile, 2222
1227 Buenos Aires (Argentina)
edafadmi@gmail.com

Edaf Chile, S.A.
Huérfanos 1178 - Oficina 501
Santiago - Chile
Telf: +56 9 4468 05 39/+56 9 4468 0597
comercialedafchile@edafchile.cl

Octubre de 2024
ISBN: 978-84-414-4373-0
Depósito legal: M-20430-2024

Papel 100% procedente de bosques gestionados deacuerdo con criterios de sostenibilidad.

PRINTED IN SPAIN   IMPRESO EN ESPAÑA
                                        COFÁS

Índice

Prólogo

La historia que van a leer aquí es una tragedia; la crónica de una tecnología monetaria emancipadora que se ha visto distorsionada para servir a otros fines. Resulta una lectura dolorosa, sin duda alguna, y es la primera vez que se cuenta esta historia con tanto detalle y sofisticación. Tuvimos la oportunidad de liberar al mundo. Esa oportunidad se ha perdido, lo más probable que debido a que ha sido secuestrada y distorsionada.

Aquellos de nosotros que hemos seguido el Bitcoin[1] desde sus primeros días, vimos con fascinación cómo cogía carrerilla y parecía ofrecer un camino alternativo viable para el futuro del dinero. De una vez, al cabo de miles de años de corrupción gubernamental en cuestiones de dinero, por fin teníamos una tecnología que resultaba intocable, sólida, estable, democrática, incorruptible y, además, era una puesta en práctica de la visión que han tenido los grandes campeones de la libertad a lo largo de toda la historia. Por fin, el dinero podía liberarse del control estatal y alcanzar así objetivos económicos, en lugar de políticos: prosperidad para todos, frente a guerra, inflación y expansionismo estatal.

Esa era la visión a la que respondía, desde luego. Pero no ha sido así. La implantación de Bitcoin es menor hoy que hace cinco años. No se encuentra en una trayectoria hacia la victoria final, sino en un camino diferente, con el objetivo de aumentar gradualmente el beneficio para los

---

[1] Se usa el término en mayúscula cuando hablamos de Bitcoin como concepto, y en minúscula cuando nos referimos a la criptomoneda (*N. del T.*).

primeros que lo adoptaron. En resumen, la tecnología se vio traicionada a través de pequeños cambios que casi nadie acertó a entender en su momento.

Yo, desde luego, tampoco. Llevaba unos años jugando con el Bitcoin y me asombraba sobre todo la velocidad de liquidación, el bajo coste de las transacciones y la posibilidad de que cualquier persona, sin necesidad de banco, pudiera enviar o recibir fondos sin mediación financiera. Es un milagro sobre el que escribí elogiosamente en su momento. En octubre de 2013 impartí en Atlanta (Georgia) una conferencia sobre criptomonedas, centrada en el aspecto intelectual y técnico. Fue una de las primeras conferencias nacionales sobre el tema, pero, incluso en este evento, noté que se daban cita dos bandos: los que creían en la competencia monetaria y aquellos cuyo único compromiso era con un protocolo.

El primer indicio que tuve de que algo iba mal me llegó dos años después, cuando, por primera vez, vi que la red se había atascado gravemente. Las comisiones por transacción se dispararon, las liquidaciones se hicieron más lentas y un gran número de plataformas de entrada y salida acabaron cerrando, debido a los elevados costes de gestión. No lo entendía. Me puse en contacto con varios expertos, que me explicaron que se había desarrollado una guerra civil silenciosa en el mundo de las criptomonedas. Los llamados «maximalistas» se habían vuelto en contra de la adopción generalizada de las mismas. Les gustaban las altas comisiones. No les importaba la lentitud a la hora de hacer las liquidaciones. Y muchos se estaban metiendo a fondo en el menguante número —gracias a la represión gubernamental— de *exchanges* de criptomonedas que seguían operativos.

Al mismo tiempo empezaban a estar disponibles nuevas tecnologías que mejoraban de una forma considerable la eficiencia y la disponibilidad del cambio en dólares fiduciarios. Entre ellas, estaban *Venmo, Zelle, CashApp, FB payments* y muchas otras, además de las aplicaciones para *smartphones* y *iPads* que permitían a cualquier comerciante de cualquier tamaño procesar tarjetas de crédito. Estas tecnologías eran completamente diferentes a la de Bitcoin, porque estaban basadas en permisos e intermediadas por empresas financieras. Pero a los usuarios les parecían geniales y su presencia en el mercado desplazó la utilización del Bitcoin en el preciso momento en el que mi amada tecnología se había convertido en una versión irreconocible de sí misma.

La bifurcación de Bitcoin en *Bitcoin Cash* se produjo dos años más tarde, en 2017, y estuvo acompañada de grandes gritos y alaridos como si estuviera sucediendo algo horrible. Pero, de hecho, todo lo que estaba ocurriendo era una mera restauración de la visión original del fundador Satoshi Nakamoto. Él creía, en sintonía con los historiadores monetarios del pasado, que la clave para convertir cualquier mercancía en dinero de curso corriente era la adopción y el uso del mismo. Es imposible siquiera imaginar las condiciones en las que cualquier mercancía podría adoptar el papel del dinero sin un escenario de uso viable y comercializable. *Bitcoin Cash* fue un intento de alcanzar todo eso.

El momento idóneo para impulsar la adopción de esta nueva tecnología era 2013-2016, pero ese momento se vio mediatizado desde dos direcciones: el estrangulamiento deliberado de la capacidad de tal tecnología para escalar y el empuje con el que llegaban nuevos sistemas de pago para desplazar las posibilidades de uso del Bitcoin. Como demuestra este libro, a finales de 2013 el Bitcoin ya era objeto de una persecución. En el momento en que *Bitcoin Cash* llegó al rescate, la red había cambiado todo su enfoque, desde usar a mantener lo que tenemos y a la construcción de tecnologías de segunda capa, para hacer frente a los problemas de escalado. Ahora estamos en 2024 con una industria que está luchando por abrirse su camino dentro de un nicho concreto, mientras los sueños de poner un precio «a la luna» se desvanecen en nuestra memoria.

Este es el libro que había que escribir. Es la historia de una oportunidad perdida de cambiar el mundo, una trágica historia de distorsión y traición. Pero también es una historia esperanzadora, acerca de los esfuerzos que podemos hacer para garantizar que el secuestro del Bitcoin no sea el capítulo final. Todavía existe la posibilidad de que esta gran innovación libere al mundo, pero el camino desde el punto en el que estamos hasta allí resulta ser más tortuoso de lo que cualquiera de nosotros hubiera imaginado.

Roger Ver no es el protagonista estelar de este libro, pero es de verdad un héroe de esta saga, siendo alguien no solo profundamente conocedor de las tecnologías, sino también un hombre que se ha aferrado a una visión emancipadora de Bitcoin desde los primeros días hasta el presente. Comparto su compromiso con la idea de una moneda *peer-to-peer* (directa entre pares) para las masas, junto con un mercado competitivo para el dinero de la libre empresa. Se trata de una historia documental de enorme importancia, y la polémica, por sí sola, pondrá en un apuro a cualquiera que crea estar en el otro bando. En cualquier caso, este libro tenía que existir, por doloroso que sea. Es un regalo para el mundo.

Jeffrey Tucker
Presidente del Instituto Brownstone

Introducción

He dedicado los últimos trece años de mi vida a intentar que el Bitcoin y otras criptomonedas se conviertan en el dinero del futuro. La tecnología tiene el potencial de hacer del mundo un lugar radicalmente más libre y próspero, y acabará siendo uno de los inventos más importantes de todos los tiempos. He pasado más de una década predicando sobre los beneficios de Bitcoin, financiado numerosas *startups* dentro de la industria, he construido mis propios negocios en torno a la misma, y he visto su precio aumentar en más de un 6.500.000%. Sin embargo, este libro no es una historia de amor, y desearía no tener que haberlo escrito. El proyecto en el que me involucré en 2011 se ha visto secuestrado y cambiado para peor.

Bitcoin se diseñó como dinero digital, utilizable en el comercio diario, con comisiones mínimas y transacciones rápidas, y así es como funcionó durante años. Pero hoy en día, Bitcoin se considera «oro digital», no apto para el comercio cotidiano, con elevadas comisiones y transacciones lentas, lo que supone una inversión completa del diseño original. Se habla de él como un «depósito de valor», sin prestar mucha atención a su utilidad como sistema de pago. Algunas personas incluso afirman que Bitcoin no puede funcionar como sistema de pago, porque no es escalable. Estas ideas comunes son sencillamente falsas. La razón por la que Bitcoin ya no se utiliza como dinero digital no tiene nada que ver con la tecnología subyacente. Se debe a que un grupo de desarrolladores de *software* se apoderó del proyecto, decidió cambiar su diseño y limitó intencionadamente su funcionalidad, ya fuera por incompetencia, para sabotear el proyecto o por una mezcla de ambos. La toma de control del proyecto se produjo entre 2014 y 2017 y, en última instancia, provocó que la red se dividiera en dos y que la industria de las criptomonedas se fracturara en mil pedazos. El diseño original todavía existe y sigue siendo muy prometedor, pero ya no cotiza con el símbolo BTC.

A medida que viajo y continúo hablando por todo el mundo sobre los beneficios de la criptomoneda, se me ha hecho evidente que casi nadie conoce la historia de la apropiación de Bitcoin. Las principales plataformas de debate en línea han sido censuradas con dureza durante años y se controla cuidadosamente la información que recibe la gente. Los maximalistas de Bitcoin —las voces que insisten en que todos los proyectos que no sean BTC son estafas— también contribuyen a desalentar la investigación crítica, sobre todo intimidando a la gente en las redes sociales. Cualquiera que cuestione su narrativa es objeto de burla al instante, y esto ha demostrado ser una táctica eficaz para silenciar la disidencia. Como nadie habla, los recién llegados no tienen casi ninguna oportunidad de conocer la verdadera historia y el diseño original de Bitcoin. Este libro proporciona esa información.

El secuestro de Bitcoin consta de tres partes: la Parte I es una mirada detallada al diseño original de Bitcoin y a los cambios radicales que se hicieron sobre el mismo; la Parte II es la historia de la toma del poder sobre el mismo, incluyendo las muchas tácticas sucias que se han empleado, tales como la censura, la propaganda y los ataques a negocios que disentían de la narrativa oficial; la sección final, la Parte III, trata sobre el rescate de Bitcoin de las garras de sus captores y proporciona una visión realista sobre el futuro.

Involucrarse en una tecnología rupturista, en los inicios de la misma, es el sueño de muchos emprendedores, y mi viaje ha estado lleno de momentos emocionantes e historias interesantes. Pero este volumen no es un libro de memorias. Su propósito es educar. Durante los últimos años he estado compartiendo esta información en conversaciones privadas, discursos públicos y vídeos *online*, pero ahora ha llegado el momento de ponerlo todo por escrito. El objetivo es ayudar a la gente a entender la situación actual del Bitcoin y cómo ha llegado hasta la situación actual. A los empresarios e inversores interesados en traer al mundo dinero digital rápido, barato, fiable y a prueba de inflación, les digo: todavía podemos hacerlo. Solo tenemos que trabajar juntos en el proyecto adecuado.

Parte I
Un diseño ingenioso

1.
Visión alterada

La revolución de las criptomonedas comenzó cuando Bitcoin se dio a conocer al mundo en 2009. En la última década Bitcoin ha pasado de ser algo completamente desconocido a convertirse en una sensación internacional que ha generado una nueva industria. Los empresarios intentan utilizar la tecnología para resolver una amplia gama de problemas, desde la simple mejora de los pagos en línea hasta la reconstrucción del sistema financiero mundial. Gracias a toda la cobertura informativa, la especulación de Wall Street y el entusiasmo en Internet, las criptomonedas son, probablemente, la tecnología más publicitada del siglo XXI. Sin embargo, a pesar del bombo y platillo que se le ha dado, y de los astronómicos aumentos de precios, su impacto en el mundo real ha sido algo menor. En el futuro podrían servir como base de un nuevo sistema financiero o convertirse en una alternativa al dinero emitido por los gobiernos, pero, hasta la fecha, el uso principal de las criptomonedas ha sido la especulación financiera.

La situación me recuerda a cuando vivía en Silicon Valley durante el *boom* de Internet de los años noventa. Se preveía que la tecnología de Internet revolucionaría el comercio en todo el mundo, lo que significaba que cualquier «empresa de Internet» sin infraestructura ni plan de negocio plausible podría recaudar millones con solo poseer un nombre de dominio *premium*. La especulación era alucinante. Muchas de las mayores empresas emergentes quebraron pocos años después de salir a bolsa. Sin embargo, a pesar del infame estallido de la burbuja de las *puntocom*, Internet ha revolucionado el mundo. La tecnología se ha convertido en una infraestructura esencial para la economía global y en una parte indispensable de la vida moderna, aunque su proceso de maduración ha tardado más de lo esperado. Las criptomonedas siguen un camino similar. A pesar de la especulación desenfrenada y la relativa falta de uso, parecen una parte inevitable de nuestro futuro.

Cualquier historia sobre las criptomonedas modernas debe comenzar con Bitcoin, el abuelo de todas ellas. Mi vida ha estado ligada al bitcoin desde que lo descubrí en 2010. Mis primeras monedas las compré a principios de 2011, por menos de un dólar cada una. Pocos meses después, el precio se disparó hasta los 30 dólares, para volver a caer hasta los 2 dólares en noviembre de ese mismo año; fue la primera de muchas fluctuaciones extremas de precios que desde entonces se han convertido en habituales en el sector. La rápida apreciación del precio, seguida de una caída del 80% o más, es un ciclo regular que se ha repetido varias veces en la corta historia de Bitcoin. La volatilidad da lugar a buenos titulares, ya que el público en general se centra casi exclusivamente en el precio. Pero, para mí, Bitcoin siempre ha sido algo más que una inversión financiera; se trata de una magnífica herramienta para aumentar la libertad económica en el mundo.

La primera comunidad Bitcoin estaba llena de gente excéntrica e ideas inusuales. Como muchos otros, me sentí especialmente atraído por el bitcoin debido a mis ideales políticos y filosóficos. Valoro enormemente la libertad humana y creo que los individuos deberían tener el máximo control sobre sus propias vidas. Cuanto más poder tiene un gobierno, menos poder tienen los individuos, y yo sabía, gracias a mis estudios de economía e historia, que el control de los bancos centrales sobre la oferta monetaria otorga un enorme poder a los gobiernos. Así que el Bitcoin me atrajo de forma natural, ya que está diseñado para funcionar sin una autoridad central que lo gobierne. La gente no tiene que pedir permiso para usarlo. No hay un Banco Central Bitcoin que controle el suministro de monedas, y la tecnología no reconoce fronteras internacionales. Pocas cosas tienen más potencial para aumentar la libertad global que el dinero digital rápido, barato, sin permisos y a prueba de inflación.

El futurismo es la otra motivación filosófica principal de mi entusiasmo por las criptomonedas. Pensadores como Ray Kurzweil nos pintan un futuro convincente en el que los seres humanos mejorarán radicalmente su bienestar gracias a la tecnología avanzada. Podríamos ser capaces de reducir enormemente el sufrimiento en el mundo, e incluso alargar nuestra propia esperanza de vida para disfrutar de más tiempo en la Tierra, cuando alcancemos un desarrollo económico y tecnológico suficiente. Para llegar allí, se necesitará suficiente riqueza y prosperidad para seguir financiando la investigación, así como libertad continua para innovar. En mi opinión, el Bitcoin nos acerca un paso más a un futuro tecnológicamente más sofisticado en el que la vida de todos mejore.

Estas creencias no eran únicas en la primera comunidad Bitcoin. Los foros en línea y los tablones de mensajes eran los centros neurálgicos de la discusión y, si los visitabas, veías interminables discusiones sobre que el Bitcoin era mucho más que un simple sistema de pago o una inversión especulativa. Todos sabíamos que la tecnología podía utilizarse para mejorar drásticamente el mundo. Brian Armstrong, cofundador y consejero delegado de *Coinbase*, captó perfectamente este sentimiento en un artículo titulado *Cómo la moneda digital cambiará el mundo* al afirmar:

«La moneda digital puede ser la forma más eficaz que el mundo haya visto jamás para aumentar la libertad económica. Si esto ocurre, las consecuencias serán profundas. Podría sacar a muchos países de la pobreza, mejorar la vida de miles de millones de personas y acelerar el ritmo de la innovación en el mundo... reducir las guerras, mejorar la situación del 10% más pobre, derrocar gobiernos corruptos y aumentar la felicidad».[1]

---

[1] "How Digital Currency Will Change The World", *Coinbase*, 31 de agosto de 2016, https://blog.coinbase.com/how-digital-currency-will-changethe-world-310663fe4332

Mi entusiasmo se convirtió rápidamente en evangelización, y me apodaron *Bitcoin Jesus*, por predicar el «Evangelio del Bitcoin» a cualquiera que quisiera escucharme, y también a mucha gente que no. Mis amigos y familiares, los medios de comunicación y las empresas que frecuentaba escuchaban el mismo mensaje: «Bitcoin es dinero rápido, barato y fiable diseñado para Internet. Con él, se puede enviar cualquier cantidad de dinero a cualquier parte del mundo al instante por un céntimo de dólar o menos». De hecho, en los primeros días, la mayoría de las transacciones de Bitcoin eran completamente gratuitas y solo incluían una pequeña comisión si sus monedas se habían movido recientemente. La gente veía inmediatamente el valor de esta tecnología, independientemente de su ideología personal. Uno de los mejores argumentos de marketing fue simplemente hacer que la gente usara Bitcoin, ya que la experiencia de usuario era fantástica en comparación con otros sistemas de pago. Conseguía que la gente se descargara un monedero en sus teléfonos para enviarles unos dólares. Después de experimentar su primera transacción con Bitcoin, solo tardarían unos segundos en escuchar el inevitable «¡Vaya!», tras quedar deslumbrados por su primera impresión.

En 2015 Bitcoin había cobrado tanto impulso que parecía imparable. Destacadas empresas, desde *Microsoft* a *Expedia*, empezaban a aceptarlo como medio de pago, y la joven industria crecía exponencialmente. Los éxitos empezaron a acumularse. Aumentó el capital riesgo. La cobertura mediática se volvió positiva. Bitcoin volaba directo a la luna.

Fallo en el lanzamiento

Avancemos hasta hoy. A pesar de ser un nombre familiar, Bitcoin aún no se ha apoderado del mundo. De hecho, existe una verdad sombría, más allá de los titulares y los gráficos de precios: el uso real de Bitcoin ha disminuido desde 2018, y muchas empresas lo han abandonado por completo como opción de pago. En múltiples ocasiones, la red se ha duplicado y se ha vuelto casi inutilizable, con enormes tarifas de transacción y pagos poco fiables. En momentos de congestión de la red, la tarifa media puede alcanzar más de 50 dólares y las transacciones pueden tardar días o incluso semanas en procesarse. Y quizá lo peor de todo es que estos fallos han empujado al sector a adoptar los llamados «monederos custodiados», que no son más que cuentas de clientes gestionadas por una empresa, similares a una cuenta bancaria normal.

Todo el propósito de Bitcoin se ve socavado por el uso masivo de monederos custodiados, ya que se le da el control total a un tercero que puede censurar, rastrear e incluso confiscar monedas, lo cual es algo diferente a tener un saldo de cuenta en *Venmo*. El fraude también resulta más fácil. Por ejemplo, cuando FTX[2] colapsó en 2022, más de mil millones de dólares de fondos de clientes desaparecieron instantáneamente. Esto solo fue posible porque FTX controlaba, en última instancia, el dinero de sus clientes. La integración de Bitcoin en *PayPal* es otro ejemplo destacado de cómo los usuarios se embarcan en monederos custodiados, en lugar de tener un control total sobre sus fondos. Si toda la gente corriente utilizase monederos custodiados, Bitcoin habría perdido una propiedad clave que lo hizo tan revolucionario.

Altas comisiones, pagos poco fiables, monederos custodiados y menor uso en el comercio, debido a factores que no tienen que ver con los costes, Bitcoin no ha aterrizado en la luna; ni siquiera ha dejado la órbita terrestre. ¿Qué es lo que ha ocurrido?

La versión oficial

La explicación convencional sobre estas tendencias negativas es que Bitcoin ha sido víctima de su propio éxito. A medida que ganaba popularidad, la red se quedó sin capacidad. Las limitaciones tecnológicas inherentes provocaron que las comisiones se dispararan, que los pagos se volvieran poco fiables, que los comerciantes abandonasen el sistema y que la industria se decantara por los monederos custodiados. En respuesta a estos problemas, la narrativa en torno al Bitcoin se ha

---

[2]   Plataforma de intercambio de criptomonedas. *(N. del T.)*

desplazado hacia convertirlo en «oro digital» y un «depósito de valor», en lugar de una moneda digital. Si se supone que Bitcoin no debe utilizarse en el comercio diario, entonces, no importa si funciona o no como sistema de pago.

A pesar de lo mucho que se repiten estas ideas en la prensa y entre los comentaristas populares, son del todo incorrectas. La historia real es mucho más dramática. Bitcoin se construyó para usarse a una escala masiva y no se topó con limitaciones tecnológicas inherentes. En lugar de eso, el proyecto lo asumió un pequeño grupo de desarrolladores de *software* que rediseñaron todo el sistema. Limitaron intencionadamente su capacidad y funcionalidad, y abogan de manera abierta por altas comisiones y una acumulación de transacciones, que es la antítesis del diseño original.

Cuando se lo cuento a la gente, a menudo piensan que exagero, pero son los propios desarrolladores quienes lo dicen. Por ejemplo, el influyente desarrollador de Bitcoin, Greg Maxwell, ha dicho sin tapujos: «No creo que el hecho de que las comisiones por transacción importen sea un fallo... ¡es un éxito!».[3] Mark Friedenbach, otro desarrollador de Bitcoin, afirmó que «la confirmación lenta y las comisiones altas serán la norma en cualquier resultado seguro».[4] Cuando la red estuvo a punto de paralizarse en diciembre de 2017, y la tarifa media por transacción alcanzó más de 50 dólares, lo celebraron «sacando el champán»[5] y se alegraron de la congestión, alegando que una acumulación constante era «el criterio requerido para la estabilidad».[6]

---

[3]   DishPash, "Peter Wuille. Deer caught in the headlights.", *Reddit*, 8 de diciembre de 2015, https://www.reddit.com/r/bitcoinxt/comments/3vxv92/ peter_wuille_deer_caught_in_the_headlights/cxxfqsj/

[4]   Chakra_Scientist, "What Happened At The Satoshi Roundtable", *Reddit*, 4 de marzo de 2016, https://www.reddit.com/r/Bitcoin/ comments/48zhos/what_happened_at_the_satoshi_roundtable/d0o5w13/

[5]   Gregory Maxwell, "Total fees have almost crossed the block reward", Bitcoin-dev mailing list, 21 de diciembre de 2017, https://lists.linuxfoundation. org/pipermail/bitcoin-dev/2017-December/015455.html

[6]   CoinMarketSwot, "Hey, do you realize the blocks are full? Since when is this?", Reddit, 14 de Febrero de 2017, https://www.reddit.com/r/btc/ comments/5tzq45/hey_do_you_realize_the_blocks_are_full_since_when/ ddtb8dl/

Si me hubieras dicho, en 2012, que los desarrolladores de Bitcoin acabarían queriendo comisiones altas y transacciones lentas, no te habría creído, ni tampoco lo hubiera hecho ninguno de los primeros emprendedores que ayudaron a crear el sector. Las ideas son demasiado extrañas. Las transacciones caras y la congestión de la red no son necesarias para la seguridad o la estabilidad. Lo contrario sí es cierto: las altas comisiones y los pagos poco fiables empujan a la gente a usar monederos custodiados, lo que socava todo el propósito de Bitcoin en primer lugar.

En el derrotero que ha tomado en la actualidad, Bitcoin no ayudará al ciudadano medio. El proyecto se ha estancado en los últimos años y no por fallos tecnológicos, sino por culpa de fallos humanos. En concreto, eso se debe a un mal liderazgo y a un modelo de gobernanza defectuoso. Cuando conocí Bitcoin, allá por el 2010, fue tan emocionante que casi sentí la obligación moral de contárselo a la gente y compartir las buenas noticias. Hoy, dados los cambios que se han producido, siento la obligación moral de dar las malas noticias: Bitcoin ha sido secuestrado y ya no se parece al proyecto original que nos inspiró, tanto a mí como a muchos otros. Pero su historia aún no ha terminado.

La solución

El diseño original y escalable de Bitcoin sigue existiendo, pero no cotiza en los *exchanges* de criptomonedas con el símbolo BTC. Se llama *Bitcoin Cash* y cotiza como BCH. Durante años, la industria se vio frustrada por los desarrolladores de BTC, hasta 2017, cuando se creó una nueva red para preservar la visión original de Bitcoin como efectivo digital con tarifas bajas, transacciones rápidas y sin necesidad de monederos de custodia. La red BCH es mucho menos conocida que BTC, pero ya ha multiplicado por más de treinta su capacidad de rendimiento, y tiene planes de ampliarse de manera exponencial en el futuro.

Los acontecimientos que condujeron a la creación de *Bitcoin Cash* fueron polémicos y, desde aquellos días, los bautizaron como la «Guerra Civil del Bitcoin», y hasta el día de hoy, las comunidades de BTC y

BCH se muestran, con frecuencia, hostiles entre sí. Si solo sigues el tema Bitcoin de manera casual, habrás escuchado exclusivamente el lado BTC de la historia; este libro cuenta el otro lado, y está lleno de detalles históricos, extractos y citas de otros pioneros, que compartían la misma visión del Bitcoin como dinero digital.

Para distinguir entre las diferentes redes y grupos, es útil establecer una terminología clara. La red BTC se suele denominar *Bitcoin Core*, mientras que la red BCH se suele denominar *Bitcoin Cash*. Esos son los términos que se utilizarán en adelante. La palabra *Bitcoin* por sí misma se refiere a la tecnología subyacente que se utiliza en ambas redes. Tanto *Bitcoin Core* como *Bitcoin Cash* utilizan la tecnología Bitcoin y comparten exactamente el mismo historial de transacciones hasta su separación, en agosto de 2017. Los desarrolladores de *Bitcoin Core* decidieron apartarse del diseño original, mientras que los desarrolladores de *Bitcoin Cash* se han mantenido fieles al mismo.

Evitar los riesgos

Si esta tecnología fuese realmente revolucionaria, amenazaría el poder de los establecimientos financieros y políticos existentes. Pero, en la trayectoria actual, si nada cambia, esas instituciones asimilarán las criptodivisas y las neutralizarán. Si el Bitcoin iba a hacer del mundo un lugar más libre, nuestra ventana de oportunidad se está cerrando. La industria se acerca a dos escenarios de fracaso. El primero sería la captura total por parte de los sistemas financieros y reguladores existentes. La adopción masiva de monederos custodiados hace esto posible, ya que las transacciones se rastrean y controlan con facilidad, y los gobiernos pueden obligar a las empresas a cumplir sus dictados sin dificultad.

El otro escenario de fracaso sería que la gente, sencillamente, se rindiera y abandonara por completo la visión del dinero digital a prueba de inflación. He visto muchas mentes con talento y empresarios competentes llegar a la conclusión, de forma prematura, de que Bitcoin no puede escalar debido al fracaso de *Bitcoin Core*. Esta desilusión puede evitarse si la gente se da cuenta de que la tecnología original de Bitcoin todavía existe, funciona bien, y puede escalar para llegar a abordar su adopción a nivel global. *Bitcoin Core*, sencillamente, pivotó desde este diseño original. Antes de perder la fe en la tecnología *blockchain*, los empresarios y desarrolladores deben experimentar primero la versión original. Estoy probando constantemente nuevas criptomonedas, y *Bitcoin Cash*, después de todos estos años, todavía me proporciona una de las mejores experiencias de usuario.

Dado que Bitcoin se encuentra en la intersección de las finanzas internacionales, el poder político y la tecnología disruptiva, su historia tiene que ser una de las más dramáticas de todas las industrias, con material suficiente para varias producciones de Hollywood. Este libro es solo una parte de esa historia: el desarrollo de Bitcoin y su posterior escisión en *Bitcoin Cash*, dada desde la perspectiva de un empresario que posiblemente ha utilizado esta tecnología para el comercio más que nadie en el mundo.

2.

Conceptos básicos sobre Bitcoin

El mundo está inundado de mala información sobre el Bitcoin, en gran parte debido al poder de las redes sociales. Se desalienta la investigación honrada en Internet, y si una mente curiosa hace las preguntas equivocadas o expresa opiniones erróneas, puede esperar una oleada de comentaristas furiosos que ataquen su inteligencia, su reputación o incluso su negocio. Los maximalistas de Bitcoin —los que afirman que BTC es la única criptomoneda legítima— son famosos por emplear esta táctica. Esgrimen una lista de razones por las que cualquier proyecto alternativo, como BCH, es una estafa, insisten en que el debate ya está zanjado y cuestionan la cordura de cualquiera que no esté de acuerdo. La mayoría de la gente no tiene tiempo para investigar estas afirmaciones, ni quiere ser blanco de los *trolls online*, por lo que acaban aceptando la narrativa estándar.

Para ver más allá de tal narrativa y entender de verdad la diferencia entre *Bitcoin Core* y *Bitcoin Cash*, primero debemos entender cómo se diseñó originalmente Bitcoin. La historia puede ayudarnos, porque el creador de Bitcoin, Satoshi Nakamoto, ofreció muchas comunicaciones públicas sobre su invento, que explican su diseño. Otras grandes mentes e ingenieros que le sucedieron, como Gavin Andresen y Mike Hearn, también explicaron las ideas centrales de forma clara. Sus escritos, citados a lo largo de este libro, son esenciales para cualquiera que intente entender Bitcoin a un nivel más que superficial. Antes de profundizar, es útil familiarizarse con tres conceptos clave: la *blockchain*, los mineros y los nodos completos.

La *blockchain*

Bitcoin gira en torno a la tecnología *blockchain*. La *blockchain* es simplemente un libro de contabilidad público que lleva la cuenta de todos los saldos de Bitcoin, y se actualiza con nuevas transacciones, aproximadamente cada diez minutos. Estas nuevas transacciones se empaquetan en «bloques» que luego se «encadenan», uno tras otro, formando la *blockchain*[1]. La *blockchain* es única porque no la mantiene una autoridad centralizada. No hay un único organismo que procese todas las transacciones o determine las entradas del libro de contabilidad. En su lugar, es una red descentralizada de ordenadores, por todo el mundo, la que lo mantiene y actualiza, por lo que no tiene un punto central de control o fallo.

Los bloques, en sí mismos, son fundamentales para entender las diferentes filosofías de Bitcoin, que a grandes rasgos pueden dividirse en dos bandos: *big-blockers* y *small-blockers*. Los *big-blockers* (defensores de los bloques grandes) como su nombre indica, quieren bloques grandes. Cuanto más grandes sean los bloques, mayor será el rendimiento de las transacciones de la red y más recursos se necesitarán para procesar cada bloque. Los *small-blockers* (defensores de los bloques pequeños) quieren que los bloques sean lo suficientemente pequeños como para que cualquiera pueda procesarlos. Más adelante, trataremos esta diferencia con más detalle.

Mineros

Cualquiera no puede añadir bloques a la *blockchain*. Este trabajo es exclusivo de los mineros. Los mineros actualizan el libro de contabilidad

---

[1] Traducido: Cadena de bloques. Hemos mantenido el término en inglés, porque es el que se emplea universalmente. (*N. del T.*)

agrupando las transacciones en un bloque y añadiendo una prueba especial. Esta prueba es la solución a un rompecabezas matemático tan difícil que se necesita una gran potencia informática para resolverlo. En todo el mundo hay almacenes llenos de máquinas especializadas dedicadas a resolver estos rompecabezas. Cada una de estas máquinas requiere electricidad, ¡lo que significa que ser minero de Bitcoin cuesta dinero!

Los mineros reciben una recompensa económica por sus servicios, a través de dos mecanismos: las comisiones por transacción y la recompensa por bloque. Las comisiones por transacción son simplemente lo que los usuarios pagan para que sus transacciones se añadan a un bloque. La recompensa por bloque es la forma en que se acuñan nuevos *Bitcoins*. Cada vez que un minero añade un bloque a la cadena, recibe un pequeño número de *Bitcoins* nuevos. Esta recompensa se reduce a la mitad aproximadamente cada cuatro años. En los primeros tiempos los mineros recibían 50 bitcoins nuevos por bloque, pero en el momento de escribir estas líneas, la recompensa por bloque se ha reducido a 6,25 bitcoins. Con el tiempo, la recompensa será insignificante, lo que dejará las comisiones por transacción como única fuente de ingresos para los mineros.

Los *big-blockers* consideran que los mineros prestan un servicio esencial en la industria del Bitcoin al proteger la red de ataques, mantener el «libro mayor» y procesar todas las transacciones. Con frecuencia, los mineros invierten millones o incluso decenas de millones de dólares en actualizar sus equipos y hacerlos más potentes. En 2018, la empresa *Bitmain* anunció planes para construir la mayor instalación de minería del mundo en Texas y estimó que su inversión total superaría los 500 millones de dólares.[2] La minería de Bitcoin tiene altos costes de inversión y mantenimiento. Debido a esto, la mayoría de los *big-blockers* piensan que los mineros deberían tener la máxima participación en el desarrollo de Bitcoin. Dependiendo del éxito de la criptomoneda que estén minando, su inversión de capital puede perderse por completo o generar

---

[2] "Bitmain Chooses Rockdale, Texas, for Newest *Blockchain* Data Center", *Business Wire*, 6 de agosto de 2018, https://www.businesswire.com/ news/home/20180806005156/ en/Bitmain-Chooses-Rockdale-TexasNewest-*Blockchain*-Data

un rendimiento sustancial. Por tanto, tienen un fuerte incentivo para asegurar que Bitcoin siga siendo útil y valioso.

Los *small-blockers* tienden a tener una visión más escéptica o incluso hostil con respecto a los mineros. Dado que los mineros son los únicos que pueden añadir bloques a la red, tienen un poder sustancial y podrían convertirse en una amenaza sistémica si la minería se centraliza demasiado. Si solo unos pocos actores dominan el mercado, Bitcoin podría verse demasiado centralizado. Las grandes instalaciones mineras también introducen un riesgo político en el sistema. Si los gobiernos deciden atacar, regular o controlar a los mayores mineros, podrían interrumpir o controlar el Bitcoin. El papel que juegan los mineros es un punto de desacuerdo capital que llevó a la escisión de *Bitcoin Cash*.

Nodos completos

Por suerte, si deseas utilizar Bitcoin, no tienes por qué ser un minero ni manejar *software* de gran capacidad. Los usuarios normales pueden acceder a la red de formas más sencillas. Satoshi Nakamoto describió un método para la Verificación Simplificada de Pagos (SPV) que permite a los usuarios enviar, recibir y validar sus propias transacciones con el mínimo esfuerzo. A lo largo de la mayor parte de la historia de Bitcoin, la mayoría de los monederos utilizaban SPV u otros métodos similares para acceder a la *blockchain*. Esta tendencia se está invirtiendo en BTC, debido a la proliferación de monederos de custodiados, pero sigue siendo la norma en BCH.

Hay otra opción para acceder a la red Bitcoin que requiere más esfuerzo. Algunos usuarios ejecutan un *software* de «nodo completo» que descarga toda la *blockchain* y valida todas y cada una de las transacciones que han tenido lugar en ella. La *blockchain* de BTC contiene unos 800 millones de transacciones y actualmente tiene un tamaño de 450 *gigabyte*s. Los usuarios que ejecuten por primera vez el *software* de nodo completo pueden tardar varias horas en sincronizarse con el resto de la red. Además, si un nodo completo se desconecta alguna vez de la red, tiene que descargar y validar todos los bloques más recientes, para poder volver a utilizar Bitcoin. Por eso, SPV fue un invento tan importante. Prácticamente no requiere tiempo ni esfuerzo utilizarlo, y aun así ofrece una excelente seguridad. SPV te permite validar sus propias transacciones, mientras que los nodos completos te permiten validar todas las transacciones en la *blockchain*.

Podría decirse que la mayor diferencia entre las filosofías del «bloque grande» y del «bloque pequeño» es el papel de los nodos completos. Los partidarios del bloque grande creen que la mayor parte de la actividad de la red debería desarrollarse entre los mineros y los «monederos ligeros» que utilizan tecnología SPV o similar. Creen que los nodos completos solo son útiles en casos especiales, en los que se necesita validar las transacciones de muchas personas en un corto periodo de tiempo; por ejemplo, si se gestiona un intercambio de criptomonedas o un procesador de pagos. Como la red no compensa económicamente a los operadores de nodos completos —y como la mayoría de la gente no necesita validar transacciones de desconocidos—, los usuarios normales no tienen incentivos para ejecutar un *software* tan trabajoso. Satoshi era, sin lugar a dudas, un *big-blocker* y, como él mismo dijo: « El diseño permite que los usuarios sean simplemente usuarios».[3]

Los partidarios de los bloques pequeños, por el contrario, creen que los nodos completos son esenciales para la red. Piensan que los usuarios deberían gestionar sus propios nodos, por lo que tener bloques pequeños es esencial, ya que el coste de gestionar un nodo aumenta con el tamaño de los bloques. De hecho, la razón principal por la que los *small-blockers* han afirmado que Bitcoin no puede escalar es porque los bloques grandes son más caros para los operadores de nodos. En lugar de concluir que los usuarios normales no deben operar nodos completos, concluyeron que Bitcoin no puede escalar. Desde mi punto de vista, esta es una de las mayores confusiones sobre el Bitcoin y será analizada en profundidad.

---

[3] Satoshi, "Re: Scalability and transaction rate", *Bitcoin Forum*, 29 de julio de 2010, https://bitcointalk.org/index.php?topic=532.msg6306#msg6306

Los cinco fundamentos

Se ha hablado mucho de la visión original de Satoshi Nakamoto sobre Bitcoin. Sus partidarios, como yo mismo y otros entre los primeros en adoptarlo, pensamos que había diseñado un sistema brillante que demostró que funcionaba en el mundo real. Debido a este éxito, no vimos ninguna razón para cambiarlo en sus fundamentos. Los críticos de la visión original pensaban que Satoshi estaba equivocado en algunas áreas clave y querían, por tanto, cambiar el protocolo. Los desarrolladores de *Bitcoin Core* fueron unos de esos críticos, a pesar de que finalmente se hicieron con el control del proyecto.

Los maximalistas de Bitcoin suelen comparar la adhesión a la visión original con una especie de fe ciega, en la que no se tolera ninguna desviación de las ideas fundacionales. Pero esta es una crítica endeble. El deseo de adherirse al diseño de Satoshi está lejos de ser dogmático. Bitcoin es un sistema complejo, con muchas partes móviles. Además del *software* y la red informática, es todo un sistema económico que requiere un análisis económico para llegar a entenderlo. Cuando se analizan los componentes de *software*, además de los económicos, queda claro que el Bitcoin está depurado al detalle y que no debe manipularse a la ligera.

En lugar de escalar el Bitcoin, aumentando el tamaño de los bloques, para permitir un mayor rendimiento de las transacciones, los desarrolladores del Core decidieron que el Bitcoin debería escalar utilizando múltiples capas. Según ellos, la primera capa debería estar compuesta por transacciones «en cadena», sobre las que se construirían capas adicionales. Estas capas adicionales estarían «fuera de la cadena», lo que significa que las transacciones no se registrarían en la *blockchain*, evitando así la necesidad de escalar la capa base. La tan cacareada *Lightning Network* es una de estas segundas capas, pero tiene una serie de problemas fundamentales que se tratan en detalle en el capítulo 9. Un problema sustancial es que requiere transacciones en la cadena para poder utilizarse. Tan solo para conectarse a la *Lightning Network*, hay que realizar al menos una transacción en la capa base, y eso es algo que puede costar cien dólares si BTC experimenta en esos momentos un uso elevado. A pesar de que esto constituye un fallo crítico, no se ha propuesto ninguna solución.

Bitcoin Core lo está apostando todo a la viabilidad de estas capas adicionales. Invirtieron el sistema original para que las transacciones de la capa base fueran lentas y caras, pero no han producido una alternativa satisfactoria que proporcione pagos sencillos y fiables. La versión actual de la *Lightning Network* no es ni fiable ni segura (por eso los monederos *Lightning* más populares son ahora monederos custodiados). Así pues, cualquier esperanza de que BTC sea el dinero del futuro, que potencie la libertad, depende por completo de una tecnología que aún no se ha creado.

En una conferencia impartida en julio de 2021, Elon Musk también señaló que el rendimiento de las transacciones de BTC podría ser un problema y defendió la idea de escalar una criptodivisa ampliando el tamaño de su capa base:

«Tiene cierto mérito el considerar algo que tiene tasas de transacción máximas más altas y costes de transacción más bajos, y ver hasta dónde se puede llevar una red de una sola capa... Creo que probablemente se puede llevar más lejos de lo que la gente cree».[4]

Musk es un destacado defensor de BTC, pero sus intuiciones de ingeniería están alineadas con la filosofía de BCH. Escalar la capa base es la idea correcta y siempre formó parte del diseño original.

Satoshi no era perfecto pero, como se explicará en los próximos capítulos, sus ideas son convincentes, están bien pensadas y merecen una evaluación imparcial. Su diseño no requiere la complejidad de capas adicionales, aunque sigue siendo compatible con ellas. En lugar de seguir ciegamente a cualquier individuo, grupo de desarrolladores o etiqueta, intenta juzgar las ideas por sus propios méritos. Escucha cómo Satoshi diseñó Bitcoin, escucha a los desarrolladores del Core, y fórmate tu propia opinión.

---

4   BITCOIN, "Bitcoin: Elon Musk, Jack Dorsey & Cathie Wood Talk Bitcoin at The B Word Conference", *YouTube*, 21 de julio de 2021, https://youtu.be/TowDxSHSClw?t=8168

Las diferencias entre el diseño original y el nuevo diseño de *Bitcoin Core* pueden captarse con cinco ideas clave:

1. Bitcoin se diseñó como dinero digital para realizar pagos a través de Internet.
1. Bitcoin se diseñó para tener unas tasas de transacción extremadamente bajas.
1. Bitcoin se diseñó para escalar con el aumento del tamaño de los bloques.
1. Bitcoin no se diseñó para que el usuario medio gestionara su propio nodo.
1. El diseño económico de Bitcoin es tan importante como su diseño de *software*.

Cada uno de estos puntos es fundamental para la visión original del Bitcoin que compartían Satoshi y otros pioneros. Pero, hoy en día, la narrativa predominante está en desacuerdo con casi todos los puntos. Si escuchas a los comentaristas, desde las cadenas de televisión hasta los *podcasts* más populares, podrías llegar a creer que:

1. Bitcoin se diseñó para ser un depósito de valor, aunque no funcione como medio de intercambio.
1. Se supone que Bitcoin tiene altas comisiones por transacción.
1. Bitcoin no escala con el aumento del tamaño de los bloques.
1. La seguridad de Bitcoin depende de que los usuarios regulares gestionen sus propios nodos.
1. El diseño económico de Bitcoin estaba roto y necesitaba que lo arreglasen ingenieros de *software*.

Todo esto resulta incorrecto. Incluso si te gustan los cambios que *Bitcoin Core* ha llevado a cabo, el registro histórico muestra sin lugar a dudas que difieren radicalmente del diseño original. Los siguientes capítulos examinarán cada una de estas afirmaciones en detalle.

3.
Dinero digital para pagos

Internet es la herramienta de distribución de información más poderosa que el mundo haya conocido jamás. La gente puede aprender casi cualquier cosa utilizando *Google*, *YouTube*, *Wikipedia* e incluso las redes sociales. Sin embargo, estos canales se pueden contaminar o incluso controlar con facilidad. Por ejemplo, si se mencionan las criptomonedas en *Twitter*, se garantiza la aparición de un montón de usuarios variopintos que promocionan su moneda preferida y critican todas las demás. Si nos fijamos bien, muchas de estas cuentas tienen fotos de perfil falsas, no tienen seguidores y parecen pasarse el día tuiteando sobre sus criptoproyectos favoritos. Individualmente, pueden parecer irrelevantes e impotentes, pero cuando hay cientos o miles de cuentas haciendo esto, pueden influir en la opinión pública. Lo he presenciado de primera mano. La industria de las criptomonedas se ha visto permanentemente afectada por las campañas en las redes sociales y la desinformación *online*. Y estas técnicas tienen una historia particularmente desagradable en lo tocante al Bitcoin.

Aunque estas tácticas son inmorales, resultan sin lugar a dudas efectivas. Es un testimonio de la efectividad de la narrativa de *Bitcoin Core* el hecho de que, en la actualidad, haya desacuerdo y confusión sobre el propósito mismo de Bitcoin. En lugar de ser reconocido como un sistema de pago para el comercio diario, se habla casi exclusivamente de Bitcoin como un «depósito de valor», cuya utilidad no depende de que se utilice como dinero en efectivo. Esta afirmación se repite en todas partes, incluso entre los académicos. La descripción que ofrece el popular libro *The Bitcoin Standard* dice así al respecto:

«La verdadera ventaja competitiva de Bitcoin podría ser su condición de depósito de valor y como sistema para la realización final de grandes pagos: una forma digital de oro con una infraestructura de liquidación incorporada».[1]

Me gustaba la analogía del oro digital hasta que se le dio la vuelta. Solíamos decir que Bitcoin es como el oro digital porque es una moneda que no puede verse sometida a inflación por la acción de un banco central y, como es digital, puede enviarse a cualquier parte del mundo instantáneamente casi sin coste. Pero eso ya no es lo que la gente entiende por «oro digital». En su lugar, invocan esa analogía para recalcar lo opuesto: que Bitcoin es como el oro porque es caro si se trata de llevar a cabo transacciones y no se utiliza, por lo normal, como medio de intercambio. En lugar de relacionarse con las fortalezas monetarias del oro, Bitcoin se relaciona con las debilidades monetarias del mismo.

Algunos defensores de *Bitcoin Core* han llevado este argumento aún más lejos. En lugar de limitarse a afirmar que el Bitcoin es mejor como depósito de valor que como sistema de pago, afirman que Bitcoin se diseñó intencionadamente como depósito de valor y no como medio de intercambio. Según Dan Held, Director de Desarrollo de Negocio de *Kraken*:

«Los que defienden la idea de que "Bitcoin se creó para realizar pagos" insisten en seleccionar frases del libro blanco y de los foros para defender su punto de vista... Bitcoin se creó para ser, en primer lugar, un depósito de valor».[2]

---

[1] Saifedean Ammous, *The Bitcoin Standard*, New Jersey: Wiley, 2018. Escrito en la contraportada.

[2] Dan Held (@danheld), *Twitter*, 14 de enero de 2019, https://twitter.com/ danheld/ status/1084848063947071488

ROGER VER CON STEVE PATTERSON

Aunque esta afirmación tan descarada podría conseguir adeptos en las redes sociales y elogios por parte de los comentaristas sobre criptomonedas, no se sostiene demasiado bien al confrontar con los hechos. El registro histórico deja claro que Bitcoin se diseñó para los pagos cotidianos.

En palabras de Satoshi

¿Qué pruebas tenemos de que Bitcoin se creó para ser un sistema de pago? Pues todo lo que su creador escribió sobre el tema. Además del libro blanco seminal que presentó Bitcoin al mundo, tenemos cientos de mensajes en foros *online* y más de cincuenta correos electrónicos públicos de Satoshi. En ellos, describe una visión clara de esta tecnología. Empecemos con el libro blanco, publicado en 2008, que presentó y definió Bitcoin por primera vez. Recomiendo su lectura completa *online*. Está bien escrito y muchos de los conceptos clave pueden entenderse sin conocimientos técnicos. Analizaremos las primeras secciones, empezando por el título:

Bitcoin: un sistema de dinero electrónico peer-to-peer (directa entre pares)

Satoshi podría haberlo llamado «depósito electrónico de valor» si esa era su intención pero, en lugar de eso, lo llamó sistema de dinero electrónico. A continuación, la primera frase del resumen dice:

«Una versión netamente *peer-to-peer* del efectivo electrónico permitiría enviar pagos *online* de forma directa, de una parte a otra, sin pasar por una entidad financiera».[3]

«Pagos *online*» se menciona literalmente en la primera frase del documento que presenta Bitcoin al mundo. Tras el resumen, la introducción comienza:

---

[3]   Satoshi Nakamoto, "Bitcoin: A Peer-to-Peer Electronic Cash System", 2008, https://www.bitcoin.com/bitcoin.pdf

41

«El comercio en Internet ha llegado a depender casi exclusivamente de instituciones financieras que actúan como terceros de confianza para procesar los pagos electrónicos. Aunque el sistema funciona bastante bien para la mayoría de las transacciones, sigue sufriendo las debilidades inherentes al modelo basado en la confianza...».

En las dos primeras frases de la introducción, Satoshi menciona «comercio en Internet, pagos electrónicos y transacciones». Y continúa:

«Las transacciones completamente irreversibles no son en realidad posibles, ya que las instituciones financieras no pueden evitar mediar en las disputas. El coste de la mediación aumenta los costes de transacción, limitando el tamaño mínimo práctico de la transacción y eliminando la posibilidad de pequeñas transacciones eventuales, y se produce un coste más amplio en la pérdida de capacidad para realizar pagos irreversibles por servicios irreversibles. Ante la posibilidad de reversión, la necesidad de confianza se extiende... Estos costes e incertidumbres de pago pueden evitarse en persona utilizando moneda física, pero no existe ningún mecanismo para realizar pagos a través de un canal de comunicaciones si no existe un mínimo de confianza».

En otras palabras, los métodos de pago en línea existentes tienen elevados costes de transacción debido a la confianza inherente que requiere el sistema. Las tarjetas de crédito, *PayPal* y otros medios similares dependen de empresas con costosos mecanismos de resolución de litigios. Estos costes hacen que las «pequeñas transacciones eventuales» sean, en la práctica, imposibles en Internet. Por el contrario, los pagos en efectivo no requieren depositar nuestra confianza en terceros, pero no existe forma alguna de utilizar efectivo físico en Internet. Aquí es donde entra Bitcoin:

«Lo que se necesita es un sistema de pago electrónico basado en pruebas criptográficas, en lugar de en la confianza, que permita a dos partes realizar transacciones directamente, sin necesidad de un tercero de confianza. Los vendedores estarían protegidos contra los fraudes por transacciones que fueran imposibles de revertir por medios informáticos, al tiempo que sería fácil implementar mecanismos automáticos de control que protegieran a los compradores».

En otras palabras, Bitcoin es como el dinero en efectivo, porque las partes que realizan la transacción pueden intercambiar directamente entre sí sin pasar por un intermediario. En los primeros párrafos, el libro blanco deja claro que Bitcoin trata sobre «comercio, transacciones, pagos, comerciantes, compradores y vendedores». No hay ninguna mención a un «depósito de valor» en todo el libro blanco.

Incluso en los correos electrónicos y mensajes en los foros de Satoshi, el concepto de Bitcoin como depósito de valor solo puede inferirse en un puñado de ocasiones. Sam Patterson, cofundador de la empresa de criptodivisas *OB1*, escribió un popular artículo en el que cataloga todas y cada una de las menciones al Bitcoin como sistema de pago frente a depósito de valor. Concluyó:

«Después de revisar todos los escritos de Satoshi, puedo afirmar con seguridad que Bitcoin no fue construido a propósito para ser, en primer lugar, un depósito de valor. Fue diseñado para los pagos... Satoshi mencionó los pagos con más de cuatro veces, más frecuencia, que depósito de valor.

Esta evidencia podría ser suficiente para que no tengas en cuenta la afirmación de que "Bitcoin fue construido a propósito para ser primero un Depósito de Valor". No puedo imaginarme a nadie valorando con honradez las palabras de Satoshi y creyendo de verdad que no construyó esto para pagos».[4]

4 Samuel Patterson, "Breakdown of all Satoshi's Writings Proves Bitcoin not Built Primarily as Store of Value", SamPatt, 6 de junio de 2019, https:// sampatt.com/ blog/2019/06/06/breakdown-of-all-satoshi-writings-provesbitcoin-not-built-primarily-as-store-of-value

No solo el libro blanco deja claro que Bitcoin trata sobre pagos. Satoshi fue igualmente claro en los foros *online*:

«Bitcoin es práctico para transacciones más pequeñas de las que se pueden realizar con los métodos de pago existentes. Lo suficientemente pequeñas como para incluir lo que podríamos llamar la parte superior de la gama de micropagos».[5]

Micropagos

¿Cómo de pequeños son los *micropagos*? No existe una definición universal, pero en este contexto, son transacciones inferiores a un dólar estadounidense. Gavin Andresen, el desarrollador que Satoshi eligió como sucesor, compartía ideas similares:

«Sigo pensando que la red de bitcoin es la solución equivocada para los pagos de menos de un centavo. Pero no veo ninguna razón por la que no pueda seguir funcionando bien para pagos de pequeña cuantía (entre un dólar y 0,01 dólares)».[6]

Bitcoin solía considerarse práctico para transacciones de entre un par de centavos y un par de dólares. Pero, desde que las tasas por transacción han aumentado, a menudo es imposible enviar una transacción tan pequeña, ya que las tasas acaban siendo mayores que el saldo real que se envía. Si una dirección Bitcoin no tiene fondos suficientes para pagar la tasa del minero, no se puede utilizar. Satoshi profundiza en los micropagos:

---

[5] Satoshi, "Re: Flood attack 0.00000001 BC", *Bitcoin Forum*, 4 de agosto de 2010, https://bitcointalk.org/index.php?topic=287.msg7524#msg7524

[6] Gavin Andresen, "Re: How a floating blocksize limit inevitably leads towards centralization", Bitcoin Forum, February 19, 2013, https:// bitcointalk.org/index. php?topic=144895.msg1539692#msg1539692 7 Satoshi, "Re: Flood attack 0.00000001 BC", *Bitcoin Forum*, 5 de agosto de 2010, https://bitcointalk.org/index.php?topic=287. msg7687#msg7687

«Aunque no creo que Bitcoin sea práctico para pequeños micropagos ahora mismo, acabará siéndolo a medida que los costes de almacenamiento y ancho de banda sigan bajando. Si Bitcoin se pone de moda a gran escala, puede que para entonces ya lo sea. Otra forma en que estos pueden llegar a ser más prácticos es si implemento el modo *client-only* y el número de nodos de red se consolida en un número menor de granjas de servidores profesionales. Creo que en 5 o 10 años, el ancho de banda y el almacenamiento parecerán asuntos triviales».[7]

Esta cita es interesante por dos razones. En primer lugar, Satoshi imagina que Bitcoin acabará usándose para «micropagos del tamaño que necesites» y, en segundo lugar, predice que la infraestructura de red se consolidará en «granjas de servidores profesionales», lo que es especialmente relevante para el debate sobre bloques más grandes.

«Una vez que [Bitcoin] se ponga en marcha, habrá muchas aplicaciones si se pueden pagar unos céntimos a un sitio web con tanta facilidad como introducir monedas en una máquina expendedora».[8]

Satoshi quería que Bitcoin sirviera para pagar sin esfuerzo «unos céntimos a un sitio web». Contrasta esto con lo que dice Peter Todd, desarrollador de Core:

«Me encantaría poder transferir dinero a cualquier parte del mundo, sin ningún control central, por solo 20 dólares. De la misma forma, aceptaría encantado métodos más centralizados para transferir dinero cuando solo voy a comprar una chocolatina».[9]

---

[7]   Satoshi, "Re: Flood attack 0.00000001 BC", Bitcoin Forum, August 5, 2010, https://bitcointalk.org/index.php?topic=287.msg7687#msg7687

[8]   Satoshi Nakamoto, "Bitcoin v0.1 released", metzdowd, 16 de enero de 2009, https://www.metzdowd.com/pipermail/cryptography/2009January/015014.html

[9]   Peter Todd, "How a floating blocksize limit inevitably leads towards centralization", *Bitcoin Forum*, 18 de febrero 2023, https://bitcointalk.org/ index.php?topic=144895.0

Las visiones de Satoshi y Todd son incompatibles entre sí, ya que discrepan sobre el nivel aceptable de comisiones, en más de tres órdenes de magnitud. Las comisiones de 20 dólares destruyen cualquier caso de uso de Bitcoin que no sean las transferencias de alto valor, lo que es una especie de extremismo del oro digital. Tenemos una cita de Satoshi que compara directamente Bitcoin con el oro. Estaba respondiendo a preguntas sobre el aparente despilfarro que supone el consumir electricidad para minar Bitcoin:

«Es la misma situación que con el oro y la minería del oro. El coste marginal de la extracción de oro tiende a mantenerse cerca del precio del oro. La extracción de oro es un despilfarro, pero ese despilfarro es mucho menor que la utilidad de disponer de oro como medio de cambio.
Creo que ocurrirá lo mismo con el Bitcoin. La utilidad de los intercambios que hace posible el Bitcoin superará con creces el coste de la electricidad utilizada. Por lo tanto, no tener Bitcoin es lo que sería el despilfarro neto».[10]

El oro se utiliza como analogía para ilustrar que su utilidad como medio de intercambio supera los costes de su extracción. Resulta irónico, en retrospectiva.

Las compras en máquinas expendedoras de aperitivos también se discuten en un mensaje del foro, destacando la capacidad de Bitcoin para pagos instantáneos de poco valor. Dado que los pagos instantáneos no son seguros al cien por cien, Satoshi preveía que los procesadores de pagos asumieran el pequeño riesgo de fraude a la hora de gestionarlos:

«Creo que será posible que una empresa de procesamiento de pagos ofrezca como servicio la distribución rápida de transacciones con una comprobación suficientemente buena en algo así como 10 segundos o menos».[11]

---

[10]   Satoshi, "Re: Bitcoin minting is thermodynamically perverse", Bitcoin Forum, 7 de Agosto de 2010, https://bitcointalk.org/index.php?topic=721. msg8114#msg8114

[11]   llama, "Re: Bitcoin snack machine (fast transaction problem)", Bitcoin Forum, 18 de Julio de 2010, https://bitcointalk.org/index.php?topic=423. msg3836#msg3836

Tenía razón, y resulta que los procesadores de pagos en Bitcoin solo necesitan un par de segundos para hacer una comprobación lo suficientemente buena.

Todo sobre el comercio

Los foros están llenos de discusiones similares sobre el uso de Bitcoin en el comercio. Satoshi y otros hablaron de crear interfaces para comerciantes *online*,[12] herramientas para comerciantes físicos,[13] transacciones en puntos de venta,[14] casos de uso en los que el cliente no se siente cómodo utilizando una tarjeta de crédito,[15] mantener pequeñas cantidades de Bitcoin en dispositivos móviles para gastos imprevistos,[16] y etc. No hay duda de que Satoshi diseñó Bitcoin para que se utilizase para pagos, incluso tan pequeños como de unos pocos céntimos. De hecho, la versión original 0.1.0 del *software* contenía código inacabado para un mercado *peer-to-peer* e incluso el marco de trabajo básico para póker virtual.

La industria de Bitcoin también se basaba en la suposición de que el Bitcoin era un sistema de pago rápido, barato y fiable para Internet. Empresas de éxito como *BitPay*, el mayor procesador de pagos con Bitcoin del mundo, vieron cuestionado todo su modelo de negocio debido a unas comisiones elevadas en exceso. En una entrevista en 2017, el consejero delegado, Stephen Pair, dijo:

«En *BitPay*, la *blockchain* de Bitcoin ha dejado de funcionar para nosotros... y tenemos un par de opciones. Una es empezar a usar una bifurcación de

---

[12] Molybdenum, "CLI bitcoin generation", *Bitcoin Forum*, 22 de mayo de 2010, https://bitcointalk.org/index.php?topic=145.msg1194#msg1194

[13] Satoshi, "Re: The case for removing IP transactions", *Bitcoin Forum*, 19 de septiembre de 2010, https://bitcointalk.org/index.php?topic=1048. msg13219#msg13219

[14] Satoshi, "Re: URI-scheme for bitcoin", *Bitcoin Forum*, 24 de febrero de 2010, https://bitcointalk.org/index.php?topic=55.msg481#msg481

[15] Satoshi, "Re: Porn", *Bitcoin Forum*, 23 de septiembre de 2010, https:// bitcointalk. org/index.php?topic=671.msg13844#msg13844

[16] Satoshi, "Re: Bitcoin mobile", *Bitcoin Forum*, 26 de junio de 2010, https:// bitcointalk. org/index.php?topic=177.msg1814#msg1814

Bitcoin. La segunda opción es empezar a usar una bifurcación de Bitcoin. Y la tercera opción es empezar a usar una bifurcación de Bitcoin. Estamos realmente en un punto en el que no tenemos otra opción, y eso es lo que tenemos que hacer».[17]

Por tal motivo, *BitPay* fue una de las primeras empresas que integró *Bitcoin Cash* tras la escisión. Brian Armstrong, el CEO de *Coinbase*, también compartía la misma visión de Bitcoin como efectivo digital para el mundo y, en una entrevista de 2017, explicó por qué el fracaso de BTC, a la hora de escalar, «le rompió el corazón».

«La razón por la que me apasioné por Bitcoin y la moneda digital es que quiero que el mundo tenga un sistema financiero abierto... en el que todos los pagos sean rápidos, baratos, instantáneos y globales... Y Bitcoin terminó no escalando para llegar a convertirse en eso».[18]

Continúa explicando que otros proyectos, como *Bitcoin Cash*, tienen más posibilidades de lograr este objetivo:

«Creo que se podría operar [la red Bitcoin], incluso a escala de VISA, por dos o tres órdenes de magnitud menos de lo que VISA cobra hoy. Podría ser del orden de un céntimo, o menos, para enviar todos los pagos del mundo... Pero creo que otras redes, como *Bitcoin Cash* o *Ethereum*, están trabajando en ello, así que esa visión se hará realidad, pero resultó un poco frustrante no ver cómo el Bitcoin original lo conseguía».

La opinión de Armstrong era común entre los primeros empresarios de Bitcoin y los primeros Bitcoiners en general. Recuerdo que la

[17] Stephen Pair, Consensus 2017, https://s3.amazonaws.com/media. coindesk.com/live-stream/Day1_Salons34.html
[18] This Week in Startups, "E779: Brian Armstrong Coinbase & Tim Draper: crypto matures, ICO v VC, fiat end, bitcoin resiliency", *YouTube*, 17 de noviembre de 2017, https://youtu.be/AlC62BkY4Co?t=2168

comunidad *online* comparaba con frecuencia a Bitcoin con *Western Union*, para destacar su superioridad como sistema de pago. Una de las primeras infografías más populares (imagen inferior) colocaba un anuncio de *Western Union* junto a otro equivalente de Bitcoin. El anuncio de *Western Union* decía: «Envíe hoy sus mejores deseos. Por solo 5 dólares, puede enviar hasta 50 dólares para su recogida dentro de EE.UU. Mover dinero para mejorar». Mientras que el anuncio de Bitcoin decía: «Envíe cálidos deseos 24 horas al día, 7 días a la semana. Por solo 0,01 $, puede enviar hasta cualquier cantidad para su recogida en cualquier lugar. Mover dinero mucho mejor».

Figura 1: Primera infografía comparativa entre Western Union y Bitcoin.

El sitio web *Bitcoin.org* también promocionaba las ventajas de utilizar Bitcoin para el comercio diario. Una versión archivada de 2010 afirmaba que las transacciones con Bitcoin son prácticamente gratuitas, mientras que las tarjetas de crédito y los sistemas de pago en línea suelen costar entre un 1% y un 5% por transacción, además de suponer otros gastos comerciales que pueden llegar a cientos de dólares.[19] Incluso, en 2015, el

---

[19] "Bitcoin P2P Cryptocurrency", Bitcoin, 31 de Enero de 2009, https:// web.archive. org/web/20100722094110/http://www.bitcoin.org:80/

sitio web anunciaba «gastos de procesamiento nulos o bajos y transacciones instantáneas *peer-to-peer*».[20]

Pretender que Bitcoin nunca se creó para los pagos cotidianos es un intento descarado de reescribir la historia. Cualquier persona íntegra que estuviera metida en esto antes de 2014 atestiguará que el plan original era crear un sistema de efectivo digital de bajo coste. Las personas que pensaban que Bitcoin debía ser un depósito de valor caro y exclusivo estaban en una tremenda minoría.

---

[20] "Bitcoin is an innovative payment network and a new kind of money.", Bitcoin, 23 de marzo de 2013, https://web.archive.org/web/20150701074039/ https://bitcoin.org/en/

4.
Depósito de valor frente a medio de cambio

La verdadera ventaja del Bitcoin reside en que es un depósito de valor fiable a largo plazo... no en su capacidad para ofrecer transacciones ubicuas o baratas.[1]
—Saifedean Ammous, *The Bitcoin Standard*

Es sorprendente que tanta gente haya aceptado de manera acrítica la idea de que Bitcoin servirá como depósito de valor aunque no funcione como efectivo digital. Es más probable que ocurra exactamente lo contrario: si el Bitcoin puede demostrar que es una moneda superior durante un largo periodo de tiempo, el mercado podría aceptarla como depósito de valor. Pero harán falta años de utilidad y estabilidad demostradas antes de que algo así ocurra. Llamar a cualquier criptodivisa existente «depósito de valor fiable a largo plazo» es algo prematuro, teniendo en cuenta las tremendas fluctuaciones de precios que se producen de manera regular. El hecho de que BTC se haya revalorizado enormemente en los últimos diez años no significa que sea un depósito de valor.

---

[1]   Ammous, *The Bitcoin Standard*, pág. 212.

No lo toques

Saifedean Ammous defiende una de las versiones más extremas «del maximalismo del oro digital». Prevé un futuro en el que la gente normal ni siquiera tocará la *blockchain* y las transacciones en la cadena se reserven únicamente para transferencias de alto valor. En *The Bitcoin Standard*, escribe:

«Bitcoin puede verse como la nueva moneda de reserva emergente para las transacciones *online*, donde el equivalente *online* de los bancos emitirá *tokens* respaldados por Bitcoin a los usuarios, mientras mantiene su reserva de Bitcoins almacenada en frío[2]...».[3]

Y en un debate *online*, escribe:

«Los pagos en cadena de Bitcoin no son para el comerciante; son para los bancos centrales. Puedes tener todas las redes de pago del mundo construidas sobre Bitcoin, solo que liquidando en cadena. BTC es como el oro de los bancos centrales cuando se operaba bajo el patrón oro».[4]

El popular comentarista de Bitcoin, Tuur Demeester, se hace eco de esta opinión:

«Cuando alcance su plena madurez, el manejo de la *blockchain* de Bitcoin será algo tan raro y especializado como fletar un petrolero».[5]

Estas ideas se discuten en la actualidad como si hubieran sido la visión dominante desde el principio. Pero, comparadas con el diseño original, son

---

[2] Tenerla fuera de línea y, por tanto, a salvo de ataques informáticos. (*N. del T.*)

[3] Ammous, *The Bitcoin Standard*, pág. 206.

[4] Saifedean Ammous (@saifedean), *Twitter*, https://twitter.com/ saifedean/ status/9392176589978542.

[5] Tuur Demeester (@TuurDemeester), *Twitter*, 29 de mayo de 2019, https:// twitter. com/TuurDemeester/status/1133735055115866112.

descabelladas y superfluas. Desde luego, yo nunca me apunté a esta versión de Bitcoin, como tampoco lo hicieron los innumerables emprendedores con los que trabajé en los primeros tiempos. De hecho, una parte capital de la belleza de Bitcoin es precisamente que la *blockchain* es accesible a todo el mundo y no en exclusiva a los banqueros. Como tantas otras personalidades públicas que hablan con confianza del Bitcoin, Ammous y Demeester se limitan a suponer que las capas adicionales resolverán con facilidad los problemas de usabilidad de BTC. Sin embargo, cuando se analizan realmente las tecnologías de segunda capa, su viabilidad sigue siendo incierta, especialmente si la capa base no escala. Los entusiastas de BTC no suelen reconocer tales problemas y, en cambio, creen que los ingenieros lo arreglarán todo en el futuro, a pesar de su pobre historial hasta la fecha.

Además, un futuro de «tokens respaldados por Bitcoin» es una garantía de que la inflación arbitraria seguirá azotando a los que no somos banqueros centrales. La historia demuestra que las monedas pierden inevitablemente el respaldo que tienen con el tiempo, y, si la gente se ve obligada a comerciar con promesas de Bitcoin en lugar de con Bitcoin real, es solo cuestión de tiempo que las promesas se inflen muy por encima de la oferta real de Bitcoin. Las segundas capas solo hacen que esta inflación sea más fácil de llevar a cabo.

Cambio de narrativa

Dentro de la comunidad Bitcoin, la narrativa empezó a cambiar, desde efectivo digital a depósito de valor, en el transcurso de varios años. Todavía en 2016, la mayoría de los Bitcoiners seguían promocionando la tecnología como una moneda en línea —o como les gustaba llamarla a ellos, «dinero mágico de Internet»—, razón por la cual había celebraciones cada vez que una nueva empresa anunciaba que la aceptaba como medio de pago. Con cada comerciante adicional que lo aceptaba, Bitcoin ganaba más credibilidad y utilidad. Pero, tras el repunte de las comisiones, a finales de 2017, en lugar de admitir que había un problema, los defensores más influyentes de BTC empezaron, de forma ingeniosa, a cambiar la narrativa —ya que, si Bitcoin es solo un depósito de valor, entonces, las altas comisiones no importan al fin y al cabo—. En los últimos años, incluso se ha animado a la gente a no gastar sus bitcoins en el comercio, porque BTC es para comprar y mantener indefinidamente. Mi cínica opinión sobre esa narrativa de «comprar, guardar y no usar nunca» es que se trata de una forma estupenda de inflar el precio, creando escasez artificial. Si se convence a un número suficiente de personas de que pueden enriquecerse comprando y conservando un activo con una oferta finita, el resultado inevitable es un tremendo aumento del precio.

A mi juicio, la única esperanza que tiene la criptodivisa de convertirse en una verdadera reserva de valor es tener una utilidad en el mundo real. Una criptomoneda debe ser más útil que los sistemas heredados, y las elevadas comisiones por transacción dañan inmediatamente la utilidad de cualquier moneda. Si BTC fuera la única criptodivisa disponible, quizá podría seguir funcionando como depósito de valor, pero, como el mercado tiene opciones superiores entre las que elegir, parece poco probable que la criptodivisa más lenta, más cara y menos escalable acabe siendo elegida como depósito de valor fiable a largo plazo. Por ejemplo, *Bitcoin Cash* tiene prácticamente todas las propiedades de *Bitcoin Core*, excepto que se puede utilizar como dinero digital. A largo plazo, el mercado acabará dándose cuenta de que está pagando comisiones extremadamente altas por BTC sin ninguna buena razón, ya que se puede ofrecer el mismo producto por una fracción del coste.

La economía del depósito de valor

Para entender los problemas de la idea de exclusivamente «depósito de valor», debemos profundizar en la economía. Tuve la suerte de descubrir la Escuela Austriaca de Economía muy pronto. Grandes pensadores como Ludwig von Mises y Murray Rothbard me ayudaron a entender el mundo a través de una lente económica, y la razón por la que supe que Bitcoin iba a hacerse popular fue porque había leído previamente sus ideas sobre el dinero. Pude ver que el Bitcoin tenía las propiedades de un dinero de muy alta calidad, lo que significaba que debía comprar algo del mismo sin dilación.

El potencial de Bitcoin como depósito de valor constituye un interesante rompecabezas económico. De hecho, el valor, en sí mismo, es un interesante enigma que ha dejado perplejos a los economistas durante siglos. De entrada, ¿por qué algo tiene valor? Una de las ideas de la Escuela Austriaca de Economía —que desde entonces se ha incorporado al pensamiento económico mayoritario— es que el valor es subjetivo. El valor no se encuentra en los bienes materiales, sino en las mentes humanas. Las cosas no tienen valor en sí mismas. Les damos valor porque creemos que pueden utilizarse para satisfacer nuestros deseos.

Un «depósito de valor» no puede «almacenar» valor literalmente, como si fuera una caja física en la que se deposita valor para recuperarlo más tarde. Más bien, si algo es un depósito de valor, significa que tiene un historial constante sobre haber sido valorado por los seres humanos. Y debido a su historia de éxito, la gente tiene buenas razones para creer que será valorado en el futuro. Por tanto, conserva su poder adquisitivo a lo largo del tiempo. Muchas cosas se utilizan para almacenar valor. El ganado, por ejemplo, ha sido un depósito de valor durante mucho tiempo.

El ser humano tiene buenas razones para creer que el ganado puede utilizarse para satisfacer sus necesidades. Se puede ordeñar, comer, utilizar para los trabajos agrícolas y muchas otras funciones. Debido a esta utilidad, si alguien quiere vender su ganado, es probable que encuentre compradores. Los bienes inmuebles son otro depósito de valor popular, con un largo historial. Los seres humanos tienen buenas razones para creer que poseer tierras les beneficiará. Pueden vivir en ella, utilizarla para producir alimentos, urbanizarla, arrendarla, etcétera. Dentro de mil años, es probable que el ganado y los bienes inmuebles sigan siendo valorados por los seres humanos. Y el depósito de valor más popular es el dinero.

El dinero constituye un fenómeno económico un poco más complejo que el ganado o los bienes inmuebles. Para entenderlo, tenemos que comprender un concepto más: la diferencia entre intercambio directo e indirecto. Imaginemos una situación en la que un granjero cría pollos y vive al lado de un sastre que fabrica camisas. Si el agricultor quiere una camisa y el sastre quiere un par de pollos, pueden realizar el tipo de intercambio económico más sencillo, llamado «intercambio directo» o «trueque», que es lo que se produce cuando el agricultor cambia directamente sus pollos por la camisa del sastre. El trueque tiende a ser torpe e ineficaz, ya que requiere que ambas partes deseen específicamente el artículo que la otra persona está intercambiando. Si, en lugar de una camisa, el granjero quisiera zapatos, el intercambio no se produciría.

A diferencia del trueque, el «intercambio indirecto» se produce cuando los bienes intercambiados no son los bienes finales deseados. Así, el granjero puede cambiar sus pollos por gasolina, no porque quiera la gasolina, sino porque puede cambiársela al sastre por la camisa que desea. En ese caso, la gasolina sería un «medio de intercambio», un paso intermedio entre el agricultor y el bien final que desea.

Los medios de intercambio son increíbles. Permiten que enormes redes de personas comercien y colaboren sin necesidad de conocerse, hablar el mismo idioma o compartir las mismas preferencias. El medio de intercambio más popular en una economía es el dinero y, en esencia, permite intercambiar cualquier producto por cualquier otro. Un granjero puede convertir sus pollos en un *Lamborghini* si antes vende suficientes de los primeros a cambio de dinero.

El dinero facilita mucho la planificación, el ahorro y la inversión. El granjero puede vender sus pollos en verano para obtener el dinero que planea utilizar en invierno. O puede invertir su dinero en proyectos rentables. Sin dinero, la inversión es mucho más difícil de coordinar: el granjero tendría que encontrar proyectos que acepten pollos directamente como inversión. En cambio, con dinero, puede vender sus pollos a cambio, digamos, de euros e invertirlos en otros proyectos. Verdaderamente, el dinero es un gran invento que nos hace a todos más ricos.

El dinero también es un excelente depósito de valor. La Escuela Austriaca de Economía ofrece la mejor explicación. Según Ludwig von Mises:

«Las funciones del dinero como transmisor de valor a través del tiempo y el espacio también pueden remontarse directamente a su función como medio de cambio»[6].

Murray Rothbard también llega a la misma conclusión:

«Muchos libros de texto afirman que el dinero tiene varias funciones: medio de cambio, unidad de cuenta o «medida de valores, depósito de valor», etc. Pero debe quedar claro que todas estas funciones no son más que corolarios de la única gran función: la de medio de cambio»[7].

En otras palabras, es precisamente debido a que el dinero es el medio de intercambio comúnmente utilizado por lo que almacena valor. Por lo tanto, si se supone que el Bitcoin es dinero, afirmar que puede almacenar valor sin ser un medio de intercambio es poner el carro delante de los bueyes.

Resulta útil pensar que «almacenar valor» es como hacer una predicción. Se trata de adivinar qué bienes se valorarán en el futuro. Si algo es útil para la gente, como por ejemplo los bienes inmuebles, es más probable que se valore. Si algo ya se utiliza como medio de intercambio, como ocurre con el papel moneda, es una buena señal de que seguirá siendo valorado en el futuro. No es una garantía, ya que vemos casos de papel moneda arruinado por bancos centrales que inflan su oferta monetaria, pero sigue siendo una señal potente.

Si la gente tiene menos confianza en que algo se utilizará como medio de cambio en el futuro, es menos probable que lo utilice como depósito de valor. Imagínate que vives en una isla en la que las conchas marinas se utilizan habitualmente como medio de intercambio. Un día, escuchas por la radio que un estudio pionero demuestra que las conchas

---

6   Ludwig von Mises, *The Theory of Money and Credit*, Germany: Duncker & Humblot, 1912.

7   Murray N. Rothbard, *What Has Government Done to Our Money?*, Alabama: Mises Institute, 2010.

marinas son peligrosas y pueden provocar cáncer. Es de esperar que mucha menos gente acepte esas conchas como medio de intercambio, lo que significa que se van a convertir en peor depósito de valor. Incluso si el estudio estuviera equivocado y las conchas marinas no causaran cáncer, la simple creencia pública de que podrían hacerlo es suficiente para convertir un dinero que funciona en algo sin valor. Los fallos de la red *Bitcoin Core* de 2017 y 2021 —y la posterior «anti-adopción» por parte de las empresas que la descartaron como opción de pago— dieron razones para dudar de que BTC pueda funcionar como medio de intercambio, lo que hace menos probable que se convierta en un verdadero depósito de valor en el futuro.

Dinero y valor

Aunque todo dinero almacena valor, no todos los almacenes de valor son dinero. El ganado y los bienes inmuebles se consideran a menudo depósitos de valor sin ser dinero porque tienen otros usos no monetarios. Esto plantea una cuestión clave: ¿es Bitcoin como el dinero que almacena valor, debido a que se utiliza como medio de intercambio, o es Bitcoin como el ganado y los bienes inmuebles, que almacenan valor por razones no monetarias? En 2010, Satoshi discutió este tema en los foros, donde la gente debatía cómo Bitcoin podría ganar valor y por qué. Afirmó:

«Como experimento mental, imaginemos que existiera un metal base tan escaso como el oro pero con las siguientes propiedades:
- de aburrido color gris.
- no es un buen conductor de la electricidad.
- no especialmente resistente, pero tampoco dúctil ni fácilmente maleable.
- no es útil para ningún fin práctico u ornamental y sin ninguna propiedad especial y mágica:
- puede transportarse a través de un canal de comunicaciones.

Si por alguna razón adquiriera algún valor, cualquiera que quisiera transferir riqueza a larga distancia podría comprarla, transmitirla y hacer que el receptor la vendiera.

Tal vez podría obtener un valor inicial de forma circular, como has sugerido, al prever la gente su utilidad potencial para el intercambio. (Yo sin duda querría un poco). Tal vez para los coleccionistas, movidos por cualquier razón posible.

Creo que las definiciones tradicionales del dinero se escribieron partiendo del supuesto de que en el mundo hay tantos objetos escasos que compiten entre sí, que un objeto concreto, dotado con el apoyo automático de tener valor intrínseco, seguramente ganará a los que no tienen valor intrínseco. Pero, si no hubiera nada en el mundo con valor intrínseco que pudiera utilizarse como dinero, solo fuese escaso pero sin valor intrínseco, creo que la gente seguiría aceptando algo».[8]

Esta es una gran cita, por varias razones. En primer lugar, en este contexto, Satoshi utiliza el término «valor intrínseco» para referirse al valor de uso no monetario. El oro y la plata, por ejemplo, son grandes medios de intercambio y también pueden utilizarse en la industria. El tabaco y la sal, otros medios de intercambio históricos, pueden consumirse directamente. Bitcoin tiene cierto valor no monetario, que se explicará en breve, pero el experimento mental de Satoshi muestra que incluso si Bitcoin tuviera cero usos no monetarios, el simple hecho de que sea escaso y pueda enviarse a través de un canal de comunicaciones —es decir, que los costes de transacción sean extremadamente bajos— podría ser suficiente para darle valor debido a su «utilidad potencial para el intercambio». En otras palabras, Satoshi pensó que Bitcoin podría ser capaz de generar su propio valor si la gente reconocía que podría ser un excelente medio de intercambio. Esto convierte a Bitcoin en un invento único. Se trata de un sistema de pago creado a propósito que utiliza

---

[8] Satoshi, "Re: Bitcoin does NOT violate Mises' Regression Theorem", Bitcoin Forum August 27 de agosto de 2010, https://bitcointalk.org/index. php?topic=583. msg11405#msg11405

una moneda diseñada para tener mejores propiedades monetarias que cualquier otra moneda existente.

Otros usos

A primera vista, no parece que Bitcoin pueda hacer otra cosa que enviarse a otra persona. Pero tiene otras utilidades. La *blockchain* de Bitcoin es un libro de contabilidad público en línea mantenido por una red descentralizada de ordenadores, y las transacciones de Bitcoin controlan las entradas de ese libro. Esta funcionalidad puede utilizarse para diversos fines no monetarios. Por ejemplo, la *blockchain* puede utilizarse para almacenar datos valiosos, aunque es bastante más cara que otros métodos de almacenamiento de datos. Hay nuevas empresas de medios sociales que utilizan esta función para crear plataformas, no censurables, en la *blockchain*. Otras aplicaciones podrían ser cuestiones tales como registros de activos, nuevos sistemas de votación o verificación de identidad para mejorar la seguridad en línea. En relación con la utilidad de Bitcoin como sistema de pago general, estas capacidades parecen menores, pero existen.

Pensar que Bitcoin es un «depósito de valor» debido a sus propiedades no monetarias es como pensar que los billetes de dólar son un depósito de valor porque pueden usarse como combustible o papel higiénico. Aunque esa utilidad existe, es ínfima comparada con el valor de ser un medio de intercambio seguro, internacional y sin fricciones. Satoshi entendió que la transmisibilidad de Bitcoin era una característica central que le daba valor a este. Sin embargo, los desarrolladores de *Bitcoin Core* destruyeron de manera intencionada esa característica, dando a BTC casi ninguna propuesta de valor única en comparación con otras criptodivisas. Otras monedas no solo tienen tasas más bajas, sino que también tienen una funcionalidad no monetaria superior.

Dada la naturaleza subjetiva del valor, es concebible que el mercado elija BTC como reserva de valor. Pero también es concebible que el mercado elija calcetines viejos y malolientes como depósito de valor. Posible, pero improbable. Parece más razonable pensar que la criptodivisa con más posibilidades de convertirse en una reserva de valor necesita maximizar todas sus propiedades positivas y minimizar las negativas. Las transacciones torpes y caras no son una característica deseable de ningún depósito de valor o medio de intercambio. El famoso empresario de Internet, Kim Dotcom, fundador de *MegaUpload*, expresó sentimientos similares en una conversación en enero de 2020, diciendo:

> «Para que una criptodivisa tenga éxito, debe ofrecer transacciones rápidas y baratas. Está bien ser un depósito de valor, pero si realmente quieres tener éxito en este juego, tienes que ser dinero electrónico».

Kim también señaló que la inmensa mayoría de la gente aún no tiene experiencia en el uso de criptomonedas y que, para atraerla, las comisiones deben ser bajas y la fiabilidad, alta:

> «[La mayoría de la gente] no sabe nada de las guerras que están produciéndose o de la toxicidad actual dentro de la comunidad de criptomonedas. Van a optar por la moneda que les ofrezca las comisiones más baratas, las transacciones más rápidas y la mayor fiabilidad, y actualmente, por desgracia, y eso no es Bitcoin [Core]».[9]

Imagínate una criptodivisa con todas las propiedades de BTC, excepto que, además, permitiera transacciones instantáneas y casi gratuitas para todo el mundo, y fuera un medio de intercambio diseñado específicamente para el siglo XXI. Su utilidad sería órdenes de magnitud mayor que la de una sin esta funcionalidad. Ese era el plan original para el Bitcoin, y sigue siendo el plan para *Bitcoin Cash* y otras criptodivisas.

---

[9] Tone Vays, "On The Record w/ Willy Woo & Kim Dotcom - Can't All 'Bitcoiner's' Just Get Along?", *YouTube*, 16 de enero de 2020, https://www. youtube.com/watch?v=mvcZNSwQlRU

5.

El límite del tamaño de bloque

«Si me hubieran dicho, en 2011, que estaríamos aquí sentados en 2017 y que no habríamos aumentado el tamaño de los bloques, habría dicho: "Es imposible que eso ocurra"».[1]
Stephen Pair, CEO de *BitPay*.

U n único parámetro técnico permitió a los desarrolladores de *Bitcoin Core* convertir Bitcoin en un proyecto diferente: «el límite de tamaño del bloque». El límite de tamaño del bloque es simplemente el tamaño máximo de bloques permitido en la red. Recuerda que las transacciones se agrupan en bloques, por lo que cuantas más transacciones, más grandes serán los bloques. Esto hace que el límite de tamaño de bloque sea, efectivamente, un límite máximo de rendimiento para Bitcoin. *Bitcoin Core* utilizó un límite de tamaño de bloque minúsculo para reducir de manera artificial la capacidad de la red a una fracción de su potencial.

Se suponía que el límite de tamaño de bloque no era un parámetro importante, y no se pretendía que se alcanzara el límite. Se suponía que debía mantenerse muy por encima del tamaño del bloque medio. Los bloques nunca debían estar llenos, salvo en circunstancias extremas.

---

[1] Stephen Pair, "Bitcoin.com podcast", *Reddit*, 5 de abril 2017, https:// www.reddit. com/r/btc/comments/63m2cp/if_you_told_me_in_2011_that_ we_would_be_sitting/

Espacio adicional necesario

Un bloque lleno significa que hay más transacciones intentando ser procesadas de las que caben en un solo bloque, lo que provoca, inmediatamente, un aumento de las comisiones y un retraso. En la actualidad, un bloque de BTC puede contener entre 2.000 y 3.000 transacciones, y se produce cada diez minutos. Si 18.000 personas intentan realizar una transacción en un periodo de diez minutos, la red necesitará al menos seis bloques para procesarlas todas. Eso supone una hora para procesar cada transacción que esté en la cola, si nadie más utiliza la red durante ese tiempo. Si 150.000 personas intentan utilizar Bitcoin a la vez, se necesitarían al menos cincuenta bloques para procesarlo todo. Eso son más de ocho horas de espera.

El retraso en el procesamiento no es el único problema durante la congestión de la red. Cuando los bloques se llenan, las comisiones empiezan a subir. Una tarifa más alta no garantiza que tu transacción se procese rápidamente; solo te permite ponerte en la cola por delante de otras transacciones. Como la red no puede gestionar más de 3.000 transacciones por bloque, se forma una cola. Aumentar la comisión incrementa las posibilidades de que los mineros incluyan tu transacción en el siguiente bloque, pero si un número suficiente de personas paga más que tú, tu transacción se retrasa en la cola. Esto hace que las comisiones aumenten exponencialmente y crea una experiencia de usuario horrible. Tan pronto como los bloques se llenan, las tarifas pueden aumentar de diez centavos a un dólar, luego a cinco, diez, veinte, cincuenta dólares, o incluso más, si suficientes personas lo están usando. Durante los picos de tarifas de 2017 y 2021, algunas transacciones complejas costaron más de mil dólares cada una, que terminé pagando varias veces. Una búsqueda rápida en la *blockchain* de transacciones con tasas de entre 900 y 1.100 dólares arroja casi 35.000 resultados.[2]

---

[2] "Bitcoin transactions", *Blockchair*, 18 de agosto de 2023, https://blockchair. com/bitcoin/transactions?s=fee_usd(desc)&q=fee_usd(900..1100)#

A menudo se compara Bitcoin con el correo electrónico, por su capacidad para conectar instantáneamente a las personas a través de Internet. Imagínate que el correo electrónico no pudiera soportar el uso de 150.000 personas y tardara ocho horas en enviar y recibir mensajes. Sin duda, algo así se consideraría un vergonzoso fallo de diseño. Sin embargo, en medio de estos fallos de la red, las transacciones podrían quedar atascadas durante días, o incluso una semana entera en los picos. Esta es la razón por la que se suponía que el límite de tamaño de bloque se mantendría muy por encima de la demanda de transacciones, como una limitación técnica, a largo plazo, que no afectaría a la funcionalidad del sistema. Bitcoin escalaría con el uso y el límite se incrementaría o eliminaría por completo.

Permitir que los bloques crecieran de forma natural habría mantenido a Bitcoin como un sistema de efectivo digital con transacciones de bajo coste y acceso universal a la *blockchain*. Pero los desarrolladores del Core querían convertir Bitcoin en un sistema de liquidez para transferencias de alto valor, por lo que se negaron a aumentar el límite de tamaño de los bloques. La única razón por la que las comisiones alcanzaron niveles astronómicos y la red se volvió poco fiable fue que los bloques eran demasiado pequeños para gestionar la demanda.

Muchos de los primeros desarrolladores, empresas y entusiastas sabían que era necesario aumentar el límite de tamaño de los bloques. Sabían que los bloques llenos causarían una experiencia de usuario terrible y podían ver que los bloques se llenaban cada vez más a medida que Bitcoin crecía en popularidad. Sin embargo, a pesar de los interminables argumentos y súplicas de la industria, los desarrolladores del Core se negaron a aumentar el límite. Todavía no han aumentado significativamente el rendimiento máximo de las transacciones desde los niveles de 2010. Una simple foto en tu *smartphone* es más grande que un bloque entero de BTC, a veces mucho más, dependiendo de la calidad de la imagen. Esta fue, en última instancia, la razón por la que la industria de las criptomonedas se fracturó y se creó *Bitcoin Cash*.

La razón para el límite de tamaño del bloque

Cuando Satoshi Nakamoto abandonó Bitcoin, había muchos desarrolladores entusiastas y con talento trabajando en el proyecto, pero dos destacan como excepcionales: Gavin Andresen y Mike Hearn. Andresen fue elegido por Satoshi como su sucesor y principal desarrollador del proyecto. Naturalmente, también era un *big-blocker*. A lo largo de los años, escribió influyentes artículos en su blog[3] sobre Bitcoin y el escalado, así como sobre la cultura de los desarrolladores, la economía y otros temas.[4] Era muy comedido al expresarse, quizá demasiado. Hearn, por su parte, era un desarrollador más enérgico y abierto contra los *small-blockers* que, en su opinión, distorsionaban el proyecto. Su experiencia laboral previa era especialmente relevante. Hearn dejó *Google* para trabajar en Bitcoin. Mientras trabajaba en *Google*, pasó tres años como planificador de capacidad para *Google Maps*, uno de los sitios web más populares del mundo. Por tanto, estaba muy familiarizado con los problemas de capacidad de la red. Al igual que Satoshi y Andresen, Hearn era un *big-blocker* que no creía que Bitcoin tuviera problemas inherentes de escalabilidad. Entre sus publicaciones en blogs, correos electrónicos, conversaciones en foros y entrevistas públicas, Andresen y Hearn captaron la visión original de Bitcoin mejor que nadie. Sus comentarios son una lectura esencial y se citan a lo largo de este libro.

Cuando Bitcoin se codificó originalmente, no había un límite explícito en el tamaño de los bloques que se podían producir. Eso cambió en 2010, cuando Satoshi añadió un límite al tamaño de los bloques para evitar un posible ataque de denegación de servicio mientras Bitcoin era joven. En su blog, Gavin Andresen explicó las razones del límite inicial:

«... [L]os límites se añadieron para evitar un ataque de denegación de servicio de red de «bloque venenoso». Tenemos que preocuparnos por

---

[3]   Gavin Andresen, GAVIN ANDRESEN, 18 de agosto 2023, http:// gavinandresen. ninja/

[4]   Gavin Andresen, GavinTech, 18 de agosto 2023, https://gavintech. blogspot.com/

los ataques de denegación de servicio si le resultan baratos al atacante...
El ataque que el límite pretende evitar es mucho más caro hoy en día…
El 15 de julio [de 2010] se negociaban unos once mil bitcoins a un precio
medio de unos tres céntimos cada uno. La recompensa por bloque era
entonces de 50 BTC, por lo que los mineros podían vender un bloque de
monedas por alrededor de 1,50 dólares.

Esto da una idea aproximada de lo que le costaría a un atacante producir
un «bloque venenoso» para interrumpir la red: uno o dos dólares. Mucha
gente está dispuesta a gastar uno o dos dólares «por diversión»: les gusta
causar problemas y están dispuestos a invertir mucho tiempo o una
modesta cantidad de dinero para causar tales problemas».[5]

El tope inicial se fijó en un *megabyte*, lo que permitía un límite teórico
de siete transacciones por segundo. En la práctica, el límite real es de
unas tres o cuatro transacciones por segundo, lo que se corresponde con
alrededor de 2.000-3.000 transacciones en cadena por bloque, muy por
encima del uso real de la red en aquellos días. El plan era simplemente
aumentar el límite o eliminarlo por completo. Andresen señaló en los
foros:

«El plan desde el principio era soportar bloques enormes. El límite rígido
de 1MB fue siempre una medida temporal de prevención de denegación
de servicio».[6]

Ray Dillinger, otro de los pioneros de Bitcoin, afirmó lo mismo:

«Yo soy el tipo que repasó los detalles de la *blockchain* en el primer corte de
Satoshi del código de bitcoin. Satoshi no había fijado un límite de 1MB en
el mismo. El límite fue, originalmente, idea de Hal Finney. Tanto Satoshi

---

[5] Gavin Andresen, "One-dollar lulz", GAVIN ANDRESEN, 3 de marzo de 2016, http://gavinandresen.ninja/One-Dollar-Lulz

[6] Gavin Andresen, "Re: Please do not change MAX_BLOCK_ SIZE", *Bitcoin Forum*, 3 de junio de 2013, https://bitcointalk.org/index. php?topic=221111.msg2359724#msg2359724

como yo objetamos que no escalaría a 1MB. Sin embargo, Hal estaba preocupado por un potencial ataque DoS y, después de discutirlo, Satoshi estuvo de acuerdo con él... Pero los tres estuvimos de acuerdo en que 1MB tenía que ser temporal porque, de lo contrario, nunca escalaría».[7]

El acuerdo unánime entre Satoshi, Hal y Ray es especialmente interesante, ya que Hal Finney suele ser considerado un defensor de los bloques pequeños. Pero incluso él estaba de acuerdo en que el límite de 1MB tenía que ser temporal. Sin embargo, a día de hoy, los desarrolladores de *Bitcoin Core* se han negado a aumentar significativamente el límite de tamaño de bloque, más allá del nivel inicial establecido en 2010, a pesar de las enormes mejoras que se han producido en *software*, *hardware* y tecnología de red. Prácticamente todas las grandes empresas de la industria intentaron, en múltiples ocasiones, aumentar el límite, pero los desarrolladores del Core se negaron, incluso después de acordar públicamente un aumento. En su lugar, cambiaron la métrica de tamaño de bloque por la de «peso de bloque» y afirmaron que el nuevo límite es de 4 MB, pero todo eso no es más que un truco de contabilidad y no se corresponde con una cuadruplicación de la capacidad de rendimiento.

Diseño invertido

La sencilla razón por la que los desarrolladores del Core se negaron a aumentar el límite es porque querían cambiar el diseño de Bitcoin. Cuanto antes se llenaran los bloques, antes aumentarían las comisiones por transacción, que era algo que ellos consideraban deseable. Jorge Timón, desarrollador del Core, declaró: «Estoy de acuerdo en que alcanzar el límite no sería malo, sino bueno para un mercado joven e inmaduro como el de las comisiones de bitcoin».[8] Mientras que Greg

---

[7] Cryddit, "Re: Permanently keeping the 1MB (anti-spam) restriction is a great idea ...", *Bitcoin Forum*, 7 de febrero de 2015, https://bitcointalk.org/ index.php?topic=946236. msg10388435#msg10388435

[8] Jorge Timón, "Răspuns: Personal opinion on the fee market from a worried local

Maxwell afirmó sin rodeos: «No hay nada malo en los bloques llenos... Los bloques llenos son el estado natural del sistema».[9]

Para apreciar lo radicales que son estas ideas, comparadlas con las que habríais encontrado en los primeros días de Bitcoin, cuando la red *Visa* se utilizaba a menudo como comparación del rendimiento de las transacciones. En 2009, a Satoshi le preguntaron sobre la capacidad de Bitcoin para escalar y su respuesta fue:

«La actual red de tarjetas de crédito *Visa* procesa unos 15 millones de compras por Internet al día en todo el mundo. Bitcoin ya puede escalar mucho más que eso con el *hardware* existente, por una fracción del coste. En realidad, nunca alcanza un techo de escala».[10]

Así se entendió durante años. Aunque hoy lo llamaríamos parte de la «visión de Satoshi» por aquel entonces era la visión de casi todo el mundo. Por ejemplo, si investigabas sobre Bitcoin en 2013, probablemente te habrías topado con su página en la *Wiki*. Esto es lo que decía la sección sobre «escalabilidad»:

«El núcleo de la red Bitcoin puede escalar a tasas de transacción mucho más altas que las actuales, suponiendo que los nodos de la red se ejecuten principalmente en servidores de gama alta en lugar de ordenadores de sobremesa. Bitcoin fue diseñado para soportar clientes ligeros que solo procesan pequeñas partes de la cadena de bloques...

Una configuración en la que la gran mayoría de los usuarios sincronizan clientes ligeros con nodos troncales más potentes es capaz de escalar hasta millones de usuarios y decenas de miles de transacciones por segundo...

Hoy en día la red Bitcoin está restringida a una tasa sostenida de 7 tps por algunos límites artificiales. Estos límites se establecieron para

trader", Bitcoin-dev Mailing List, 31 de julio de 2015, https://lists. linuxfoundation.org/pipermail/bitcoin-dev/2015-July/009804.html

9   User <gmaxwell>, bitcoin-wizards chat log, 16 de enero de 2016, http:// gnusha. org/bitcoin-wizards/2016-01-16.log

10   Bitcoincash, "Satoshi Reply to Mike Hearn", Nakamoto Studies Institute, 12 de abril de 2009, https://nakamotostudies.org/emails/satoshireply-to-mike-hearn/

evitar que la gente aumentara el tamaño de la *blockchain* antes de que la red y la comunidad estuvieran preparadas para ello. Una vez que se eliminen estos límites, la velocidad máxima de transacción aumentará significativamente... A velocidades de transacción muy altas, cada bloque puede tener un tamaño de más de medio *gigabyte*».[11]

Todo el mundo lo sabía. Todo el mundo entendía que el sistema estaba diseñado para escalar con bloques más grandes, y ni siquiera era algo sometido a discusión. Andresen declaró que la escalabilidad de Bitcoin era parte del atractivo que le atrajo al proyecto:

«Cuando oí hablar por primera vez de Bitcoin, esto era lo suficientemente pequeño como para poder leerlo todo, y así lo hice, incluidos todos los mensajes de las listas de correo. La promesa de un sistema que podría competir con *Visa* es parte de la visión que me convenció de Bitcoin».[12]

En 2013, *Visa* gestionaba, de media, unas 2.000 transacciones por segundo. Para conseguir 2.000 transacciones por segundo en Bitcoin, los bloques tendrían que ser de unos 500 MB, una cantidad manejable sin ninguna dificultad. Los teléfonos móviles actuales pueden grabar y subir fácilmente vídeos de alta definición que ocupan *gigabyte*s, es decir, varias veces el tamaño de un bloque de Bitcoin que contenga más de un millón de transacciones. Escalar a ese nivel requiere algo más que simplemente aumentar el tamaño máximo del bloque, pero no hay razones fundamentales por las que no pueda hacerse. De hecho, *Bitcoin Cash* ya ha conseguido múltiples bloques de 32MB, y una rama reciente de *Bitcoin Cash*, *Bitcoin SV*, ha llegado a minar un bloque de 2GB. Estas redes no se han roto. Satoshi tenía una respuesta simple y definitiva a las preguntas sobre el tamaño de los bloques:

---

[11] "Scalability", Bitcoin, 11 de septiembre de 2011, https://web.archive.org/web/20130814044948/https://en.bitcoin.it/wiki/Scalability

[12] Gavin Andresen, "Re: Bitcoin 20MB Fork", *Bitcoin Forum*, 31 de enero de 2015, https://bitcointalk.org/index.php?topic=941331. msg10315826#msg10315826

«Sería bueno mantener los archivos [*blockchain*] pequeños mientras podamos. La solución final será que no nos importe su tamaño».[13]

Comisiones elevadas y lentitud en las transacciones

¿Por qué querrían los desarrolladores de *Bitcoin Core* unas tasas altas? Para el entusiasta inicial de Bitcoin, o incluso para una persona normal, suena como una mala idea. Pero en realidad, las altas comisiones son el resultado inevitable de la filosofía de bloques pequeños. Para entender por qué, tenemos que analizar el sistema más de cerca. Como se explicó en el capítulo 2, los mineros reciben su recompensa de dos formas. Obtienen comisiones por transacción y la recompensa por bloque. Dado que la recompensa por bloque disminuye con el tiempo, la única fuente de ingresos acaba siendo las comisiones por transacción. Y, como los desarrolladores de *Bitcoin Core* quieren bloques pequeños, la única manera de que los mineros ganen dinero en su sistema es con tasas de transacción extremadamente altas. Bitcoin no puede funcionar sin que se pague a los mineros, y si solo pueden procesar 3.000 transacciones por bloque, las tarifas tienen que ser de cientos o miles de dólares por transacción, para mantener la seguridad. El desarrollador del núcleo, Jorge Timón, se expresó abiertamente acerca de este problema:

«Bitcoin necesita un mercado de comisiones competitivo a largo plazo para sostener [la prueba de trabajo] una vez que desaparezcan las subvenciones. Estoy muy contento de que lo tengamos ahora… ».[14]

Pieter Wuille, otro desarrollador de Core, dijo:

---

[13] Satoshi, "Re: Flood attack 0.00000001 BC", *Bitcoin Forum*, 11 de agosto de 2010, https://bitcointalk.org/index.php?topic=287.msg8810#msg8810

[14] Jjtimon, *Reddit*, 13 de diciembre de 2016, https://www.reddit.com/r/ Bitcoin/comments/5i3d87/til_4_years_ago_matt_carollo_tried_to_solve/ db5d96z/

«Mi opinión personal es que, como comunidad, debemos dejar que se desarrolle un mercado de comisiones, y que sea más pronto que tarde».[15]

Llaman eufemísticamente «mercado de comisiones» a la acumulación de transacciones con comisiones elevadas, en el que algunos usuarios pujan más que los demás por el minúsculo espacio dentro de los bloques. Este modelo de seguridad, estrafalario e innecesario, es la razón por la que los desarrolladores de Core celebran y fomentan las altas comisiones, así como la acumulación de transacciones. Greg Maxwell afirmó:

«La presión de las tasas es una parte intencionada del diseño del sistema y, a nuestro entender, esencial para la supervivencia a largo plazo del sistema. Así que sí. Está bien ».[16]

Y cuando las tasas subieron a 25 dólares en diciembre de 2017, Maxwell respondió de forma infame:

«Yo, personalmente, estoy sacando el champan [sic] para celebrar que el comportamiento del mercado está produciendo, efectivamente, niveles de actividad que pueden pagar la seguridad sin causar inflación, y también produciendo atrasos en el pago de tasas, que son necesarios para estabilizar el progreso del consenso, a medida que disminuye la subvención ».[17]

Por supuesto, Satoshi Nakamoto no diseñó Bitcoin de esta manera. Se esperaba que los mineros recuperaran sus costes procesando un alto volumen de transacciones de bajo coste con grandes bloques. En los

---

[15] Pieter Wuille, *Bitcoin Core* and hard forks", Bitcoin-dev mailing list, 22 de julio de 2015, https://lists.linuxfoundation.org/pipermail/bitcoindev/2015-July/009515.html

[16] User <gmaxwell>, "bitcoin-wizards" chat log, *Gnusha*, 16 de enero de 2016, http://gnusha.org/bitcoin-wizards/2016-01-16.log

[17] Gregory Maxwell, "Total fees have almost crossed the block reward", Bitcoin-dev mailing list, 21 de diciembre de 2017, https://lists.linuxfoundation. org/pipermail/bitcoin-dev/2017-December/015455.htm

foros, preguntaron a Satoshi sobre el modelo de ingresos a largo plazo para los mineros. Él lo explicó de la siguiente forma:

«Dentro de unas décadas, cuando la recompensa sea demasiado pequeña, la comisión por transacción se convertirá en la principal compensación para [los mineros]. Estoy seguro de que, en el plazo de 20 años, habrá un volumen de transacciones muy grande o no habrá volumen ».[18]

Fíjate en que no dijo «en 20 años, o habrá un gran volumen de transacciones o un pequeño volumen con tasas de transacción extremadamente altas». Eso habría sonado como algo dudoso a cualquier persona con sentido común. Predijo, o un gran volumen o ninguno.

El nuevo Bitcoin

Al limitar artificialmente el tamaño de los bloques, los desarrolladores de *Bitcoin Core* encontraron una forma de cambiar por completo la dinámica del sistema. No solo cambió la experiencia del usuario, desde «transacciones casi instantáneas y gratuitas a transacciones caras y poco fiables», sino que también trastocó de manera radical el modelo económico subyacente. BTC apuesta por la idea de que los futuros usuarios estarán dispuestos a pagar cientos o miles de dólares por transacción en la cadena, a pesar de tener alternativas superiores. De lo contrario, los mineros tendrán que cerrar la mayoría de sus equipos, porque no generarán beneficios.

Ante esto, no es exagerado decir que secuestraron BTC y que el diseño original fue sustituido por uno nuevo y especulativo. Por eso Vitalik Buterin, el cofundador de *Ethereum*, dijo públicamente:

«Considero que BCH es un competidor legítimo por la posesión del nombre bitcoin. Considero que el "fracaso" del bitcoin a la hora de aumentar el tamaño de los bloques, para mantener unas tarifas razonables

---

[18] Satoshi, "Re: What's with this odd generation?", *Bitcoin Forum*, 14 de febrero de 2010, https://bitcointalk.org/index.php?topic=48. msg329#msg329

es un gran cambio (no consensuado) del «plan original», moralmente equivalente a un *hard fork*[19]».[20]

El fracaso de *Bitcoin Core* a la hora de aumentar el límite de tamaño de bloque no fue simplemente académico. Tuvo consecuencias, en el mundo real, para los negocios que se basan en Bitcoin o que simplemente lo aceptan como medio de pago. Tras la subida de tarifas de 2017, la industria de Bitcoin experimentó por primera vez la antiadopción. Cuando la popular plataforma de juegos *Steam* anunció que dejaba de aceptar Bitcoin, compartió públicamente sus razones:[21]

«A partir de hoy, *Steam* ya no admitirá Bitcoin como método de pago en nuestra plataforma, debido a las elevadas comisiones y a la volatilidad del valor de Bitcoin... Las comisiones por transacción que la red Bitcoin cobra al cliente se han disparado este año, alcanzando un máximo de casi 20 dólares por transacción la semana pasada (en comparación con los aproximadamente 0,20 dólares que cobraba cuando habilitamos Bitcoin inicialmente)...

Al realizar la compra en *Steam*, el cliente transferirá una cantidad de x bitcoins por el coste del juego, más una cantidad de bitcoins para cubrir la comisión de transacción que cobra la red Bitcoin. El valor del bitcoin solo está garantizado durante un cierto periodo de tiempo, por lo que si la transacción no se completa en ese periodo de tiempo, la cantidad de bitcoins necesaria para cubrir la transacción puede cambiar. La cantidad que puede cambiar ha ido aumentando recientemente hasta un punto en el que puede ser sensiblemente diferente.

La solución normal consiste en reembolsar al usuario el pago original o pedirle que transfiera fondos adicionales para cubrir el saldo restante. En

---

[19] Hard fork, en *blockchain* es un cambio tan radical que lleva a una escisión, con un protocolo totalmente distinto al que se seguía en el plan original. (*N. del T.*)

[20] Vitalik Buterin (@VitalikButerin), *Twitter*, 14 de noviembre de 2017, https://twitter.com/VitalikButerin/status/930276246671450112

[21] "Steam is no longer supporting Bitcoin", *Steam*, 6 de diciembre de 2017, https://steamcommunity.com/games/593110/announcements/ detail/1464096684955433613

ambos casos, el usuario debe pagar de nuevo la tarifa de transacción de la red Bitcoin. Este año hemos visto un número cada vez mayor de clientes en esa situación. Con la tasa de transacción tan alta en este momento, no es factible reembolsar o pedir al cliente que transfiera el saldo que falta (lo que a su vez corre el riesgo de ser un pago insuficiente, de nuevo, dependiendo de cuánto cambie el valor de Bitcoin mientras la red Bitcoin procesa la transferencia adicional).

En este momento, se ha vuelto insostenible apoyar Bitcoin como opción de pago. Puede que más adelante volvamos a evaluar si Bitcoin tiene sentido para nosotros y para la comunidad de *Steam*... ».

El equipo de *Steam*

Es imposible culpar a *Steam* por su decisión. Intentar usar Bitcoin cuando los bloques están llenos puede resultar una experiencia horrible. Los clientes que buscan reembolsos tienen garantizado el perder dinero. Si están reembolsando un juego de 30 dólares y las tasas de transacción cuestan 10 dólares cada una, los usuarios pueden acabar perdiendo 20 dólares y no tener nada que recuperar. En mi opinión, si se quisiera quebrar Bitcoin, permitir que los bloques se llenen sería la mejor manera. Si las altas comisiones y los retrasos en el procesamiento hubieran sido causados por un fallo técnico, probablemente habría sido mejor para Bitcoin, ya que es una tecnología nueva y el problema podría haberse considerado una hecho fortuito. Pero en lugar de eso, se le dijo al público que las altas comisiones son algo que está muy bien, que no se contempla que se deba usar Bitcoin para las compras diarias y que las cadenas de bloques no pueden escalar.

Los partidarios de BTC tienen algunas respuestas estándar a estas críticas. Si no son conscientes de que las altas comisiones forman parte del rediseño intencionado de Bitcoin, a menudo les gusta decir: «Las comisiones no son realmente un problema. Mire, en este mismo momento, ¡las comisiones son bajas!». Pero este es un argumento débil. En un momento dado, las comisiones pueden ser bajas en BTC, pero solo porque la red tiene poco tráfico. Si más gente la utiliza, la congestión aumentará con rapidez y las tarifas volverán a subir. Es como el tráfico de automóviles. Que las carreteras estén vacías a las 3 de la mañana no significa que Los Ángeles haya resuelto sus problemas de tráfico. Si los bloques de BTC no están llenos, las tarifas serán bajas, pero si los bloques están llenos y aumenta la actividad, las tarifas subirán inevitablemente hasta niveles extremos.

¿Y qué pasa con las capas secundarias?

El otro intento de rescatar la filosofía del bloque pequeño implica apelar a las capas secundarias, ya que, si la mayoría de las transacciones se realizan fuera de la cadena, entonces quizás las comisiones puedan ser bajas en las capas secundarias. Aunque tiene sentido construir múltiples capas en Bitcoin, para que este funcione correctamente, la capa base debe ser escalable. Si la capa base solo puede procesar siete transacciones por segundo, ni siquiera está cerca de ser lo suficientemente robusta como para que se construyan capas adicionales encima. Las segundas capas siguen teniendo que interactuar con la capa base, por lo que las altas comisiones siguen siendo un problema fundamental. Por ejemplo, la *Lightning Network* todavía requiere transacciones ocasionales en la cadena, para que pueda usarse, y esas tarifas las tiene que pagar alguien. Ahora mismo, muchas billeteras populares subvencionan estos costes a sus usuarios, pero, si las comisiones de más de 50 dólares se convierten en la norma, ese modelo simplemente no es sostenible.

Elon Musk es una persona que parece entender el valor de escalar la capa base de las criptomonedas. En un hilo de *Twitter* sobre el diseño de redes, compartió sus ideas como ingeniero:

«BTC y ETH persiguen un sistema de transacciones multicapa, pero la tasa de transacciones de la capa base es lenta y el coste de las transacciones es alto... Merece la pena maximizar la tasa de transacciones de la capa base y minimizar el coste de las transacciones... El tamaño y la frecuencia de los bloques deberían aumentar de forma constante para ajustarse al ancho de banda ampliamente disponible».[22]

Si Musk hubiera estado por aquí entonces, parece que habría estado de acuerdo con Satoshi, Andresen, Hearn y la mayoría de los primeros empresarios de Bitcoin tales como yo. No hay sustituto para las transacciones baratas en la cadena.

El parámetro técnico que acabó partiendo Bitcoin en dos fue el límite de tamaño de los bloques. Antes de que los bloques se llenaran, BTC disfrutaba de una cuota de mercado en el sector de las criptodivisas de alrededor del 95%. Una vez que los bloques empezaron a llenarse, la cuota de mercado cayó con rapidez. En el punto álgido del fallo de la red en enero de 2018, cayó al 32%, y muchos usuarios, empresas y desarrolladores abandonaron BTC directamente. En marzo de 2023, la cuota de mercado de BTC es de alrededor del 40% y es probable que vuelva a caer, debido a más fallos de red. Si los desarrolladores de *Bitcoin Core* tan solo hubieran aumentado el límite de tamaño de bloque a un nivel razonable, estoy seguro de que muchos proyectos de criptodivisas competidores simplemente no existirían, la industria se habría mantenido unificada en torno a una moneda, y BTC habría seguido siendo el principal sistema de dinero digital para Internet. En su lugar, los desarrolladores de *Bitcoin Core* cambiaron a un sistema de liquidación con altas comisiones y transacciones poco fiables, dejando un vacío para el dinero digital que aún no se ha llenado.

---

[22] Elon Musk (@elonmusk) *Twitter*, 10 de julio de 2021, https://twitter.com/ elonmusk/ status/1413649482449883136

6.

Nodos notorios

itcoin se diseñó para escalar con bloques más grandes. Entonces, ¿por qué alguien iba a pensar que los bloques grandes son un problema? Aunque es imposible conocer las motivaciones personales de los desarrolladores de *Bitcoin Core*, este capítulo abordará sus razones manifiestas para mantener los bloques pequeños. Todas las objeciones a los bloques grandes giran en torno a una idea central: a medida que el tamaño del bloque aumenta, el coste de ejecutar un nodo completo también aumenta. Cuanto más caro sea gestionar un nodo, menos gente lo hará y más centralizada estará la red. Por tanto, al mantener los bloques pequeños, más gente puede gestionar nodos, lo que mantiene la descentralización de la red. Wladimir van der Laan, uno de los desarrolladores de Core, lo dijo claramente en 2015:

«Entiendo las ventajas del escalado, no dudo de que un aumento del tamaño de los bloques "funcionará" Aunque puede haber problemas imprevistos [sic], confío en que se resolverán. Sin embargo, puede hacer que Bitcoin sea menos útil para lo que lo diferencia de otros sistemas en primer lugar: la posibilidad de que la gente gestione su propio *banco* sin inversiones especiales en conectividad y *hardware* informático».[1]

---

[1] Wladimir J. van der Laan, "Block Size Increase", Bitcoin-development mailing list, 7 de mayo de 2015, https://lists.linuxfoundation.org/pipermail/ bitcoin-dev/2015-May/007890.html

Esta idea plantea varios problemas. Fundamentalmente, la idea de que los usuarios necesitan ejecutar sus propios nodos completos[2] para «gestionar su propio banco» es incorrecta. Bitcoin fue diseñado para que la gente normal no tenga que ejecutar sus propios nodos completos. Pueden utilizar un *software* menos complejo. Recordemos que un nodo completo descarga una copia de toda la *blockchain* y valida cada transacción en la red. Esto es algo que resulta innecesario para casi todo el mundo. Satoshi diseñó Bitcoin pensando en la Verificación Simplificada de Pagos (SPV), que permite a los usuarios verificar sus propias transacciones con una cantidad ínfima de datos. Usando SPV, no puedes verificar las transacciones de un extraño, ni puedes verificar cada transacción alguna vez realizada, pero la mayoría de la gente no tiene ninguna razón para hacerlo. Satoshi no fue tan tonto como para diseñar un sistema de dinero en el que cada usuario tuviera que descargar y verificar las transacciones de todo el mundo. No hay forma de que un sistema así pueda escalar.

En segundo lugar, el hecho de que los costes de validación aumenten con el tamaño de los bloques no es un problema. Satoshi no pudo ser más claro al respecto cuando escribió:

«El sistema actual, en el que cada usuario es un nodo de red, no es la configuración prevista a gran escala. Sería como si cada usuario de *Usenet* tuviera su propio servidor NNTP. El diseño apoya que los usuarios sean solo usuarios. Cuanto más pesado sea gestionar un nodo, menos nodos habrá. Esos pocos nodos serán grandes granjas de servidores. El resto serán nodos cliente que solo harán transacciones y no generarán».[3]

---

[2] *Full nodes*: Nodos de *blockchain* que almacena los datos de la *blockchain*, transmite los datos a otros nodos y asegura que los bloques recién añadidos sean válidos y auténticos. (*N. del T.*)

[3] BitcoinTalk, "Re: Scalability and transaction rate", Satoshi Nakamoto Institute, 29 de julio de 2010, https://satoshi.nakamotoinstitute.org/posts/ bitcointalk/287/

Y también cuando declaró:

«Solo las personas que intentasen crear nuevas monedas necesitarían gestionar nodos de red. Al principio, la mayoría de los usuarios gestionarían nodos de red, pero a medida que la red creciera más allá de cierto punto, se dejaría cada vez más en manos de especialistas con granjas de servidores de *hardware* especializado.[4]

Satoshi fue tan claro al respecto que resulta imposible malinterpretarlo. Su idea tenía mucho sentido. En todas las industrias, las empresas tienden a especializarse en lo que mejor saben hacer. Mantener la red de Bitcoin no es en ese sentido diferente. Satoshi imaginó «grandes granjas de servidores» en el centro de la red, con usuarios habituales conectándose a ellas. Está bien que no te guste esta idea, pero es como se diseñó Bitcoin. Es análogo al correo electrónico. Técnicamente, cualquiera puede instalar su propio servidor de correo electrónico y conectarse a la red global de correo electrónico. Pero ¿por qué iba a hacer algo así? Es difícil de instalar y mantener, y la inmensa mayoría de la gente no tiene motivos para hacerlo. Así que, en la mayoría de los casos, se lo dejamos a los especialistas.

La opinión mayoritaria

Gavin, Mike y Satoshi no eran los únicos que pensaban así. Los primeros foros están llenos de otros desarrolladores y usuarios que también entendieron que el sistema no requiere que la mayoría de la gente ejecute su propio nodo. Alan Reiner, creador de la popular billetera *Armory*, dijo en 2015:

«Los objetivos de conseguir una "red de transacciones global y que todo el mundo debe ser capaz de ejecutar un nodo completo con su portátil *Dell* de 200 dólares" no son compatibles. Tenemos que aceptar que

---

[4] Cryptography Mailing List, "Bitcoin P2P e-cash paper, Satoshi Nakamoto Institute, 3 de noviembre de 2008, https://satoshi.nakamotoinstitute. org/emails/cryptography/2/

un sistema de transacciones global no puede ser auditado completa y constantemente por todo el mundo y además por su madre».[5]

Incluso los partidarios de *Bitcoin Core* han admitido que la perspectiva que tienen sobre los nodos es bastante diferente de la original. *Theymos* es el seudónimo del propietario de las plataformas de debate más populares para Bitcoin —y alguien que más tarde desempeñó un papel central en la censura de los *big-blockers*—, pero incluso él lo admitió:

«Creo que Satoshi esperaba que la mayoría de la gente utilizara algún tipo de nodo *light*, y que solo las empresas y los verdaderos entusiastas utilizaran nodos completos. La opinión de Mike Hearn es similar a la de Satoshi».[6]

Además, ni siquiera está claro que el número total de personas que gestionan nodos sea menor si aumentan los costes. El número total de «voluntarios» que gestionarían nodos sería menor, pero, si Bitcoin fuera la nueva red financiera del mundo, miles de empresas tendrían un incentivo financiero para gestionar sus propios nodos. Como dice Satoshi en el libro blanco:

«Las empresas que reciben pagos con frecuencia probablemente seguirán queriendo gestionar sus propios nodos, para tener una seguridad más independiente y una verificación más rápida».[7]

La religión del nodo completo

Profundicemos en las razones por las que los *small-blockers* piensan que los nodos completos son tan importantes. La página de *Bitcoin Wiki*

[5]   Alan Reiner, "Block Size Increase", Bitcoin-development mailing list, 8 de mayo de 2015, https://lists.linuxfoundation.org/pipermail/bitcoindev/2015-May/008004.html

[6]   Theymos, "Re: The MAX_BLOCK_SIZE fork", *Bitcoin Forum*, 31 de enero de 2013, https://bitcointalk.org/index.php?topic=140233. msg1492629#msg1492629

[7]   Satoshi Nakamoto, Bitcoin: A Peer-to-Peer Electronic Cash System, 2008, https://www.bitcoin.com/bitcoin.pdf

tiene una entrada sobre nodos completos que explica bien su filosofía. Este largo extracto es un gran resumen:

«Los nodos completos forman la columna vertebral de la red. Si todo el mundo utilizara nodos ligeros, Bitcoin no podría existir... Los nodos ligeros hacen lo que genera la mayor parte de la potencia minera. Por lo tanto, si la mayoría de los mineros se unieran para aumentar su recompensa por bloque, por ejemplo, los nodos ligeros responderían de manera automática. Si esto ocurriera alguna vez, la red se dividiría de tal manera que los nodos ligeros y los nodos completos acabarían en redes separadas, utilizando monedas separadas...

Pero, si todas las empresas y muchos de los usuarios utilizan nodos completos, entonces, esta división de la red no es un problema crítico, ya que los usuarios de clientes *lighweight* se darán cuenta con rapidez de que no pueden enviar o recibir bitcoins a/de la mayoría de las personas con las que suelen hacer negocios, por lo que dejarán de utilizar Bitcoin hasta que se derrote a esos malvados mineros.

Sin embargo, si casi todo el mundo en la red se dedica a utilizar nodos ligeros en una tesitura así, entonces, todo el mundo seguiría pudiendo realizar transacciones entre sí, por lo que Bitcoin podría muy bien acabar *secuestrado* por mineros malvados. En la práctica, es poco probable que los mineros intenten algo parecido a lo que acabamos de decir, mientras se impongan los nodos completos, porque perderían mucho dinero.

Pero los incentivos cambian completamente si todo el mundo utiliza nodos ligeros. En ese caso, los mineros tienen definitivamente un incentivo para cambiar las reglas de Bitcoin a su favor. Solo es razonablemente seguro usar un nodo ligero porque la mayor parte de la economía Bitcoin usa nodos completos. Por lo tanto, resulta crítico para la supervivencia de Bitcoin que la gran mayoría de la economía Bitcoin esté respaldada por nodos completos, no por nodos ligeros»[8].

---

[8] Full node", *Bitcoin Wiki*, 8 de abril de 2022, https://en.bitcoin.it/w/index.php?title=Full_node

Estas ideas se han convertido en la ortodoxia. Cualquiera que intente entender Bitcoin, hoy en día, puede que ni siquiera sepa que este artículo está tremendamente sesgado hacia una perspectiva de bloque *lighweight* con la que el propio creador de Bitcoin no habría estado de acuerdo. Hay dos puntos centrales que se plantean aquí:

1. Los mineros tienen un incentivo para «secuestrar» Bitcoin cambiando las reglas a su favor; por ejemplo, aumentando la recompensa por bloque.
1. Se impide que los mineros cambien arbitrariamente las reglas porque los nodos completos no «reaccionan de forma automática» a la demanda minera mayoritaria.

Ambas afirmaciones son falsas. En primer lugar, los mineros no tienen incentivos para cambiar arbitrariamente las reglas de Bitcoin. A primera vista, podría parecer que los mineros podrían beneficiarse de la creación de nuevas monedas de la nada. Sin embargo, esto pasa por alto la razón por la que los Bitcoins tienen sobre todo valor. Ese valor no es intrínseco; proviene de una compleja red de creencias que la gente tiene sobre toda la red Bitcoin. Si los mineros decidieran producir mil millones de Bitcoins nuevos para ellos mismos, destruirían la confianza subyacente en el sistema, lo que a su vez destruiría el valor de cada Bitcoin. Podrían tener mil millones de Bitcoins más, pero cada uno de ellos carecería de valor. Mike Hearn comprendió esta dinámica:

«Los mineros racionales no deberían querer socavar la validez de su propia riqueza. Hacer cosas que reduzcan significativamente la utilidad del sistema es contraproducente, incluso a medio plazo, porque llevaría a la gente a abandonar el sistema y a vender sus monedas, haciendo bajar el precio. Creo que es acertado decir que no poder comprar cosas básicas como comida o bebida en persona reduciría la utilidad de Bitcoin para mucha gente».[9]

---

[9]   Mike Hearn, "Re: Reminder: zero-conf is not safe; $500USD reward posted for replace-by-fee patch", *Bitcoin Forum*, 19 de abril de 2013, https:// bitcointalk.org/index.php?topic=179612.msg1886471#msg1886471

Hearn entiende que los mineros no son una amenaza para el sistema. Si acaso, los mineros son los menos incentivados para quebrar Bitcoin, ya que sus únicos ingresos proceden de las comisiones por transacción y la recompensa por bloque, ambas sustanciadas en bitcoins que deben venderse en el mercado.

La segunda gran afirmación del artículo de la *Wiki* es que los nodos completos pueden impedir de algún modo que cambien las reglas de la red. No pueden. Recuerda, los nodos completos no pueden añadir bloques a la cadena. Solo pueden verificar si los bloques y las transacciones son válidos. Imagínate que se descubre un nuevo fallo en el protocolo y que quebrara Bitcoin de forma importante y se hiciera preciso actualizar el *software* en un corto periodo de tiempo. Los mineros lo actualizarán inmediatamente, ya que sus beneficios dependen de que la red funcione. Pero ¿qué pasaría si todos los demás nodos no se actualizarán? ¿Se impediría a los mineros actualizarse por completo? En absoluto. Los mineros seguirían añadiendo bloques a la cadena, sin problemas, y los nodos completos simplemente se separarían de la red principal y crearían su propia red. Si su nueva red no tuviera mineros, ni siquiera podrían añadir nuevos bloques a su cadena, y no se podrían procesar transacciones. En todo caso, esta es una razón para utilizar monederos ligeros, ya que no se corre el riesgo de verse bifurcado de la red principal.

Los nodos completos no tienen ningún poder directo para impedir que los mineros cambien las reglas. Pero es correcto decir que tienen poder indirecto para notificar a la gente que las reglas han cambiado. Según el artículo de la *Wiki*, lo que impide a los «mineros malvados» cambiar las reglas es que saben que los nodos completos los descubrirían, y una vez que el mundo se enterase de sus malas acciones, el valor de todo el sistema quedaría destruido. Así que la vigilancia de los nodos completos mantiene a raya a los mineros. Todo esto resulta cierto en un sentido superficial. Los mineros están incentivados para no cambiar las reglas de Bitcoin, porque destruirían el valor de su moneda. Sin embargo, no se requiere una gran red de nodos completos para notificar a la gente que las reglas han cambiado. Solo se requiere un único minero honrado, o incluso un único nodo honrado. Cualquier persona puede demostrar al mundo que un determinado bloque o transacción no es válido según las antiguas reglas. Incluso si el 100% de los mineros estuvieran compinchados, un único nodo completo podría demostrar que las reglas han cambiado. Esto significa que cualquier minero, empresa, *exchange* de criptomonedas, investigador o procesador de pagos podría demostrar que las reglas han cambiado. Por lo tanto, esencialmente, queda garantizado que todo el mundo se enteraría.

Sin embargo, sería una simplificación excesiva decir que los nodos completos carecen literalmente de poder, ya que no todos los nodos son iguales. Algunos operadores de nodos completos son actores económicos relevantes. Si el voluntario que gestiona un nodo en su sótano es excluido de la red, no importa. Pero si una gran empresa o una *exchange* de criptomonedas se bifurcan, sí importa, y el valor de la moneda podría verse dañado. Por tanto, los mineros tienen un fuerte incentivo para asegurarse de que los actores económicos relevantes apoyan cualquier cambio que quieran hacer.

Mineros honestos y deshonestos

También sería una simplificación excesiva el afirmar que los mineros nunca podrían suponer un riesgo para la integridad de Bitcoin. Hay un escenario claro en el que las acciones de los mineros podrían ser perjudiciales. Como se explica en el libro blanco, Bitcoin requiere que la mayoría de la potencia minera —también llamada *hashrate*— sea honesta, es decir, que no esté intentando deliberadamente destruir el sistema. Los mineros honestos buscan beneficios maximizando la utilidad de la moneda y aumentando el tamaño de la red. Los mineros deshonestos o maliciosos, por el contrario, suponen una amenaza de una clase diferente. Bitcoin se diseñó específicamente para funcionar incluso existiendo mineros deshonestos, pero solo si estos constituyen la minoría. Si la mayoría del *hashrate* se convirtiera en deshonesto, entonces sí que Bitcoin tendría problemas. Por ejemplo, si un gobierno hostil se hiciera con el control de la mayoría del *hashrate*, Bitcoin podría verse perturbado. Pero incluso en tal escenario, los nodos completos no ofrecen protección. Dado que no pueden añadir bloques a la cadena ni controlar el comportamiento de los mineros, simplemente se bifurcarían de la red principal. No importa cuánto se esfuerce un nodo completo, no tiene el poder para salvar una red contra una mayoría de mineros deshonestos.

El hecho de que Bitcoin requiera que la mayor parte del *hashrate* sea honesto no es un defecto de diseño excepcional. Todas las *blockchain*s basadas en prueba de trabajo tienen la misma vulnerabilidad. La verdadera defensa contra los mineros deshonestos es económica. Reside en el coste de la minería. Cuanto más caro sea minar, mayores serán los costes para los actores maliciosos que intenten hacerse con la mayoría del *hashrate*. Por lo tanto, cuanto más éxito tenga Bitcoin, mayor será su nivel general de seguridad. Los gobiernos son generalmente los únicos que plantean una amenaza real de ganar la mayoría del *hashrate* malicioso, ya que no tienen que operar con las limitaciones de beneficios y pérdidas. Si un actor estatal bien financiado intentara romper Bitcoin de esta manera, la red se enfrentaría a un verdadero desafío, independientemente de cuántos nodos completos existan.

Los hechos históricos son claros. Bitcoin no se diseñó para que los usuarios normales gestionaran sus propios nodos. Satoshi fue explícito sobre esto en múltiples ocasiones, diciendo:

«El diseño presenta un cliente *lightweight* que no necesita de la *blockchain* completa... se llama «Verificación Simplificada de Pagos». El cliente *lightweight* puede enviar y recibir transacciones, solo que no puede generar bloques. No necesita confiar en un nodo para verificar los pagos, ya que puede verificarlos él mismo».[10]

El escalado masivo siempre era posible con bloques grandes, y se suponía que la infraestructura debía ser mantenida a través de «granjas de

---

[10] BitcoinTalk, "Re: Scalability", Satoshi Nakamoto Institute, 14 de julio de 2010, https://satoshi.nakamotoinstitute.org/posts/bitcointalk/188/

servidores» especializados. A pesar de ello, los desarrolladores de *Bitcoin Core* decidieron que no les gustaba el diseño de Satoshi y pensaron que podían mejorarlo haciendo que los usuarios normales se descargaran toda la *blockchain* y verificaran cada transacción que tuviera lugar en la misma, aunque no tuvieran ningún interés económico en hacerlo. Esa es la idea que rige actualmente en la red BTC, y es la razón por la que el rendimiento de las transacciones está restringido y las comisiones resultan elevadas.

7.

El coste real de los grandes bloques

«Quiero poder ejecutar un nodo completo desde el ordenador de mi casa» ¿A alguien le importa eso? A Satoshi no, pues su visión era la de usuarios de a pie ejecutando nodos SPV y nodos completos alojados en centros de datos».[1]

—Gavin Andresen, 2015

Una excesiva preocupación por el coste de los grandes bloques parece irracional cuando se hacen números. No hace falta más que hacer cálculos aproximados para ver que Bitcoin puede escalar mucho más allá de bloques de 1MB sin aumentar sustancialmente los costes. De hecho, dada la pronunciada trayectoria descendente de los costes relevantes implicados, incluso a escala masiva no serían prohibitivos para los usuarios domésticos, aunque Satoshi no esperaba que los usuarios habituales gestionaran sus propios nodos.

Para disponer de una capacidad básica de nodo completo, los dos costes principales son el almacenamiento de datos y el ancho de banda, y ambos han caído en picado durante décadas, al igual que los costes de la tecnología en general. He observado estas tendencias desde primera línea; mi empresa *MemoryDealers* se creó para vender *hardware* informático.

---

[1] Gavin Andresen, "Re: Bitcoin 20MB Fork", *Bitcoin Forum*, 17 de marzo de 2015, https://bitcointalk.org/index.php?topic=941331. msg10803460#msg10803460

En *The Bitcoin Standard*, Ammous intenta explicar por qué el escalado en cadena no es factible repasando los números:

«Para que Bitcoin procese los 100.000 millones de transacciones que procesa *Visa*, cada bloque tendría que ser de unos 800 *megabytes*, lo que significa que cada diez minutos, cada nodo de Bitcoin tendría que añadir 800 *megabytes* de datos. En un año, cada nodo de Bitcoin añadiría unos 42 *terabytes* de datos... a su *blockchain*».[2]

Esto es correcto. Si Bitcoin procesa aproximadamente cuatro transacciones por segundo por bloque de MB, entonces 800MB equivalen a unas 3.200 transacciones por segundo o cien mil millones de transacciones al año. Cualquiera que esté familiarizado con la informática sabrá que 800 MB cada 10 minutos es una cifra sorprendentemente baja, teniendo en cuenta que permite un rendimiento AL nivel del de *Visa*. Sin embargo, Ammous llega a la conclusión contraria:

«Una cifra así está completamente fuera del alcance de la capacidad de procesamiento de los ordenadores disponibles en el mercado, ahora o en un futuro previsible».[3]

No sé de dónde ha sacado Ammous su información, pero parece que no está familiarizado con los costes de la tecnología. Incluso a niveles de rendimiento masivo, ni los costes de almacenamiento ni los de ancho de banda serían significativos para hacer funcionar un nodo completo básico.

Costes de almacenamiento

Empecemos con los cálculos más básicos y luego mostremos cómo reducir aún más los costes. En septiembre de 2023, una búsqueda rápida de discos duros de 8 TB en *Newegg.com* muestra como primer resultado una unidad

---

[2]   Ammous, *The Bitcoin Standard*, pág. 233.
[3]   Ibid

Seagate Barracuda que se vende por 119,99[4] dólares, es decir, 15 dólares por TB. Si Bitcoin utiliza 42 TB al año, eso supone 630 dólares, o 52,50 dólares al mes. Si queremos incluir el coste de un dispositivo NAS de 6 bahías para conectar las unidades, que actualmente ronda los 670[5] dólares, eso supone unos insignificantes 1.300 dólares al año (poco más de cien dólares al mes) para almacenar 100.000.000.000 de transacciones.

Aunque estos costes ya son bajos, los costes reales de almacenamiento son aún menores debido a la forma inteligente en que se diseñó Bitcoin. En pocas palabras, los nodos completos no necesitan almacenar todo el historial de transacciones. De hecho, todo lo que técnicamente necesitan es la lista de direcciones con saldos distintos de cero en ellas, conocida como conjunto *Unspent Transaction Output*, o conjunto UTXO. Puedes pensar en el conjunto UTXO como la lista de saldos de caja activos sin sus historiales correspondientes. Esto hace que el tamaño del conjunto UTXO sea una pequeña fracción del registro histórico de todas las transacciones. El registro puede «podarse» ahí donde la información vieja e irrelevante es descartada. Los mineros de Bitcoin a menudo ya trabajan con un *blockchain* podado. Sin embargo, si un nodo completo quiere el registro histórico por alguna razón, puede guardarlo fácilmente tantos meses o años como desee. En lugar de almacenar todos los registros desde 2009, podría almacenar solo los del último año. Así, en lugar de 42 TB al año, podría almacenar solo 42 TB en total, convirtiendo de hecho los costes anuales de almacenamiento en un gasto único.

Un nodo completo que funcione a los niveles de *Visa* y conserve todo el historial de la *blockchain* solo incurriría en costes de almacenamiento menores con *hardware* de consumo. Estos cálculos ni siquiera tienen en cuenta la inevitable reducción de costes de la tecnología en el futuro. El almacenamiento informático tiene un historial constante de reducciones masivas de precios en los últimos 70 años.

4 "Seagate BarraCuda NE-ST8000DM004", NewEgg, 5 de septiembre de 2023, https://www.newegg.com/seagate-barracuda-st8000dm004-8tb/p/ N82E16822183793

5 "QNAP TS-653D-4G 6 Bay NAS", *Amazon*, septiembre de 2023, https://www. amazon.com/QNAP-TS-653D-4G-Professionals-Celeron-25GbE/dp/B089728G34/

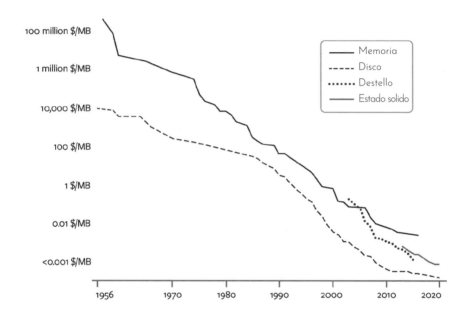

Figura 2: Memoria y almacenamiento informáticos en dólares por megabyte[6]

Cuando Satoshi lanzó Bitcoin, a principios de 2009, el almacenamiento informático costaba aproximadamente 0,10 dólares por *gigabyte*. Desde entonces, los precios han bajado más de un 85% y actualmente son inferiores a 0,015 dólares por *gigabyte*.[7] Contrariamente a la afirmación de Ammous, acerca de que los bloques de 800 MB producirían suficientes datos como para estar «fuera del ámbito de la posible capacidad de procesamiento de los ordenadores disponibles en el mercado», los costes reales de almacenamiento serían asequibles para los consumidores y mínimos para la mayoría de las empresas.[8]

---

[6]   John McCallum, "Historical cost of computer memory and storage", Our World in Data, 2022 https://ourworldindata.org/grapher/historicalcost-of-computer-memory-and-storage

[7]   "Disk Drive Prices 1955+", Jcmit, septiembre de 2023, https://jcmit.net/ diskprice.htm

[8]   Algunas empresas especializadas que necesitan un rendimiento ultrarrápido, como los intercambios de criptomonedas o los procesadores de pagos, podrían ver incrementados sus costes debido a los requisitos de RAM, aunque esto también se puede mitigar. Véase Gavin Andresen, *UTXO uh-oh...*, http:// gavinandresen.ninja/utxo-uhoh. (*N. del A.*)

Costes de ancho de banda

Los costes de almacenamiento no son objeto de una preocupación realista. Así que, si existe algún mérito en la filosofía de bloques pequeños, debe ser que los costes de ancho de banda serían prohibitivamente caros con bloques grandes. El Estándar Bitcoin dice:

> Un nodo que pueda añadir 42 *terabytes* de datos cada año requeriría un ordenador muy caro, y el ancho de banda de red necesario para procesar todas estas transacciones cada día supondría un coste enorme que resultaría claramente inviable y caro de mantener para una red distribuida.[9]

Una vez más, Ammous se pronuncia con confianza sobre los costes de la tecnología, aunque, al parecer, lo realiza sin llevar a cabo una investigación básica sobre el tema. El propio Satoshi abordó esta cuestión en 2008, antes incluso de publicar ningún código. Dijo:

> «Puede que el ancho de banda no sea tan prohibitivo como creéis. Una transacción típica sería de unos 400 *bytes*... Cada transacción tiene que transmitirse dos veces, así que digamos 1 KB por transacción. *Visa* procesó 37.000 millones de transacciones en el ejercicio 2008, es decir, una media de 100 millones de transacciones al día. Tantas transacciones ocuparían 100 GB de ancho de banda, o el tamaño de 12 DVD o 2 películas de calidad HD, o unos 18 dólares de ancho de banda a los precios actuales.
> Si la red llegara a ser tan grande, tardaría varios años y, para entonces, enviar dos películas en alta definición por Internet probablemente no parecería gran cosa».[10]

---

[9]   Ammous, *The Bitcoin Standard*, pág. 233-234.

[10]   Satoshi Nakamoto, "Bitcoin P2P e-cash paper", Bitcoin.com, 3 de noviembre de 2008, https://www.bitcoin.com/satoshi-archive/emails/ cryptography/2/#selection-29.1597-29.2053

Merece la pena destacar un par de cosas de esta cita. En primer lugar, Satoshi ofreció una estimación de 18 dólares al día —más de 6.500 dólares al año— para demostrar lo bajos que podrían ser los costes del ancho de banda a escala, revelando una vez más que no esperaba que los usuarios habituales gestionaran sus propios nodos. 18 dólares al día no es una cantidad excesiva, pero sí resulta suficiente para disuadir a los usuarios ocasionales que no tienen forma de recuperar estos costes. Sin embargo, los mineros no tendrían problemas. Si cada una de los 100 millones de transacciones hipotéticas tuviera una tarifa de 0,01 dólares, eso daría como resultado 1 millón de dólares al día repartidos entre los mineros, o aproximadamente 41.500 dólares por hora, más que suficiente para recuperar sus costes de ancho de banda.

En segundo lugar, cuando Satoshi escribió ese correo electrónico, en 2008, el coste medio del ancho de banda en EE. UU. era de 9 dólares por cada *megabit* por segundo de datos. Diez años más tarde, se redujo en un colosal 92% a 0,76 dólares.[11] El coste del ancho de banda varía en todo el mundo, pero la tendencia es a la baja en todas partes, y todo indica que esto continuará. *AT&T* cobra a sus clientes estadounidenses solo 80 dólares al mes por un servicio de un *gigabit* y 110 dólares al mes por dos *gigabit*s.[12] Es posible que las personas que ya utilizan Internet de fibra óptica ni siquiera vean aumentar sus costes de ancho de banda.

Para entender lo pequeñas que son estas cifras hoy en día, consideremos los datos utilizados por *Netflix*. Transmitir un vídeo HD desde *Netflix* consume alrededor de 3 GB de datos por hora, y transmitir un vídeo 4K consume alrededor de 7 GB por hora.[13] Si tomamos las estimaciones de Satoshi de 100 GB por día, eso equivale a aproximadamente 4 GB por hora, alrededor de un 43% menos que el ancho de banda por hora

[11] "The Shrinking Cost of a Megabit", ncta, 28 de marzo de 2019, https:// www.ncta. com/whats-new/the-shrinking-cost-of-a-megabit

[12] Michael Ken, "AT&T Starts Offering 2-Gigabit and 5-Gigabit Home Internet Amid Cost Hike", *PC Mag*, 24 de enero de 2022, https:// www.pcmag.com/news/att-starts-offering-2-gigabit-and-5-gigabit-homeinternet-amid-cost-hike

[13] Nick Perry, "How much data does Netflix use?", *Digital Trends*, 19 de junio de 2021, https://www.digitaltrends.com/movies/how-much-data-does-netflixuse/

utilizado al transmitir vídeos 4K desde *Netflix*. Aunque es cierto que no todo el mundo puede transmitir vídeos 4K a su casa, la cuestión es que los costes están disminuyendo exponencialmente en todas partes y, en el mundo desarrollado, han alcanzado un nivel en el que los operadores de nodos completos podrían no ver aumentar sus costes de ancho de banda en absoluto. Sin duda, algunos nodos no serían capaces de soportar el aumento de los costes, pero la capacidad de la red Bitcoin no debería estar limitada por aquellos con la conexión a Internet más débil. Si Bitcoin solo requiere una conexión a Internet de nivel *gigabit* para hacer funcionar un nodo completo que pueda procesar transacciones de nivel *Visa*, la barrera de entrada no es demasiado alta.

La tecnología de ancho de banda ha mejorado rápidamente durante décadas y no muestra signos de ralentización. Cuando Satoshi predijo que enviar películas en alta definición por Internet acabaría siendo normal, eso fue cuatro años antes del despliegue de *Google Fiber*, en 2012, que fue el primer servicio generalizado en ofrecer conexiones de Internet de *gigabit*s a los usuarios domésticos. *Fiber* prometía ser casi cien veces más rápida que la conexión doméstica media de la época[14]. La futura tecnología de ancho de banda parece igual de prometedora. En 2021, unos investigadores japoneses establecieron un nuevo récord mundial de velocidad de Internet, alcanzando la increíble cifra de 319 *terabits* por segundo,[15] unas 3,2 millones de veces la velocidad media actual de Internet en Estados Unidos, de 99,3 *megabits* por segundo.[16] Pasarán muchos años antes de que esa tecnología llegue al mercado, pero sirve como otra demostración de que el crecimiento exponencial seguirá siendo normal, con muchos avances aún por delante. El ancho de banda

[14] Blair Levin and Larry Downes, "Why Google Fiber Is High-Speed Internet's Most Successful Failure", *Harvard Business Review*, 7 de septiembre de 2018, https://hbr.org/2018/09/why-google-fiber-is-high-speedinternets-most-successful-failure

[15] Kristin Houser, "Japan breaks world record for fastest internet speed", *Big Think*, 13 de noviembre de 2021, https://bigthink.com/the-present/japaninternet-speed/

[16] Alex Kerai, "State of the Internet in 2023: As Internet Speeds Rise, People Are More Online", *HighSpeedInternet.com*, 30 de enero de 2023, https://www.highspeedinternet.com/resources/state-of-the-internet

simplemente no es una preocupación seria para Bitcoin, a escala, y, para cuando se alcance la adopción global, los costes resultarán más triviales de lo que ya son. Esto llevó a Gavin Andresen a concluir que Bitcoin no tenía ningún obstáculo serio para escalar. En 2014, escribió:

«Según mis cálculos aproximados, mi conexión a Internet y mi ordenador doméstico, por encima de la media, podrían soportar fácilmente 5.000 transacciones por segundo.

Eso supone 400 millones de transacciones al día. Bastante bien; cada persona en los EE. UU. podría hacer una transacción Bitcoin por día y todavía este sería capaz de mantener el ritmo.

Al cabo de 12 años de crecimiento del ancho de banda, esto se convierte en 56.000 millones de transacciones al día, en mi conexión de red doméstica, suficiente para que cada persona del mundo realice cinco o seis transacciones de bitcoin al día. Es difícil imaginar que eso no sea suficiente... Así que, incluso si todo el mundo cambiara completamente de efectivo a Bitcoin en veinte años, la transmisión de cada transacción a cada nodo de validación completa no sería un problema».[17]

La red BTC está produciendo bloques de aproximadamente 1 MB[18] cada diez minutos, lo cual es cómicamente pequeño, incluso más pequeño que la foto media de un teléfono móvil. Transmitimos constantemente vídeos de un tamaño superior a 1 MB a través de redes móviles, y el coste de los datos no deja de bajar. Bitcoin se diseñó intencionadamente para que los usuarios normales no tuvieran que gestionar su propio nodo, pero incluso a escala masiva, los costes no serían prohibitivos.

---

[17] Gavin Andresen, "A Scalability Roadmap", *Bitcoin Foundation*, 6 de octubre de 2014, https://web.archive.org/web/20141027182035/https:// bitcoinfoundation. org/2014/10/a-scalability-roadmap/

[18] Técnicamente, estas cifras han aumentado ligeramente tras cambiar la métrica de *tamaño de bloque* a peso de bloque, pero el número total de transacciones por bloque es comparable. Se explica con más detalle en el capítulo 19. (*N. del A.*)

8.
Los incentivos adecuados

«Creo que la mayoría de la gente que conoce las firmas digitales y la tecnología de redes *peer-to-peer*, no se da cuenta de que gran parte de la brillantez de Bitcoin reside en cómo están diseñados los incentivos».[1]

—Gavin Andresen, 2011

B itcoin no es simplemente un proyecto de *software* o una red informática. Es un sistema enorme y complejo en el que participan millones de personas de todo el mundo. Para entenderlo, tenemos que examinar algo más que su *software*. Algunas características críticas de Bitcoin no están codificadas en absoluto; están integradas en su estructura de incentivos. Usuarios, mineros y empresas se ven incentivados para utilizar Bitcoin de forma que se beneficien a sí mismos y a toda la red al mismo tiempo. Esta coordinación económica puede resultar más difícil de ver, pero es tan importante como cualquier otro detalle técnico.

---

[1]   Gavin Andresen, "R e: Microsoft Researchers Suggest Method to Improve Bitcoin Transaction Propagation", *Bitcoin Forum*, 15 de noviembre de 2011, https://bitcointalk.org/index.php?topic=51712. msg619395#msg619395

¿Por qué ejecutar un nodo completo?

Los *big-blockers* y los *small-blockers* discrepan sobre el papel de los nodos completos en la red, lo que refleja una diferencia de pensamiento sobre los incentivos. En la filosofía de los *small-blockers*, se supone que los nodos completos desempeñan un papel fundamental, a pesar de la falta de incentivos claros. Se anima a los usuarios habituales a ejecutar sus propios nodos, descargando y validando toda la *blockchain* solo para usar Bitcoin, aunque esto suponga una carga. Cuando se ejecuta un nodo por primera vez, puede tardar horas o incluso días en sincronizarse con el resto de la red, además, ocupa cientos de *gigabyte*s de espacio en disco. Por este motivo, los nodos completos no suelen ejecutarse en *smartphones*, lo que hace que el uso de BTC sea mucho menos cómodo. Los usuarios no reciben ninguna recompensa por ejecutar este *software*, sino que simplemente adquieren la capacidad de validar bloques de transacciones de otras personas.

Aunque esto pueda parecer una gran idea para un grupo de ingenieros de *software*, no es una expectativa realista para el resto del mundo. La mayoría de la gente nunca ejecutará un nodo completo, porque no tiene motivos para hacerlo. Es una carga demasiado grande con una recompensa demasiado pequeña. Si Bitcoin estuviera diseñado para que la gente normal se viera obligada a gestionar sus propios nodos por la seguridad de la red, sería un fallo de diseño crítico.

Comparemos esto con el diseño SPV de Satoshi, que permite descargar y sincronizar los monederos al instante. Puedes utilizar un monedero de BCH en tu *smartphone* tan fácilmente como cualquier otra aplicación. A los defensores de BTC les gusta afirmar que SPV tiene algunos problemas teóricos de seguridad, pero no se conocen casos documentados de usuarios que hayan perdido dinero por su culpa. Tiene un largo y exitoso historial, y las aplicaciones de monederos de BTC más populares utilizan en realidad SPV o una tecnología similar, o son monederos de custodia. Satoshi comprendió que el mantenimiento de infraestructuras pesadas debía ser realizado por personas a las que se paga por su trabajo: los mineros, no los usuarios de a pie.

Otro ejemplo de malentendido económico fue el intento de *Bitcoin Core* de proteger a los nodos más pequeños de ser expulsados de la red. Los desarrolladores tuvieron múltiples oportunidades para aumentar el límite de tamaño de bloque, pero no quisieron arriesgarse a expulsar a ningún nodo de la red, por pequeño que fuera. De hecho, hay todo un movimiento de partidarios de BTC que colocan nodos completos en *Raspberry Pis*, ordenadores tan pequeños que cuestan unos 30 dólares. Así que no es de extrañar que BTC no pueda escalar; ¡todas las transacciones de la red pueden seguir procesándose con equipos extraordinariamente baratos! Desde el punto de vista de la escalabilidad, los desarrolladores de Core hicieron lo peor que podían hacer. Estrangularon la capacidad de la red subordinándola a la capacidad de los jugadores más pequeños y no entendieron que es perfectamente saludable que los nodos más pequeños sean expulsados de la red a medida que esta crece. Como dijo Satoshi, los nodos se profesionalizarán en forma de «grandes granjas de servidores». Así sería el crecimiento económico natural.

La arrogancia de los planificadores centrales

Frederich Hayek es uno de los economistas más conocidos de la Escuela Austriaca. En 1974 ganó el Premio Nobel de Economía por su labor académica. Uno de sus libros más famosos se titula *The Fatal Conceit*, que es un brillante examen de los problemas de las economías de planificación centralizada. Es autor de la famosa cita:

> «La curiosa tarea de la economía es demostrar a los hombres lo poco que saben en realidad sobre lo que imaginan que pueden diseñar».[2]

Cuanto más se aprende sobre el funcionamiento de los mercados libres, más arrogante parece imaginar que se podría diseñar un sistema mejor mediante la planificación central. Los mercados son increíblemente

---

[2] F. A. Hayek, *The Fatal Conceit: The Errors of Socialism*, edited by W. W. Bartley III, Chicago: University of Chicago Press, (1988), pág. 76.

eficientes a la hora de coordinar recursos escasos, y sin embargo lo hacen sin que ninguna autoridad central fije los precios y las cuotas de producción de las cosas. La famosa cita de Hayek continúa:

> «Para la mente ingenua que solo puede concebir el orden como el producto de una disposición deliberada, puede parecer absurdo que en condiciones complejas, el orden y la adaptación a lo desconocido puedan lograrse más eficazmente descentralizando las decisiones y que una división de la autoridad amplíe de hecho la posibilidad de un orden general. Sin embargo, esa descentralización conduce en realidad a que se tenga más en cuenta la información».[3]

En otras palabras, los mercados libres permiten un rápido flujo de información entre compradores, vendedores, productores, consumidores, cultivadores, fabricantes y cualquier otro participante en la economía. Todos ellos intentan averiguar qué tipos de productos producir, en qué cantidades, con qué materiales, a qué costes, en qué lugares, mediante qué procesos de fabricación, etcétera. Literalmente, hay demasiada información como para que una junta central de planificación pueda resolverlo todo. Por eso sería absurdo que una sola persona dijera: «El precio «correcto» de unos zapatos es de 45 dólares el par». Depende de demasiados factores: ¿de qué están hechos los zapatos, cuál es su calidad, dónde se venden? En lugar de que un comité decida el precio de los zapatos para todo el mundo, es mejor dejar que los empresarios fijen ellos mismos los precios dentro del mercado, lo que permite procesar más información y mejorar la coordinación general.

Estas lecciones son del todo relevantes para Bitcoin. Al igual que una economía libre funciona mejor que una planificada centralmente, un Bitcoin libre funciona mejor que uno planificado centralmente. *Bitcoin Core* ha sido la junta de planificación central de Bitcoin en muchos temas, ya sea imaginando que conocen el tamaño «correcto» de bloque, el nivel

---

[3] Ibid.

«correcto» de las tasas de transacción, o el número «correcto» de nodos en la red. Por eso Gavin Andresen dijo:

«La planificación centralizada es la razón por la que me gustaría eliminar por completo el límite rígido superior del tamaño de bloque y dejar que la red decida "cuán grande es lo demasiado grande"»[4].

En términos económicos, el límite de tamaño de bloque en BTC es una escasez de oferta planificada centralmente. La demanda de bloques más grandes existe, pero los mineros no pueden producirlos debido a una limitación arbitraria escrita en el *software*. Los usuarios de BTC se ven entonces obligados a competir en un «mercado de tarifas» artificial para conseguir que se procese su transacción. Lo mismo ocurre en los mercados inmobiliarios cuando los planificadores centrales impiden que se construyan nuevas viviendas. Se produce una escasez de oferta y los precios se disparan. Los principios económicos básicos de la oferta y la demanda se aplican tanto al mercado de la vivienda como al de las criptomonedas. Si se les deja en paz, los mineros producirán el bloque de mejor tamaño para satisfacer la demanda.

La tendencia a la planificación centralizada de los desarrolladores de Core no se limitó a la creación de mercados de tarifas innecesarios. Incluso utilizaron el límite de tamaño de bloque para intentar influir en los proyectos en los que trabajaban otros desarrolladores. El desarrollador de Core, Wladimir van der Laan, explicó:

«Una creciente presión de tarifas, que resulte en un verdadero mercado de tarifas donde las transacciones compitan por entrar en los bloques, tiene como resultado la urgencia de desarrollar soluciones descentralizadas fuera de la cadena. Me temo que aumentar el tamaño de los bloques hará que la gente (y las grandes empresas de Bitcoin) se relaje, hasta que llegue de nuevo el momento de aumentar la cadena de bloques, y entonces volverán

---

4   Gavin Andresen, "Re: Please do not change MAX_BLOCK_ SIZE", *Bitcoin Forum*, 3 de junio 2013, https://bitcointalk.org/index. php?topic=221111.msg2359724#msg2359724

a reunirse con Gavin, sin dar nunca lugar a una solución inteligente y sostenible, sino a eternas discusiones incómodas como esta»[5].

Los desarrolladores no solo se creyeron lo suficientemente sabios como para establecer un máximo obligatorio en el tamaño de los bloques, sino que también pensaron que podían utilizar tarifas elevadas para incentivar a la gente a trabajar en sus proyectos preferidos. Les parecía bien que la red se viniera abajo porque crearía «urgencia para desarrollar soluciones descentralizadas fuera de la cadena». Un engreimiento fatal. Por supuesto, lo que ocurrió en realidad fue un éxodo de desarrolladores de BTC que simplemente se unieron a otros proyectos más prometedores.

Confiar en los incentivos, no en las personas

La última parte del diseño económico de Bitcoin que suele malinterpretarse es el papel de la confianza. Al igual que el concepto de «oro digital» se ha tomado demasiado literalmente, el concepto de «ausencia de confianza» se ha tomado también demasiado literalmente. Cuando Satoshi dijo que Bitcoin no requería «terceros de confianza», no quería decir que no se requiriera confianza en ningún ser humano. Bitcoin es económico por naturaleza, lo que lo convierte en social por naturaleza, lo que significa a su vez que aún requiere cierta confianza en los humanos. Por ejemplo, un entusiasta de BTC podría ejecutar su propio nodo, verificar cada transacción en la *blockchain*, y pensar que está operando sin confiar en nadie. Pero se equivoca. En realidad confía en muchas personas que nunca ha conocido. Confía en que los desarrolladores de su sistema operativo hicieron su trabajo correctamente. Confía en que los fabricantes de CPU hicieron bien su trabajo. Confía en que todas y cada una de las empresas implicadas en la producción de su ordenador no hayan pinchado su *hardware*. Confía en que su proveedor de Internet le conecta a la red de forma segura. En esencia, confía en miles de personas de todo el mundo,

5   Wladimir J. van der Laan, "Block Size Increase", Bitcoin-development mailing list, 7 de mayo de 2015, https://lists.linuxfoundation.org/pipermail/ bitcoin-dev/2015-May/007890.html

aunque no confía en ellas individualmente. Confía en el sistema de incentivos económicos que coordina a todos ellos para producir *hardware* y *software* de alta calidad. Aunque las personas de la cadena de producción se odien entre sí —o incluso le odien a él personalmente—, confía en que el sistema recompensará de manera suficiente el buen comportamiento y castigará el malo como para producir productos fiables.

Bitcoin funciona de la misma manera. El sistema fue diseñado para funcionar sin una autoridad central, por lo que nadie tiene que confiar en ningún individuo o empresa en particular. Pero sí tienen que confiar en que los incentivos son lo suficientemente fuertes como para crear una red fiable. Esta confianza no puede provenir de que cada individuo analice el código por sí mismo. Debe venir de ver Bitcoin como un todo, que incluye muchos humanos y empresas actuando en su propio interés. Cuando *Bitcoin Core* cambió los incentivos del sistema, cambió fundamentalmente todo su diseño.

El sistema de Satoshi no era perfecto y pasó por alto un problema clave: la gobernanza y la financiación del desarrollo del *software* de Bitcoin. Los mineros tienen grandes incentivos. Los usuarios tienen incentivos correctos. Pero los incentivos de los desarrolladores son turbios y pueden dar lugar a conflictos de intereses. En el caso de *Bitcoin Core*, la estructura de su proceso de toma de decisiones era defectuosa y acabó descarrilando todo el proyecto.

Hemos examinado cada una de las Cinco Ideas Fundamentales para comprender el diseño original de Bitcoin:

1. Bitcoin se diseñó como dinero digital para realizar pagos a través de Internet.
1. Bitcoin se diseñó para tener unas comisiones de transacción extremadamente bajas.
1. Bitcoin se diseñó para escalar con el aumento del tamaño de los bloques.
1. Bitcoin no se diseñó para que el usuario medio gestionara su propio nodo.
1. El diseño económico de Bitcoin es tan importante como su diseño de *software*.

Debe quedar claro que no se trata de si *Bitcoin Core* cambió el diseño original. La cuestión es si te gustan sus cambios. En mi opinión, su nuevo diseño no es una mejora. En casi todos los aspectos, aparte del precio, parece peor que el Bitcoin de 2013.

9.

La *Lightning Network*

Incluso los maximalistas de Bitcoin más ruidosos admitirán que, a largo plazo, tiene que haber una forma de hacer que Bitcoin sea utilizable como dinero en el comercio diario. Pero no quieren que la capa base proporcione tal funcionalidad. En su lugar, quieren que los pagos regulares se realicen en capas secundarias, tales como la *Lightning Network*. Los *small-blockers* han estado argumentando que no es necesario aumentar el límite de tamaño de bloque porque la *Lightning Network* resuelve los problemas de escalado de Bitcoin. A pesar de la publicidad, la realidad de la *Lightning Network* es sombría. Tiene varios defectos de diseño críticos que la hacen insegura, engorrosa y con pocas probabilidades de que la mayoría llegue a adoptarla. Cada intento de resolver los problemas de la *Lightning Network* ha creado nuevos niveles de complejidad que conllevan nuevos conjuntos de problemas, una señal terrible desde la perspectiva del desarrollo de *software*.

Vamos a hacer aquí un resumen básico del diseño de la *Lightning Network*. La tecnología se basa en los *canales de pago*, que son, en esencia, un saldo corriente entre dos partes. Supongamos que Alicia abre un canal de pago con Bob y lo financia con 10 dólares. El saldo inicial sería de 10 dólares para Alice y 0 dólares para Bob. Si ella le envía una transacción de 3 dólares, el nuevo saldo sería de 7 dólares para Alice y 3 dólares para Bob. Bob podría devolverle 1 dólares y el nuevo saldo sería de 8 dólares para Alicia y 2 dólares para Bob. Ninguna de estas transacciones se registra en la *blockchain*; sus nodos llevan la cuenta por separado, fuera de la cadena. En cualquier momento, cualquiera de las partes puede cerrar la cadena que, en tal caso, distribuye los saldos finales a ambas personas con una transacción *on-chain*[1].

Los canales de pago son una tecnología en la que se ha estado trabajando desde el principio, incluso por parte del propio Satoshi. Sin embargo, no se trabajaba en ellos como una solución escalable. En su lugar, se estaban diseñando para micropagos diminutos y transacciones bidireccionales de alta velocidad, que se utilizan en circunstancias especiales como los pagos de máquina a máquina. Los canales de pago son ideales para los micropagos, porque permiten enviar pequeñas cantidades de un lado a otro sin incurrir en gastos de transacción *on-chain*.

La *Lightning Network* es un intento de unir canales de pago para crear una capa secundaria que pueda encauzar los pagos diarios de Bitcoin. Así, si Alicia quiere enviar dinero a Charlie, pero no tiene un canal de pago con él directamente, puede dirigir su pago a través de Bob, que sí tiene un canal abierto con Charlie. Por este servicio, Bob recibe una pequeña comisión por transacción. Idealmente, los pagos en *Lightning* serían instantáneos, tendrían comisiones extremadamente bajas y podrían escalar Bitcoin sin tener que aumentar el límite de tamaño de bloque, ya que la mayoría de las transacciones se realizan *off-chain*. Por desgracia, *Lightning* no funciona bien en la práctica porque tiene varios fallos de diseño que quebrantan el sistema.

Transacciones on-chain

El problema fundamental de *Lightning Network* es que requiere transacciones *on-chain* para poder utilizarse. Abrir y cerrar un canal de pago requiere realizar transacciones *on-chain*, y se recomienda abrir varios canales al mismo tiempo. Estos canales no son permanentes; requieren un mantenimiento continuo y se supone que deben renovarse anualmente. La necesidad de realizar transacciones *on-chain* crea dos problemas críticos:

---

[1] Transacciones que tienen lugar en una *blockchain* pública y descentralizada. (*N. del T.*)

(1) Los usuarios deben pagar tasas de transacción *on-chain* solo por abrir o cerrar canales. Si la capa base se utiliza como sistema de liquidación entre bancos, estas comisiones podrían costar cientos o miles de dólares, tan solo por el hecho de conectarse a la *Lightning Network*.

(2) Dado que la incorporación a la *Lightning Network* requiere transacciones *on-chain*, es matemáticamente imposible incorporar a un gran número de personas con bloques de 1 MB.

El problema (1) es sencillo, pero a menudo se oculta a los usuarios habituales. Los monederos *Lightning* más populares son, o bien custodiados —lo que significa que los fondos de los usuarios están controlados por una empresa— o bien el monedero suele pagar los costes de transacción en la cadena. Ambas situaciones resultan indeseables. De entrada, la custodia por parte de *Lightning* elimina todos los beneficios de usar Bitcoin, y solo es posible que las empresas sean las que paguen las tarifas de transacción en la cadena mientras sean bajas. Si las comisiones superan de manera constante los 50 o 100 dólares, no hay forma de que las empresas sigan siendo las que las paguen. La *Lightning Network* no evita el dolor de tener que soportar altas comisiones.

El problema (2) también es sencillo y ha sido reconocido desde que se redactó el libro blanco de *Lightning*. Con un espacio en los bloques extremadamente limitado, incluso si cada transacción de BTC se utilizara únicamente para abrir un canal de pago, no se dispone de espacio suficiente para embarcar a más de unos pocos miles de personas por bloque. Paul Sztorc, un notable partidario y desarrollador de BTC, escribió un artículo en el que desglosaba las cifras con más detalle. Llegó a la conclusión de que, incluso si el 90% del espacio de bloques se dedica a la apertura de canales, solo se pueden incorporar unos 66 millones de personas al año, lo que significa que se tardarían unos 120 años en incorporar a todo el mundo a la *Lightning Network*. Y concluye:

«En otras palabras, cada año solo incorporaríamos al 0,82% del mundo. Peor aún: si los canales duran solo un año, el 1 de enero de 2025 tendremos que reincorporar a las personas que se unieron el 1 de enero de 2024. En ese mundo, solo el 0,82% de la población de la Tierra, como máximo, puede ser usuario pleno de Bitcoin (en un momento dado). Los efectos de la red monetaria son muy fuertes: hay que utilizar el dinero que utilizan los demás. Así que un tope del 0,82% no es viable».[2]

La solución propuesta por Sztorc es contar con una «cadena colateral» de bloques grandes (se explica en el capítulo 13) que pueda incorporar más usuarios. Mi solución es utilizar Bitcoin de bloques grandes, que no necesita la *Lightning Network* para ser viable a escala global. El requisito de tener bloques más grandes es la razón por la que Joseph Poon escribió en el libro blanco de *Lightning*:

«Si todas las transacciones con Bitcoin se realizaran dentro de una red de canales de micropagos, para que 7.000 millones de personas pudieran utilizar dos canales al año, con transacciones ilimitadas dentro del canal, se necesitarían 133 MB de bloques (suponiendo 500 *bytes* por transacción y 5.560 bloques al año)».[3]

¡Este es el autor del libro blanco en el que explica que la *Lightning Network* a escala global aún requeriría bloques de 133MB! A diferencia de los *small-blockers* actuales, señala que los bloques de 133 MB siguen siendo un tamaño factible:

«Los ordenadores de sobremesa de la generación actual podrán ejecutar un nodo completo, con bloques antiguos eliminados, en 2 TB de almacenamiento».

---

[2] Paul Sztorc, *"Lightning Network -- Fundamental Limitations"*, *Truthcoin.info*, 4 de abril de 2022, https://www.truthcoin.info/blog/lightninglimitations/

[3] Joseph Poon and Thaddeus Dryja, *"The Bitcoin Lightning Network*: Scalable Off-Chain Instant Payments"*, 14 de enero de 2016, https://lightning. network/lightning-network-paper.pdf

La *Lightning Network* requiere de múltiples transacciones en la cadena para poder utilizarse. Por lo tanto, un límite de tamaño de bloque de 1MB, 2MB o incluso 10MB haría imposible que fuera una solución de escalado real. Los usuarios habituales no van a estar dispuestos a gastar 50 o 100 dólares para abrir un canal de pago pero, incluso si lo estuvieran, el límite de tamaño de bloque de BTC es simplemente demasiado pequeño para dar cabida a un uso masivo.

Nodos en línea

La *Lightning Network* requiere que los usuarios gestionen sus propios nodos. Este hecho dejó perplejo a Tone Vays, el popular personaje de Bitcoin. Al parecer, no entendía esta característica básica, a pesar de promover sin descanso *Lightning* como una alternativa a los aumentos de tamaño de bloque. En una conversación en *YouTube* con Jimmy Song, comienza respondiendo a una pregunta del público:

Vays: Aquí hay una buena pregunta para ti, Jimmy. Alguien dice: «¿Qué beneficio obtengo al montar mi propio nodo *Lightning*?».
Song: Uh, usted puede ir y pagar a la gente, como en *Lightning*…
Vays: Espera un minuto, necesito una aclaración sobre eso. Necesito tener un nodo Lightning para poder pagar a la gente a través de *Lightning*?
Song: Sí.
Vays: ¿En serio?
Song: Sí, porque la única forma de pagar a alguien es teniendo un canal, y no puedes tener un canal a menos que tengas un nodo.
Vays: Pero, ¿necesitas tu propio nodo, o necesitas el de alguien más?
Song: Necesitas tu propio nodo…
Vays: Oh, vaya, entonces, ¿cada persona podría necesitar su propio nodo *Lightning*?
Song: Sí…[4]

4   Tone Vays, "Bitcoin Brief w/ Jimmy Song - Bitmain, BTC Apartments in Dubai & $10k Price Talk", *YouTube*, 15 de febrero de 2018, https://www.youtube.com/watch?v=9_WCaqcGnZ8&t=2404s

El requisito de gestionar tu propio nodo ya resulta de por sí bastante difícil para los usuarios cotidianos, porque los nodos requieren supervisión y mantenimiento continuos. Pero existe un requisito adicional que lo convierte en agobiante: cada nodo tiene que permanecer *online* o se arriesgan a perder fondos.

Tal y como está diseñada *Lightning*, mientras un canal de pago está abierto, ambas partes tienen un historial de todos los estados anteriores en los que ha estado el canal: un registro individual de cuando Alice tenía 10 dólares y Bob 0 dólares, luego de cuando Alice tenía 7 dólares y Bob 3 dólares, etc. Cuando se cierra un canal, el *saldo final* lo transmite la parte que lleva a cabo ese cierre. Sin embargo, en lugar de difundir los saldos más recientes, pueden difundir los estados anteriores del canal, lo que da a Alice la capacidad potencial de robar a Bob. Imagina que su última transacción arrojó un saldo de 1 dólares para Alice y 9 dólares para Bob. Si Alice cierra el canal, en lugar de emitir el último saldo, puede emitir un estado anterior con un saldo antiguo, como cuando ella tenía 10 dólares y Bob 0 dólares. Si Bob no la pilla, Alice acabará robando un total de 9 dólares.

La *Lightning Network* intenta resolver este problema haciendo que sea arriesgado publicar estados de canal antiguos. Si Bob pilla a Alice en un plazo de dos semanas, puede difundir un estado más nuevo, demostrando que Alice publicó uno antiguo. Si esto ocurre, todos los fondos del canal van a Bob. Se supone que esto proporciona un incentivo para no hacer trampas, pero es un recurso endeble. Si Alice ya tiene un saldo bajo o nulo en el canal, no tiene mucho que perder intentando robar. Además, para pillar a alguien, se requiere que un nodo esté conectado a Internet. Si el nodo de Bob se desconecta, no puede saber que Alice le está robando, y puede perder fondos. Por eso, algunos defensores de *Lightning* han sugerido que los nodos tengan una batería de reserva.

Los desarrolladores de *Lightning* han intentado solucionar este problema creando «torres vigías», que son terceras partes que vigilan el canal para asegurarse de que nadie hace trampas, incluso si un nodo se desconecta. Este nuevo sistema añade otra capa de complejidad y exige que las «torres vigías» sean dignas de confianza y competentes, pues, de lo contrario, los usuarios pueden perder sus fondos. El problema de la confianza simplemente se retrotrae un paso más, es decir, las «torres vigías» necesitan sus propias «torres vigías».

Además del riesgo de seguridad, los nodos *offline* ni siquiera pueden aceptar pagos, ni pueden redirigir pagos para otras personas. *Lightning* requiere que ambas partes estén *online* al mismo tiempo, y el remitente no puede enviar cualquier cantidad arbitraria de Bitcoin al destinatario. El destinatario debe generar una factura específica para que el remitente la rellene, de ahí el requisito de estar en línea.

El requisito de estar *online* también supone un riesgo para la seguridad, ya que significa que las claves de Bitcoin de los usuarios se guardan en un «monedero caliente»; es decir, conectado a Internet. La seguridad estándar en Bitcoin siempre ha sido mantener la mayoría de las monedas en un «almacenamiento en frío», fuera de línea, mientras que solo se guardan pequeñas cantidades en monederos conectados a Internet. Es mucho más probable que los hackers tengan éxito cuando atacan a los «monederos calientes», de los que se compone toda la *Lightning Network*. La única forma de obtener monedas de la *Lightning Network* para almacenarlas en frío es realizando una transacción *on-chain*.

Problemas de liquidez y redirección

Dirigir los pagos a través de *Lightning Network* es otro problema grave. Cada pago necesita encontrar una ruta definida desde el emisor hasta el receptor. Si Alicia quiere pagar a Donald, pero no tiene un canal abierto con él directamente, tiene que encontrar una ruta hacia él a través de otros canales. Puede que tenga que enviar su pago primero a través de Bob, que a su vez lo envía a Charlie, porque Charlie tiene un canal abierto con Donald. Si Donald no está lo suficientemente bien conectado a la red —si no tiene suficientes canales de pago abiertos con otras partes bien conectadas— el *software* no podrá encontrar una ruta hacia él y el pago fallará.

Pero no basta con encontrar una ruta. Cada canal, a lo largo de la ruta, también debe tener suficiente liquidez para que el pago se realice. Si Alicia quiere enviar un pago de 100 dólares a Donald a través de Bob y Charlie, pero el canal entre Bob y Charlie solo tiene 50 dólares de liquidez, el pago no podrá efectuarse. En la práctica, esto provoca frecuentes fallos en los pagos, especialmente en las transacciones de gran valor.

Para entender mejor los canales de pago, la mejor analogía es la de las cuentas que se mueven a lo largo de una cuerda. Un canal es como una cuerda que conecta a dos personas, y las cuentas son su liquidez. Supongamos que Alicia abre un canal con Bob y pone 50 cuentas en la cuerda. Para pagar el café, mueve cinco cuentas de su lado al de Bob. Luego, para pagar un paquete de chicles, Bob mueve una de vuelta a Alice. Cuando el canal de pago se cierra, suponiendo que ninguna de las dos personas está intentando robar a la otra, Alice y Bob recibirán la distribución correcta de cuentas, en función de su ubicación final.

Si no hay suficientes cuentas para procesar un pago, la red se enfrenta a problemas de liquidez. Si el canal de Alice y Bob solo tiene 50 cuentas, es imposible que envíen pagos de más de 50 cuentas: no hay suficientes cuentas para mover. Para agravar aún más los problemas, para realizar un pago en la *Lightning Network* hay que encontrar una ruta de Alice a Donald en la que cada salto tenga suficiente liquidez, y estos saldos están en constante cambio. Cada vez que se redirige un pago a través del canal de Bob, su liquidez disponible cambia. Por tanto, no solo se abren y cierran de forma constante canales de pago en la red, sino que también cambian sus respectivos saldos. Imaginemos miles de millones de personas utilizando este sistema y cada una de ellas con múltiples canales de pago abiertos con saldos que cambian constantemente. La simple tarea de redirigir se convierte en una tarea extremadamente compleja, que incluso podría ser imposible de resolver sin una centralización generalizada de la red. Rick Falvinge, el empresario informático convertido en político sueco, concluyó, en una serie de vídeos sobre *Lightning*:

«La redirección en malla es un problema sin resolver en informática, sobre todo cuando hay adversarios en la Red... Considero que la *Lightning*

Network es un callejón sin salida... No va a ganar en aceptación. Seguirá siendo un juguete con el que se jugará y que acabará abandonándose».[5]

Andreas Brekken, fundador del popular *exchange* de criptomonedas *Sideshift*, llegó a una conclusión similar. Le pregunté por su experiencia al utilizar *Lightning* para su negocio, y me dijo:

«La redirección es un problema grave en la *Lightning Network*. Los pagos fallan con frecuencia, y la forma en que he tratado de mitigar este problema es estando conectado a los mayores *exchanges*. Pero ni siquiera eso resuelve el problema por completo. Tengo que utilizar un *software* que estima la probabilidad de éxito de un pago y, si el porcentaje no es lo suficientemente alto, simplemente no envío el pago.
Lo cierto es que están engañando a un gran número de usuarios de Bitcoin, haciéndoles creer que esto puede funcionar pero, después de haberlo probado en mi negocio, no creo que siga haciéndolo».
Desde una perspectiva de usabilidad, el mejor resultado posible para *Lightning* sería tener carteras totalmente custodiadas conectadas a los mayores *exchanges*. Pero, por supuesto, eso iría, de entrada, en contra del propósito fundamental de Bitcoin».

Brekken tiene razón. Si la *Lightning Network* va a tener alguna posibilidad de éxito entre el público en general, requerirá una centralización masiva en una red *hub and spoke* y el uso generalizado de monederos custodiados.

El modelo de hub and spoke

La centralización es la única forma fiable de disminuir la gravedad de los problemas que sufre la *Lightning Network*. Los monederos custodiados eliminan la carga que supone tener que gestionar tu propio nodo y estar

---

[5] We Are All Satoshi, "Rick Reacts to the *Lightning Network*", *YouTube*, 18 de febrero de 2018, https://www.youtube.com/watch?v=DFZOrtlQXWc

conectado todo el tiempo. La redirección es más fácil si todo el mundo se conecta a los mismos nodos gigantes, que tienen suficiente conectividad y liquidez para dar servicio a millones de personas: si todo el mundo abre un canal con *PayPal*, las posibilidades de encontrar una ruta son altas. Las grandes empresas no se limitarán a participar en la economía Bitcoin y los usuarios se verán obligados a depender de ellas para disponer de la funcionalidad básica de pago y, al igual que ocurre con los monederos custodiados, pueden censurarse y aislarse con facilidad del resto de la red.

La centralización de la *Lightning Network* es inevitable y se viene prediciendo desde hace años. De hecho, incluso ha sido objeto de investigación académica. La estructura de la red se denomina modelo de *hub and spoke* —semejante a los radios de una rueda—, en el que los nodos pequeños se conectan a nodos más grandes, que a su vez están conectados a unos pocos supernodos.

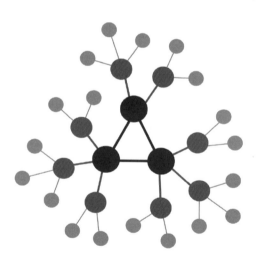

Figura 3: Diagrama de una red radial

Lo más importante es que no se trata de una red distribuida *peer-to-peer*, en la que los nodos se conectan directamente entre sí. Con los pagos *on-chain*, Alice tiene una conexión directa con Donald. Con *Lightning*,

Alice debe pasar primero por Bob y Charlie. Los nodos más grandes se convierten en esenciales para el buen funcionamiento de toda la red, y estos enormes nodos tendrán el poder de censurar. Estarán alojados en empresas fáciles de regular. Y cuando se desconecten por cualquier motivo —por avería, regulación o simple mantenimiento— la conectividad de la red se verá seriamente dañada. Los usuarios habituales pueden quedar completamente desconectados de la red si su enlace con un nodo central se cae. Alice podría no encontrar ninguna ruta hacia Donald, sin verse obligada a pasar por el equivalente de *PayPal*.

Un grupo de investigadores académicos escribió sobre estos riesgos en un documento de 2020 titulado *Lightning Network: a second path towards centralisation of the Bitcoin economy* (*Lightning Network*: un segundo camino hacia la centralización de la economía Bitcoin):[6]

« [La BLN [*Bitcoin Lightning Network*] se está convirtiendo en una red cada vez más centralizada, cada vez más compatible con una estructura núcleo-periferia. Una inspección más detallada de la capacidad de recuperación de la BLN muestra que la eliminación de los núcleos conduce al colapso de la red en muchos de sus componentes, lo que es una prueba que sugiere que esta red puede ser un objetivo de los llamados ataques de división».

Estos mismos investigadores expusieron varios argumentos matemáticos y empíricos que demostraban que la tendencia a la centralización es inherente al diseño de la red y concluyeron:

«La tendencia a la centralización es observable incluso cuando se consideran cantidades ponderadas, ya que solo alrededor del 10% de los nodos poseen el 80% de los bitcoins en juego en la BLN (de media, durante todo el periodo)... Estos resultados parecen confirmar la

---

[6] Jian-Hong Lin, Kevin Primicerio, Tiziano Squartini, Christian Decker and Claudio J. Tessone, "*Lightning Network*: a second path towards centralisation of the Bitcoin economy", 30 de junio de 2020, https://arxiv.org/ pdf/2002.02819.pdf

tendencia de la arquitectura BLN a volverse «menos distribuida», lo que es un proceso que tiene como consecuencia indeseable el hacer que la BLN sea cada vez más vulnerable frente a ataques y fallos».

Los problemas de liquidez también se suman a estas presiones de centralización, junto con el requisito de utilizar un monedero que esté siempre conectado a Internet. La mayoría de la gente no estará dispuesta a bloquear miles de dólares en sus canales de pago, sobre todo ante el elevado riesgo que supone ese estar constantemente conectado a Internet. Esto significa que los grandes pagos se verán, de manera inevitable, obligados a pasar por grandes centros de pago corporativos que dispongan de suficiente liquidez y conocimientos técnicos como para protegerse de los piratas informáticos.

La inevitable centralización de la *Lightning Network* resulta irónica, teniendo en cuenta la loca cruzada que emprendieron los desarrolladores de Core para evitar la centralización, revisando el diseño original de Satoshi. *Lightning* no solo es infinitamente más compleja, torpe y menos fiable que las transacciones en la cadena, sino que la red acabará siendo muchísimo más cara para cada usuario, porque los pagos en la cadena necesarios para utilizarla costarán cientos o incluso miles de dólares. Y, si un usuario es expulsado de un centro de pagos, se verá obligado a realizar transacciones adicionales en la cadena para mantener la conectividad con el resto de la red. Si estas transacciones cuestan miles de dólares cada una, ser expulsado de los centros impedirá que la mayoría de la gente pueda utilizar Bitcoin.

Con el diseño de Satoshi, la red puede ser interrumpida por un costoso ataque del 51%. Con la *Lightning Network*, el coste de la interrupción caerá en picado. Los gobiernos o privados con malas intenciones pueden simplemente apuntar a los mayores canales de pago. Si consiguen derribar un puñado de centros críticos a la vez, la red quedará inutilizable en la práctica. El *hashrate*[7] no es necesario.

---

[7] Poder computacional total, combinado. (*N. del T.*)

Una falsa promesa

La viabilidad de BTC depende ahora del desarrollo de capas secundarias. Si las capas secundarias no pueden ofrecer pagos baratos y fiables, entonces BTC no tiene forma de escalar, al menos no puede hacerlo sin admitir un fracaso espectacular y aumentar el límite del tamaño de bloque, o mediante la centralización total mediante carteras de custodia. Tal y como está actualmente la tecnología, la *Lightning Network* no será una solución viable al problema de las altas comisiones en la cadena, y no permitirá a la gente normal utilizar BTC en el comercio. Los canales de pago son una tecnología atractiva, pero no son una solución escalable. Podrían ser útiles para micropagos, como pensaba Satoshi, pero no para las transacciones habituales. Quizás se desarrolle alguna tecnología futura que rescate a BTC pero, por ahora, el diseño original que funciona en BCH sigue siendo el mejor sistema para pagos rápidos, baratos y *peer-to-peer online*. La simplicidad y elegancia del sistema son inigualables; las comisiones siguen siendo bajas; no hay requisitos para ejecutar tu propio nodo; los centros de pago no son necesarios y no hay nada que impida que se construyan capas secundarias sobre BCH; de hecho, el mayor tamaño de bloque permite incluso una mejor funcionalidad de las capas secundarias.

Me gustaría que *Lightning* cumpliera las expectativas porque, si pudiera, el mundo sería un lugar mejor. Pero, en la actualidad, no tengo ninguna razón para creer que esto vaya a suceder. Todo apunta a que será un experimento fallido, una vergüenza para los desarrolladores del Core y una demostración de que los maximalistas de Bitcoin que impulsaban esta tecnología como sustituta de las transacciones en cadena estaban completamente equivocados y han engañado a millones de personas.

Es difícil imaginar una forma más eficaz de desbaratar Bitcoin que lo que acabó ocurriendo. En el transcurso de varios años, BTC pasó de ser el mejor sistema de pago de Internet a convertirse en uno lento, caro y poco fiable. El brillante diseño de Satoshi se sustituyó por la promesa de una tecnología futura que no ha estado a la altura. Este fracaso tiene interpretaciones tanto inocentes como malintencionadas. La historia de Bitcoin podría ser simplemente un ejemplo de mala gestión de proyectos, pero, dado el poder disruptivo de esta tecnología, parece más probable que Bitcoin fuera saboteado por sus enemigos.

Parte II:
Secuestrando el Bitcoin

10.
Las claves del Código

A menudo, se habla de Bitcoin como si existiera más allá del alcance de la influencia humana, tan incorruptible como las leyes de la física. Se supone que la red es demasiado grande y descentralizada como para que cualquier grupo, por muy poderoso que este sea, la pueda controlar. Según *The Bitcoin Standard*:

«El valor de Bitcoin no depende de nada físico, ubicado en ningún lugar del mundo y, por tanto, nunca se le podrá neutralizar, destruir o confiscar, por parte de ninguna de las fuerzas físicas del mundo político o criminal. La importancia de esta invención para las realidades políticas del siglo XXI es que, por primera vez desde la aparición del Estado moderno, los individuos tienen una solución técnica clara para escapar de la influencia financiera de los gobiernos bajo los que viven».[1]

Este es un concepto hermoso, y realmente desearía que Bitcoin funcionara de esta manera, pero por desgracia, la historia demuestra lo contrario. Bitcoin es, en gran medida, un proyecto humano y no es inmune a la corrupción individual e institucional. Los factores sociales y políticos son abrumadoramente importantes y lo han sido desde el principio.

---

[1] Ammous, *The Bitcoin Standard*, pág. 200.

Una mirada a la realidad

La confiscación ya se ha vuelto fácil debido a la tendencia a utilizar las carteras custodiadas. Ocurre todo el tiempo. Dado que la *blockchain* es pública, los gobiernos pueden marcar determinadas monedas como sospechosas y rastrearlas a través del libro mayor. Si las monedas llegan a un *exchange* de criptodivisas centralizada, tal como suele ocurrir, los *exchanges* congelarán las cuentas correspondientes y lo notificarán a las autoridades. Las monedas en cuestión pueden, en tal caso, incautarse con unos pocos clics. Incluso si las monedas no se mueven a un intercambio centralizado, es probable que se hayan movido desde uno, lo que —debido al cumplimiento de las leyes de «conozca a su cliente»— da al gobierno la identidad de al menos una de las personas que haya tocado esas monedas. A partir de ahí, pueden vigilar la *blockchain* para rastrear la actividad económica de ese individuo y averiguar identidades plausibles para cualquiera con el que haya realizado transacciones. Esto ya ocurre cuando Bitcoin está implicado en grandes casos criminales, pero no hay ninguna razón fundamental por la que no pueda ocurrir con los usuarios de a pie habituales.

La idea de que Bitcoin es una «clara solución técnica» a la amenaza de la fuerza física de los actores políticos resulta ingenua. Si el gobierno sospecha que tú estás ocultando algo, pueden investigar, tal como lo harían en cualquier otra situación. Pueden exigirte que entregues tus registros financieros, claves privadas y dispositivos electrónicos. Si te niegas, pueden entrar en tu casa, encarcelarte y confiscar tus bienes. Bitcoin no te emancipa del mundo físico ni impide que el gobierno te amenace con usar la fuerza. Un usuario técnico experto podría evitar la confiscación o destrucción de sus ahorros, pero los usuarios corrientes lo tendrán difícil.

La libertad financiera que proporciona Bitcoin se maximiza con los monederos no custodiados. Aunque no es algo perfecto, la capacidad de rastrear y confiscar monedas se reduce enormemente cuando los usuarios corrientes pueden acceder al *blockchain* por sí mismos a bajo coste y no tienen que utilizar monederos centralizados o *exchanges*, de forma análoga al uso de efectivo físico. Las transacciones con dinero físico son mucho más difíciles de controlar que las electrónicas, que se realizan a través de bancos o procesadores de pagos como *PayPal*, razón por la cual los gobiernos de todo el mundo quieren abandonar el dinero físico y adoptar monedas digitales que puedan controlar. Por eso el dinero digital *peer-to-peer* es un concepto tan revolucionario: mantiene más poder en manos de la gente corriente, al tiempo que les ofrece la comodidad del dinero electrónico.

La gobernanza de Bitcoin

Al igual que los conceptos de «oro digital y reserva de valor», la famosa «descentralización» de Bitcoin es más un eslogan de marketing que una realidad. De hecho, una de las historias centrales de Bitcoin es cómo un pequeño grupo secuestró el proyecto a pesar de las objeciones que oponía la mayor parte de la red. Ha quedado demostrado, una y otra vez, que un grupo en concreto tiene más poder e influencia que cualquier otro: el de los desarrolladores de *software*. Las personas que mantienen y actualizan el código de Bitcoin son las que más influencia tienen sobre la red. En la mayoría de los proyectos de criptomonedas, no solo en el del Bitcoin, los desarrolladores llevan la voz cantante. Y, sobre todo, los desarrolladores de *software* no se financian a ellos mismos. Tienen que cobrar de alguna manera. Por lo tanto, la verdadera dinámica de poder dentro de un proyecto de criptomoneda viene determinada por la forma en que sus desarrolladores de *software* toman decisiones y cobran. La historia de BTC es un cuento con moraleja acerca de lo que ocurre cuando los incentivos de los desarrolladores se desalinean con el resto de la red.

Bitcoin es famoso por ser un proyecto de «código abierto», lo que significa que todo el código se hace público y cualquiera puede verlo, usarlo y modificarlo libremente sin gravosas restricciones de licencia. Esta característica a menudo la tergiversan aquellos que quieren afirmar que no hay autoridades centralizadas que controlen el *software*. Toda la retórica que rodea el desarrollo de Bitcoin hace parecer que el proceso es abierto y meritocrático y que, si escribes un buen código, este será automáticamente incorporado al *software*. Incluso en el sitio web *Bitcoin.org* se lee: «Bitcoin es *software* libre y cualquier desarrollador puede contribuir al proyecto».[2] Pero esto no es cierto. Existen jerarquías estrictas que determinan qué código se añade al *software*, y hay individuos específicos que tienen el poder de aprobar o rechazar cambios en el código. Si tienes una filosofía diferente a la de estas personas —por ejemplo, si estás de acuerdo con Satoshi y crees que el límite del tamaño de los bloques debería aumentarse o eliminarse—, no importa lo bueno que sea tu código, no lo incorporarán.

Para aportar código, hay que convencer a las personas adecuadas. Si no les gusta tu idea, o si no les gustas tú personalmente, pueden sencillamente ignorarte. El desarrollo de Bitcoin es un fenómeno social como cualquier otro. En lugar de decir: «Cualquiera puede contribuir al proyecto», sería más exacto decir: «Cualquiera que esté de acuerdo con la filosofía de un puñado de desarrolladores del Core y su visión de Bitcoin, acepte sus procesos de desarrollo y jerarquías, y sea socialmente aprobado por ellos, puede enviar código para su evaluación». Pero eso no suena a descentralización, ¿verdad? La realidad de la situación la resumió muy bien el profesor Hilary Allen de la *American University*. En una audiencia en el Congreso, a finales de 2022, dijo a un grupo de senadores estadounidenses:

«Normalmente oímos decir que las "criptomonedas son diferentes" porque están descentralizadas, pero en realidad no lo están. En todos los niveles hay personas que controlan las cosas.

Hemos oído decir que Bitcoin está descentralizado. Pues bien, Bitcoin está controlado por unos pocos desarrolladores de *software* (menos de diez), que pueden realizar cambios en el *software*, y luego ese *software* es implementado por grupos de minería, que son solo unos pocos. Así que

---

[2] "Bitcoin development", *Bitcoin Core*, 18 de agosto de 2023, https://bitcoin. org/en/development

en todos estos espacios hay personas, a menudo muy pocas, que mueven los hilos».[3]

No se equivoca, a pesar de que sus conclusiones invalidan la narrativa común sobre el desarrollo del *software* de Bitcoin. Los partidarios más insistentes, que afirman que el *software* no está controlado de manera centralizada señalarán que, técnicamente, cualquiera puede descargar el código fuente de Bitcoin, abrirlo y modificarlo en su propio ordenador. Aunque esto es cierto, resulta engañoso. Cambiar el código en tu ordenador no cambia el código que todo el mundo está ejecutando. Si modificas las partes equivocadas, como el límite de tamaño de bloque, serás inmediatamente expulsado de la red. El *software oficial* que todo el mundo descarga —y que utiliza aproximadamente el 99% de la industria— está controlado por un puñado de personas que poseen las claves del código. En última instancia, ellos determinan lo que se añade, se quita y se modifica para todos los demás.

La sucesión de las Claves

El simple hecho de que el desarrollo de *software* de *Bitcoin Core* tenga una estructura de gobernanza no es algo intrínsecamente algo malo. Las decisiones tienen que tomarse de alguna manera. Ningún proyecto de *software* podría tener éxito si cualquiera pudiera cambiar el código a su antojo. Pero, teniendo en cuenta que esta red mueve cientos de miles de millones de dólares, ¿quién y cómo puede actualizar el código?

Las claves del desarrollo de *Bitcoin Core* han seguido una progresión específica. En enero de 2009, la gobernanza era sencilla: Satoshi Nakamoto era el hombre al mando. Todos los cambios en el código debía aprobarlos él personalmente, y no había objeciones a su autoridad. En una entrevista de 2015, Gavin Andresen recordaba el primer proceso de gobernanza:

---

[3] Level39 (@level39), *Twitter*, 15 de diciembre de 2022, https://twitter.com/ level39/ status/1603214594012598273

«Si retrocedes en la historia, era realmente sencillo. Era lo que Satoshi decidiera al principio, y ahí es realmente donde empezamos. Teníamos un código fuente. Teníamos un pseudónimo/persona que tomaba todas las decisiones sobre "qué debería ser Bitcoin", "cómo debería evolucionar", "qué debería hacer". Ahí es donde empezamos».[4]

A finales de 2010, Satoshi decidió que necesitaba a otra persona para dirigir el proyecto. Así que eligió a Andresen, que compartía la misma visión de Bitcoin. El 19 de diciembre de 2010, Andresen escribió en los foros:

«Con la bendición de Satoshi, y con gran reticencia, voy a empezar a hacer una gestión de proyectos más activa para Bitcoin. Por favor, tened todos paciencia conmigo; he tenido mucha experiencia en gestión de proyectos en *startups*, pero este es el primer proyecto de código abierto de cualquier tamaño en el que participo».[5]

Andresen se convirtió en el «heredero» simbólico de Satoshi y fue el sostén principal del proyecto hasta 2014. A diferencia de Satoshi, no era la única persona autorizada a realizar cambios en el código, ya que, al principio, decidió otorgar este poder a un puñado de personas más. Él mismo explicó por qué:

«En cuanto Satoshi dio un paso atrás y me echó el proyecto sobre los hombros, una de las primeras cosas que hice fue intentar descentralizarlo, para que, si me atropellaba un autobús, quedara claro que el proyecto seguiría adelante. Y es por eso que, en este momento, hay cinco personas que tienen acceso al árbol de código fuente de Github Bitcoin».[6]

[4] Epicenter Podcast, "EB94 - Gavin Andresen: On The Blocksize And Bitcoin's Governance", *YouTube*, 31 de agosto de 2015, https://www.youtube.com/watch?v=B8l11q9hsJM
[5] Gavin Andresen, "Development process straw-man", *Bitcoin Forum*, 19 de diciembre de 2010, [https://bitcointalk.org/index.php?topic=2367. msg31651#msg31651
[6] Epicenter Podcast, "EB94 - Gavin Andresen: On The Blocksize And Bitcoin's Governance", *YouTube*, 31 de agosto de 2015, https://www.youtube.com/watch?v=B8l11q9hsJM

La decisión de optar por Andresen fue razonable y bienintencionada pero, por desgracia, tuvo consecuencias imprevistas y, examinada en retrospectiva, parece un error estratégico. Dio a un puñado de personas «acceso de confirmación», es decir, la capacidad de cambiar el código en el repositorio oficial en línea, pero no todos estaban alineados con la visión de Satoshi sobre grandes bloques y transacciones de bajo coste. Al parecer, algunos pensaban que podían diseñar un sistema mejor. Las diferencias filosóficas entre los desarrolladores provocaron retrasos extremos en el desarrollo y la aparición de facciones. Al final, una facción formó su propia empresa y, poco después, los distintos grupos se convirtieron en bandos hostiles.

En 2014, Andresen dijo que se pasaba del mantenimiento diario de *Bitcoin Core* a la investigación de más alto nivel y eligió a Wladimir van der Laan como sucesor. Van der Laan contribuyó activamente al código de Bitcoin, pero acabó siendo el más pasivo de los tres líderes del proyecto, permitiendo que decisiones críticas quedaran sin resolver. Mike Hearn hizo pública su frustración por la falta de liderazgo competente en *Bitcoin Core*, en 2015:

«Lo que hemos visto en *Bitcoin Core* es que empezó como el tradicional proyecto de código abierto. Satoshi estaba a cargo. Luego delegó en Gavin, y Gavin estaba a cargo, y luego Gavin delegó en Wladimir, y Wladimir estaba a cargo, y eso es completamente normal para cualquier proyecto técnico. Tienes un líder que escucha las aportaciones de la gente y toma la decisión. Wladimir, por desgracia, prefiere no tomar decisiones, diría yo. No creo estar en desacuerdo con su línea de acción. Cuando se produce una especie de disputa, tiende a mantenerse al margen y tratar de esperar que se resuelva en un consenso agradable, donde todo el mundo está de acuerdo, y cuando eso no sucede, él simplemente ignora lo que está pasando. Así que *Bitcoin Core* se ha convertido, en los últimos años, en algo regulado por consenso, pero en realidad está mucho más cerca de que cualquiera que quiera tenga derecho a veto, porque, mientras alguien se oponga o haga objeciones que suenen vagamente intelectuales,

EL SECUESTRO DE BITCOIN

no habrá consenso y, por lo tanto, el cambio no se producirá. [Esto] se ha convertido en un gran problema, especialmente porque algunas de las personas que tienen acceso al *commit* y les encanta presentar este tipo de argumentos... disfrutan presentando complicadas teorías y complicadas propuestas para rediseñar Bitcoin... y, entonces, lo que tiende a suceder es que las necesidades más prácticas del día a día de los desarrolladores se pierden».[7]

Estos problemas nunca se solucionaron y acabaron por provocar que Hearn abandonara el proyecto en 2016. A su salida, publicó un fantástico ensayo titulado *The Resolution of the Bitcoin Experiment* que, desde entonces, se ha convertido en lectura obligatoria para cualquiera que intente aprender sobre la teoría y la historia de Bitcoin. En él explica por qué falló la estructura de gobierno, provocando el fracaso de BTC desde la perspectiva de su diseño original:

«En una empresa, alguien que no compartiera los objetivos de la organización sería tratado de una forma sencilla: despidiéndolo. Pero *Bitcoin Core* es un proyecto de código abierto, no una empresa. Una vez que los 5 desarrolladores con acceso al código fueron elegidos y Gavin decidió que no quería ser el líder, no hubo ningún procedimiento para destituirlos. Y no hubo ninguna entrevista o proceso de selección para asegurarse de que realmente estaban de acuerdo con los objetivos del proyecto.

A medida que Bitcoin se hacía más popular y el tráfico empezaba a acercarse al límite de 1MB, el tema de aumentar el límite de tamaño de los bloques surgía ocasionalmente entre los desarrolladores. Pero rápidamente se convirtió en un tema cargado de emotividad. Se lanzaron acusaciones de que aumentar el límite era demasiado arriesgado, que iba en contra de la descentralización, etcétera. Como ocurre en muchos grupos pequeños, la gente prefiere evitar los conflictos. El asunto se

---

[7] Epicenter Podcast, "EB82 - Mike Hearn - Blocksize Debate At The Breaking Point", *YouTube*, 8 de Junio de 2015, https://youtu. be/8JmvkyQyD8w?t=3699

128

quedó en agua de borrajas. Para complicar aún más las cosas, [Greg, desarrollador del núcleo] Maxwell fundó una empresa que luego contrató a otros desarrolladores. Como era de esperar, los puntos de vista de estos empezaron a cambiar para alinearse con los de su nuevo jefe...».[8]

Estoy de acuerdo con el análisis de Hearn y a menudo me he preguntado qué habría pasado si Andresen hubiera elegido diferentes desarrolladores con los que compartir su autoridad, o si hubiera seguido siendo la única persona con acceso al *commit*, o si la industria hubiera rechazado por completo a los desarrolladores de *Bitcoin Core* y hubiera elegido un equipo diferente —una situación que casi se produjo en 2015, 2016 y de nuevo en 2017—. Para entender cómo el desarrollo de *software* se volvió tan centralizado, es útil entender primero de dónde llegó *Bitcoin Core*.

Los orígenes de *Bitcoin Core*

Antes de 2013, no existía el *Bitcoin Core*. Hasta entonces, todo se denominaba *Bitcoin* —el *software*, la unidad monetaria y la red—, lo que causaba una confusión innecesaria para un proyecto que ya tenía fama de confuso. Así que, en noviembre de 2013, se presentó una propuesta para cambiar el nombre del *software*:

«Para eliminar la confusión entre la red Bitcoin y la implementación del cliente de referencia que mantenemos en este repositorio, ambos confusamente llamados *bitcoin*, nos gustaría cambiar el nombre del cliente».[9]

Esta propuesta no suscitó ninguna polémica. Gavin Andresen estuvo de acuerdo con ella afirmando: «Ahora es un buen momento para cambiar

---

8   Mike Hearn, "The resolution of the Bitcoin experiment", *Medium*, 14 de enero de 2016, https://blog.plan99.net/the-resolution-of-the-bitcoinexperiment-dabb30201f7
9   Lannwj, "Rebrand client to '*Bitcoin Core*' #3203", *GitHub*, 5 de noviembre de 2013, https://github.com/bitcoin/bitcoin/issues/3203

nombres, hagámoslo». A partir de ese momento, el *software* pasó a llamarse *Bitcoin Core* y sus desarrolladores se convirtieron en los desarrolladores de *Bitcoin Core*. A pesar de lo ocurrido en los años posteriores, los orígenes de *Bitcoin Core* no fueron nefastos.

Tras la marcha de Satoshi, ni siquiera se suponía que *Bitcoin Core* fuera a ser la única implementación de *software* del protocolo Bitcoin. La idea era tener múltiples implementaciones, no solo el *software* Core, para que pudiera haber especialización. Los mineros, por ejemplo, podrían crear su propia versión centrada en la validación rápida de transacciones, mientras que los nodos podrían especializarse en otras características. Durante una excelente entrevista en 2015, Andresen explicó:

> «Es muy importante que la gente separe en su cabeza Bitcoin entendido como el protocolo, ya sabes, Bitcoin el sistema que todos estamos utilizando para realizar transacciones, del proyecto de *software* de código abierto *Bitcoin Core* que vive en *Github* y al que un montón de gente está contribuyendo con código. En realidad no son la misma cosa. Yo llamo a *Bitcoin Core* la «implementación de referencia», y la he llamado así durante años, y eso implica que habrá otras implementaciones del protocolo Bitcoin».[10]

No es difícil entender por qué tener múltiples implementaciones es una buena idea. Además de detectar errores que un equipo podría pasar por alto, tener múltiples implementaciones es la forma más directa de evitar el secuestro por parte de desarrolladores. Para un proyecto que supuestamente trata de la descentralización del poder, sería un fallo crítico permitir que un solo grupo controlara el desarrollo del *software* para toda la red. Continúa Andresen:

> «Cuando pensamos en gobernanza, tenemos que pensar en la gobernanza de "cómo evolucionará el protocolo" como algo separado de "cómo

[10] Epicenter Podcast, "EB94 - Gavin Andresen: On The Blocksize And Bitcoin's Governance", *YouTube*, 31 de agosto de 2015, https://www.youtube. com/watch?v=B8l11q9hsJM

evolucionará y se gobernará *Bitcoin Core*, el código de implementación de referencia". Creo que hay dos procesos de gobernanza separados, [pero], debido a que empezamos con este código fuente que definía el protocolo, y era todo lo que se ejecutaba, no existe esa separación en la cabeza de mucha gente.

Pero creo que es realmente importante pensar en el protocolo por separado de este código fuente... Llevo tiempo diciendo que quiero llegar a un punto en el que haya múltiples implementaciones sólidas».[11]

Mike Hearn compartía este punto de vista y pensaba que era esencial para tener una descentralización real. A primera vista, podría parecer que el deseo de Hearn de que una sola persona como Satoshi tome las decisiones finales sobre el *software* está reñido con la capacidad de mantener un proyecto descentralizado, pero él explica por qué estas dos ideas son compatibles:

Entrevistador: Si asumimos que *Bitcoin Core* sigue teniendo esta [influencia] determinando las reglas, entonces encuentro el argumento un poco extraño de que esas cinco personas puedan ponerse de acuerdo, "Bueno vamos a darle todo el poder a una sola persona". Quiero decir, eso puede estar bien siempre y cuando Gavin esté allí y sea un tipo racional, pero eso realmente parece estar en conflicto con toda la idea de un sistema descentralizado...

Mike Hearn: En absoluto. La descentralización de Bitcoin no viene del hecho de que haya alrededor de cinco tipos en lugar de tres o dos, ¿verdad? O incluso en lugar de uno. [Con] una a cinco personas, también podrías decir: "El banco central tiene un comité que establece la política monetaria, así que el dólar está descentralizado". No tiene ningún sentido ver el sistema de esa manera.

La descentralización en Bitcoin proviene del hecho de que todo el mundo puede auditar la *blockchain* y comprobar las reglas por sí mismo. Viene

---

[11]   Ibid.

del hecho de que existe un mercado competitivo de implementaciones y, en última instancia, del hecho de que la gente puede cambiar a otras implementaciones y bifurcar la *blockchain* si así lo desean.[12]

Con el tiempo, surgieron otras implementaciones en BTC. Una vez que quedó claro que los desarrolladores de Core se negaban a aumentar el límite de tamaño de bloque, la industria intentó cambiar a otras implementaciones, en múltiples ocasiones. Pero en cada ocasión, se atacaron estas alternativas, así como las empresas que las apoyaban. Se utilizó de todo, desde ataques de denegación de servicio a falsas reseñas de aplicaciones, censura masiva y campañas de desprestigio en las redes sociales, para disuadir a la gente de utilizar alternativas a *Bitcoin Core*, razón por la cual su *software* es ejecutado por aproximadamente el 99% de los nodos en BTC hoy en día y las personas que quieren grandes bloques utilizan monedas alternativas como *Bitcoin Cash*. El fracaso en descentralizar el desarrollo de *software* resultó en un proyecto totalmente dominado por un único grupo que mantiene un único repositorio de código en *GitHub*.

Ahora que se comprenden los cambios en el diseño de Bitcoin, junto con su estructura de desarrollo centralizada, la historia de Bitcoin puede reconstruirse con mayor claridad.

---

12 Epicenter Podcast, "EB82 - Mike Hearn - Blocksize Debate At The Breaking Point", *YouTube*, 8 de junio de 2015, https://youtu. be/8JmvkyQyD8w?t=3845

11.
Las cuatro eras

No habrá nunca una historia única y autorizada de Bitcoin, porque la historia es demasiado compleja para que una sola persona pueda ver toda la verdad. Puedo compartir mi propia perspectiva, recuerdos y experiencias personales, que sé que son similares a las de otros pioneros y empresarios que trabajaron con esta tecnología desde el principio. En mi opinión, Bitcoin ha pasado por cuatro épocas diferentes, cada una con su propia cultura, jerarquía de liderazgo, nivel de desarrollo de la industria y relación con el público en general. Estas eras se mezclan entre sí y no tienen fechas precisas de inicio o final, pero siguen siendo una herramienta útil para reconstruir la historia y comprender mejor el momento actual.

Epoca	Primero	Segundo	Tercero	Cuarto
Cultura	Técnicos y libertarios	Centrada en el crecimiento	Guerra civil	Centrada en el precio
Jerarquía de liderazgo	Satoshi Nakamoto	Gavin Andresen	Disputado	Núcleo de bitcoin
Desarrollo industrial	No existe	Joven	Creciente	Corriente principal
Conciencia pública	Desconocido	Escéptico	Promocinado	Corriente principal

1) La Primera Era. La oscuridad
de ~2009 a ~2011

La primera era estuvo marcada por la oscuridad. Con toda la cobertura informativa y el bombo que se le da hoy en día, puede resultar difícil creer que Bitcoin fue prácticamente desconocido durante años. La comunidad al completo existía en unos pocos foros *online*, listas de correo de criptografía y círculos libertarianos especializados. Tuvieron que pasar varios años antes de que la opinión pública le prestara atención. Al principio, ni siquiera estaba claro que Bitcoin fuera a funcionar, y mucho menos que fuera a convertirse en una sensación internacional. Incluso los pioneros originales lo veían como una tecnología con un futuro incierto. Gavin Andresen lo advirtió en su blog en 2012:

DESCARGO DE RESPONSABILIDAD: Llevo diciendo esto desde hace un par de años, pero sigue siendo cierto en su mayor parte: Bitcoin es un experimento, ¡solo invierta en él el tiempo o dinero que pueda permitirse perder![1]

Mi experiencia con la primera era comenzó a finales de 2010, cuando oí hablar por primera vez de Bitcoin en el programa de radio *Free Talk Live*. La tecnología sonaba demasiado buena para ser verdadera: dinero digital rápido y barato que no era emitido por un banco central ni estaba controlado por fuerzas políticas. Sabía que si funcionaba como se anunciaba, podría marcar el comienzo de una nueva era de prosperidad y libertad mundial. Así que tenía que averiguar más. Los diez días siguientes fueron intensos y dediqué todo mi tiempo libre a aprender sobre Bitcoin. Busqué en Internet cualquier información nueva: artículos, entradas de blogs, conversaciones en foros, cualquier cosa que hablara de la nueva tecnología. Las noches se me hacían más largas y, con el tiempo, mis horas de sueño se convertían en siestas cortas. Me despertaba e inmediatamente seguía investigando.

---

[1] Gavin Andresen, "Is Store of Value enough?", GAVINTHINK, 11 de julio de 2012, https://gavinthink.blogspot.com/2012/07/is-store-of-value-enough.html

Mi entusiasmo me trajo problemas. Aunque a mi mente le encantaba aprender sobre Bitcoin, a mi cuerpo no. No estaba comiendo lo suficiente ni durmiendo lo bastante, y ese molesto rasguño en la garganta seguía empeorando. Después de diez días así, mi salud se deterioró hasta el punto de que no podía ignorarlo. Estaba completamente agotado y ni siquiera podía conducir hasta donde estaba el médico. Así que llamé a mi amigo Kevin y él me llevó al hospital. Los médicos están familiarizados con los casos de borrachera, ¡pero puede que yo sea la primera persona ingresada en un hospital por una borrachera de lectura! Me dijeron que tenía que calmarme y dormir. Me dieron un sedante y, después de dormir casi veinte horas seguidas, me sentí mucho mejor. Salí al día siguiente y decidí reanudar mis investigaciones (a un ritmo algo más lento, por supuesto). Ese fue el comienzo de mi viaje con Bitcoin.

Mientras que los primeros pioneros tuvieron cuidado de no ser demasiado optimistas sobre la nueva tecnología, yo no fui tan cuidadoso. Pensaba que Bitcoin iba a cambiar el mundo y estaba convencido de que mejoraría la vida de miles de millones de personas. Sabía que tenía que comprar algo del mismo, ya que un invento tan valioso tenía prácticamente garantizado el aumento de su precio. Pero en aquella época era difícil comprar. El Bitcoin era casi desconocido, y solo unos pocos entusiastas comerciaban con monedas en sitios web oscuros.

El primer gran mercado de Bitcoin era en realidad un sitio web reutilizado que se creó originalmente para intercambiar cartas de *Magic: The Gathering*. En comparación con los *exchanges* de criptomonedas modernas, la experiencia del usuario no era precisamente fluida. Para comprar mis primeros Bitcoins, no podía utilizar *PayPal*, un depósito ACH o una tarjeta de crédito. Tuve que enviar una transferencia directamente a la cuenta bancaria personal de Jed McCaleb, el propietario del sitio web. Afortunadamente, lo conseguí y adquirí mis primeros Bitcoin por menos de un dólar cada uno.

En aquel momento, no podía utilizar realmente mi Bitcoin, ya que nadie lo aceptaba como pago. Así que decidí que mi empresa *MemoryDealers.com* sería la primera. Vendíamos piezas de ordenador por Internet y, que yo sepa, fuimos el primer minorista en aceptar Bitcoins como forma de pago. Sabía, gracias a mi experiencia en comercio electrónico, que había una gran demanda de moneda *online* que pudiera utilizarse en cualquier lugar con comisiones mínimas y que, cuanto más se utilizara Bitcoin en el comercio, más valioso sería y más libertad aportaría al mundo.

Vender nuestros productos a cambio de Bitcoin resultó ser una buena decisión, porque los Bitcoiners de todo el mundo estaban ansiosos por gastar su nueva moneda digital. No solo aumentaron nuestras ventas, sino que también fue una forma estupenda de acumular más bitcoin. En lugar de enviar transferencias bancarias personales, simplemente vendía productos *online* a cambio de bitcoin. Poco después, pusimos un cartel ahora famoso en Silicon Valley anunciando con orgullo que *Aceptamos Bitcoin*. Estoy seguro de que el 99,9% de las personas que lo vieron nunca habían oído hablar de Bitcoin, pero esa era la cuestión.

Figura 4: Nuestra valla publicitaria declarando «Aceptamos Bitcoin».

Durante la mayor parte de la primera era, Satoshi proporcionó el principal liderazgo ideológico y tecnológico. En los primeros foros, recibió muchas preguntas sobre el diseño de Bitcoin, especialmente sobre el escalado, y dio respuestas convincentes que enmarcaron la visión que atrajo a tanta gente al proyecto.

2) La Segunda Era. Crecimiento y optimismo
de ~2011 a ~2014

La segunda era estuvo definida por el crecimiento de una industria totalmente nueva y el optimismo contagioso de toda la comunidad Bitcoin. Se estaban construyendo los cimientos de un nuevo sistema financiero y yo pude poner algunos de los ladrillos. Fue uno de los momentos más emocionantes de mi vida. Los Bitcoiners éramos un grupo pequeño, pero teníamos algo especial. No solo se podía ganar dinero, sino que todos sabíamos que había una gran oportunidad de cambiar el mundo en una dirección positiva.

En aquel momento no existía una verdadera infraestructura comercial; partíamos de cero. Necesitábamos más comerciantes que aceptaran Bitcoin, más intercambios para comerciar con él y herramientas más sencillas para su uso. Necesitábamos que se crearan nuevas empresas, pero en 2011 el sector de capitales de riesgo aún no había descubierto Bitcoin. Así que acabé siendo el primer inversor del mundo en *startups* de Bitcoin. El mercado era tan joven que casi cualquier inversión exitosa beneficiaba a todo el mundo, especialmente si abordaba los problemas básicos a los que todos nos enfrentábamos. Por ejemplo, la volatilidad de los precios era un problema palpable que hacía que los comerciantes dudaran en aceptar Bitcoin como medio de pago. Así que aproveché la oportunidad para proporcionar financiación inicial a *BitPay*, una empresa emergente que permitía a los comerciantes aceptar Bitcoin y convertirlo inmediatamente en dinero fiduciario, eliminando el riesgo de volatilidad. Su servicio resultó crucial para conseguir la adopción generalizada, y desde entonces *BitPay* se ha convertido en una de las empresas más importantes de todo el mundo de las criptodivisas.

Otras inversiones tempranas se realizaron en empresas como *Blockchain. info*, que permitía a los usuarios gastar y recibir Bitcoin sin descargar ningún *software*, gracias a la creación de un monedero *online*, accesible con un navegador web. *Kraken, BitInstant* y *Shapeshift* facilitaron enormemente al público la adquisición de Bitcoin, mientras que *Purse.io* les permitía gastar sus monedas en *Amazon*. Aunque mi apodo de *Bitcoin Jesus* se ha mantenido, me gusta pensar que mi papel en la historia de Bitcoin está más cerca de ser *Bitcoin Johnny Appleseed* [2], por ayudar a sembrar muchas de las primeras empresas con financiación.

Quizá el problema más divertido de resolver de esa época fue la simple falta de conocimiento sobre Bitcoin. Allá donde viajaba, preguntaba a la gente si lo aceptaban. La mayoría, por supuesto, no tenía ni idea de lo que estaba hablando. Así que se lo propuse. Intentaba persuadir a todos los empresarios para que aceptaran la moneda del futuro y disfrutaran de los beneficios de un aumento de popularidad. Si anunciaban que aceptaban Bitcoin *online*, recibirían inmediatamente una oleada de nuevos clientes que querrían gastar sus monedas. Los primeros Bitcoiners, a menudo, estaban ansiosos por gastar su nueva moneda en el comercio, ya que todos sabíamos que si Bitcoin tenía éxito como nueva forma de dinero, todos tendríamos éxito. Si una empresa conocida empezaba a aceptarlo, la comunidad lo celebraba como si nuestro equipo acabara de ganar la Copa del Mundo. Hoy en día, si una gran empresa anuncia que acepta criptodivisas como forma de pago, apenas es noticia. Pero por aquel entonces, Bitcoin luchaba por conseguir credibilidad, ya que su reputación pública oscilaba entre «oscura novedad para empollones y moneda para delincuentes». Así que era un verdadero motivo de celebración —y un hito importante para el sector— cuando gigantes como *Newegg* o *Microsoft* se decidían a aceptarlo.

En general, la comunidad estaba en armonía y unificada en torno a la misma visión de Bitcoin como dinero digital, creado para transacciones de bajo coste, accesible a cualquiera con conexión a Internet y capaz de escalar

---

[2] Juanito Manzanas. Personaje real estadounidense, convertido en héroe folclórico en su país, por su altruismo, que le llevó a sembrar manzanos por doquier. (*N. del T.*)

hasta alcanzar una adopción masiva. Gavin Andresen era el programador jefe y Mike Hearn se convirtió en un influyente líder técnico: ambos compartían la misma visión. Si hubieras visitado uno de los muchos grupos de encuentro de Bitcoin en todo el mundo, habrías escuchado la misma historia de todos ellos. Si hablaras con los empresarios más influyentes, habrías oído lo mismo. Pero, a pesar de la amplia unificación de la industria, empezaron a surgir facciones entre los desarrolladores, con una pequeña minoría que quería llevar a Bitcoin en una dirección diferente.

3) La Tercera Era. Guerra Civil,
de ~2014 a ~2017

La época más importante en la historia de Bitcoin fue la Guerra Civil. De hecho, toda la industria de la criptomoneda actual sigue estando definida por los acontecimientos que tuvieron lugar entre 2014 y 2017. Esta era fue la más fea de todas, llena de ataques personales, censura masiva, propaganda, ingeniería de medios sociales, conferencias fallidas, promesas rotas y, finalmente, el fracaso de la red y la división en forma de *Bitcoin Cash*. Poco después de que Andresen nombrara a Van der Laan mantenedor jefe de *Bitcoin Core*, las facciones internas se volvieron más partidistas y hostiles entre ellas, y el debate sobre el tamaño de los bloques se volvió una cuestión nuclear. Varios desarrolladores clave del Core formaron su propia compañía, llamada *Blockstream*, que ha sido, con diferencia, la compañía más influyente de las involucradas en el desarrollo del *software* de Bitcoin y juega un papel central en su secuestro. Si hubiera visitado las empresas más importantes durante ese tiempo, habrías escuchado críticas casi universales contra los desarrolladores del Core, por frenar el crecimiento de Bitcoin y perjudicar su utilidad. Varios desarrolladores prominentes incluso advirtieron públicamente de que BTC estaba siendo secuestrado mientras todo eso ocurría.

Durante este tiempo, la industria intentó desesperadamente el mantener unida a la comunidad y escalar la tecnología, con múltiples intentos de eludir a los desarrolladores del Core, pero tales intentos acabaron por resultar infructuosos. Se organizaron varias conferencias para intentar acordar una solución. En 2016, Brian Armstrong asistió a una de estas conferencias y escribió un artículo sobre sus impresiones al respecto:

«Creo que los organizadores de la conferencia esperaban llegar a algún tipo de consenso, pero al final quedó claro que la división era demasiado grande. Al principio, las conversaciones se centraron en varios compromisos, para dar una patada a la pelota de la escalabilidad. Pero, a medida que avanzaban las conversaciones, cada vez me preocupaba menos la solución a corto plazo que eligiéramos, porque me di cuenta de que todos teníamos un problema mucho mayor: el riesgo sistémico para bitcoin si *Bitcoin Core* era el único equipo que trabajaba en bitcoin.

El equipo principal está formado por personas con un alto nivel intelectual, pero hay algunas cosas que me parecen muy preocupantes sobre ellos, como equipo, después de haber pasado algún tiempo con ellos el fin de semana pasado... Prefieren «soluciones perfectas a suficientemente buenas». Y, si no existe una solución perfecta, parecen estar de acuerdo en no hacer nada, incluso si eso pone Bitcoin en riesgo. Parecen estar firmemente convencidos de que Bitcoin no podrá escalar a largo plazo y que cualquier aumento del tamaño de los bloques es una pendiente resbaladiza hacia un futuro que no están dispuestos a aceptar.

Aunque el Core dice que está de acuerdo con un *hard fork* a 2MB, se niegan a darle prioridad... Se ven a sí mismos como los planificadores centrales de la red, y protectores de la gente. Parecen estar de acuerdo con ver fracasar a Bitcoin, siempre y cuando no se vean comprometidos sus principios... En mi opinión, quizás el mayor riesgo de bitcoin ahora mismo es, irónicamente, una de las cosas que más le ha ayudado en el pasado: los desarrolladores del Core de Bitcoin».[3]

El criterio de Armstong era compartido por la gran mayoría de los

---

[3] "What Happened At The Satoshi Roundtable", Coinbase, 4 de marzo de 2016, https://blog.coinbase.com/what-happened-at-the-satoshiroundtable-6c11a10d8cdf

grandes agentes económicos de la época, incluidos los mineros. Recuerdo haber asistido a una de estas conferencias y haber suplicado a los mayores mineros que aumentaran el límite de tamaño de los bloques. Estaban totalmente de acuerdo en que había que aumentarlo pero, como querían evitar la polémica, al final se aferraron a Core. Muchos de ellos se han convertido desde entonces en grandes partidarios de *Bitcoin Cash*.

Durante este periodo de división extrema, el público, en general, permaneció en su mayor parte ignorante de todo el asunto y, a finales de 2017, otra enorme oleada de inversiones hizo que los precios se dispararan en medio del caos. Un BTC llegó a alcanzar los 20.000 dólares, mientras que la comisión media por transacción se disparó a más de 50 dólares y el tiempo medio de confirmación de las transacciones superó las dos semanas. Por primera vez en la historia de Bitcoin, se produjo una antiadopción, ya que varias empresas abandonaron ese soporte, debido a las altas comisiones y los pagos poco fiables, y la narrativa rápidamente comenzó a cambiar, a presentar al Bitcoin como un «simple depósito de valor» que no requería comisiones bajas. En lugar de ser una herramienta para la gente corriente —especialmente útil para quienes viven en países en vías de desarrollo, con monedas inestables—, la atención se centró en atraer a los banqueros centrales y animar a Wall Street a especular. Samson Mow, ejecutivo de *Blockstream*, captó este sentimiento al declarar rotundamente que «Bitcoin no es para gente que vive con menos de 2 dólares al día».[4]

4) La Cuarta Era. *Mainstream.*
Desde ~2018 hasta la actualidad

La cuarta era comenzó durante la primera carrera hacia los 20.000 dólares, cuando las noticias empezaron a cubrir Bitcoin sin parar. La exageración fue tan extrema que recuerdo ver un símbolo de teletipo en la esquina de las emisiones de la CNBC que seguía el precio, incluso durante segmentos

---

[4] Samson Mow (@Excellion), *Twitter*, 6 de octubre de 2016, https://twitter.com/Excellion/status/783994642463326208

o anuncios no relacionados, como si la noticia financiera más importante del mundo fuera el precio de un BTC. Después de casi una década, por fin se desveló el secreto. Bitcoin se convirtió en la corriente dominante. Otras criptomonedas también disfrutaban de la febril especulación de Wall Street. Un nuevo modelo de recaudación de fondos permitió a una oleada de nuevas empresas recaudar millones a través de ICO (*Initial Coin Offerings*), algunas con modelos de negocio plausibles, pero muchas carentes de ellos.

La nueva narrativa empezó a cuajar con libros como *The Bitcoin Standard*, que, a pesar de cometer errores garrafales en varios conceptos críticos, han gozado de una gran popularidad. Las mismas ideas se han repetido uniformemente en todos los canales de debate más importantes, convirtiendo la filosofía de los bloques pequeños en la única perspectiva que los recién llegados encuentran cuando aprenden algo sobre Bitcoin. La visión original de grandes bloques y acceso universal a la *blockchain* fue demonizada con éxito y su historia se vio enturbiada.

La cultura se centra obsesivamente en el precio del BTC, sin tener en cuenta su utilidad o uso subyacente. Cualquier acontecimiento, por significativo que sea, se juzga en función de su efecto potencial sobre el precio, en lugar de su potencial para mejorar la libertad o el bienestar humanos. Por ejemplo, cuando el gobierno de El Salvador anunció que BTC se iba a convertir en una moneda oficial, casi no se mencionó el hecho de que su gobierno estaba estableciendo monederos de custodia puros para sus ciudadanos, lo que significa que el gobierno podrá rastrear y censurar las transacciones realizadas a través de su aplicación, congelar cuentas o confiscar fácilmente las monedas si así lo decide. La integración estatal es estupenda desde el punto de vista de la revalorización de los precios y el bombo publicitario, pero no está claro si el ciudadano medio de El Salvador se beneficiará de todo esto en alguna medida.

Un punto brillante de la era actual es la enorme amplitud de proyectos que existen en la industria de las criptomonedas. Inversores de todo el mundo reconocen que esta tecnología es el futuro de las finanzas. Por fin se ha resuelto el problema de la credibilidad. Aunque BTC ya no sea un proyecto descentralizado, la industria está descentralizada, y la gente puede elegir entre muchas opciones que compiten entre sí. No importa qué proyectos se vean comprometidos en el futuro, mientras siga existiendo la libertad de elegir, el mercado resolverá qué monedas son las mejores para utilizar.

A pesar de la fama universal de Bitcoin, la Era *Mainstream* tiene un problema similar al de 2011: sigue habiendo un grave problema de concienciación. El público en general conoce BTC, pero sigue sin ser consciente del diseño original y de lo que es posible hacer con Bitcoin. Me encuentro de nuevo evangelizando en pro la misma tecnología que me entusiasmó hace más de diez años. Excepto que, esta vez, el problema no es una completa falta de información, sino más bien una abrumadora cantidad de mala información. En medio de todo el bombo y platillo y el apoyo de los famosos, los conceptos básicos siguen sin entenderse.

El resto de la parte II se centra principalmente en el periodo de tiempo en el que se produjeron las mayores transformaciones de Bitcoin: la Guerra Civil, que duró aproximadamente de 2014 a 2017.

12.
Señales de aviso

Habría sido ingenuo pensar que un proyecto tan transformador como Bitcoin iba a pasar desapercibido para siempre. Los poderes financieros internacionales, ya sean públicos o privados, tienen mucho que perder si las criptomonedas triunfan y quedan al margen de su influencia. A pesar del optimismo y la unidad de la comunidad Bitcoin durante los primeros días, desde el principio hubo indicios de que las cosas no eran idílicas ni estaban libres de trastornos internos. Recuerdo que, ya en 2011, cuando el precio se disparó hasta los 30 dólares, el principal foro de debate, *Bitcointalk.org*, se inundó de *spam*, con *bots* que de repente publicaban hilos interminables de sandeces, lo que hacía imposible utilizar dicho foro para comunicarse. Alguien estaba prestando atención y quería interrumpir los flujos de información, aunque no está claro quién fue.

Animación, Información, Manipulación

Quizá la primera señal innegable de problemas llegó en mayo de 2013. El debate sobre el tamaño de los bloques ya había comenzado, pero incluso los desarrolladores más conservadores estaban de acuerdo en que había que aumentar el límite de 1MB. La cuestión era cuándo y a qué nivel. Se propusieron varios planes. Algunos querían un aumento gradual a 2, a 4 y luego a 8MB. Otros proponían un límite de tamaño de bloque variable que se ajustara automáticamente en función del tamaño medio de los bloques recientes, y otros querían eliminar el límite por completo. Pero nadie pensó que un límite máximo de siete transacciones por segundo fuera una buena idea. No hasta que el desarrollador Peter Todd publicó un vídeo animado titulado *Why the blocksize limit keeps Bitcoin free and decentralized* (Por qué el límite de tamaño de bloque mantiene Bitcoin libre y descentralizado).

Considero que la animación de Peter Todd es el primer ejemplo de propaganda descarada y bien financiada. Es tan escandalosa que resulta difícil creer que se haya creado a partir de una mera diferencia filosófica. El narrador explica cómo, en nombre de la descentralización, Bitcoin debería limitarse a bloques de 1MB para siempre:

«Tenemos una alternativa al aumento del tamaño del bloque: las transacciones fuera de la cadena... seguirás utilizando la *blockchain* para las grandes transacciones, pero los pequeños intercambios serán gestionados por procesadores de pagos, lo que significa que las pequeñas compras, como tu café matutino, no atascarán todo el sistema...

A diferencia de una *blockchain* completamente pública en la que no puedes elegir quién mina tus transacciones, o en quién confías para hacer la validación, las transacciones *offchain* pueden ser a la vez instantáneas, verdaderamente privadas, y tienes control total sobre en quién confiar.

¿Qué puedes hacer para mantener el Bitcoin descentralizado? Si eres un minero, limítate a minar en *pools* que apoyen mantener el límite de tamaño de bloque, y pide a tu *pool* que lo diga públicamente. Si eres un usuario, ignora a cualquiera que intente cambiar el *software* Bitcoin que utilizas para aumentar el tamaño de bloque de 1MB, y dile a la gente con la que realizas transacciones que apoyas mantener Bitcoin descentralizado y fuera de las manos del sistema corporativo existente».[1]

Lo absurdo de esta propuesta en ese momento no puede exagerarse. Si bien suena como algo que se podría escuchar hoy en día, se consideró

---

[1] Keep Bitcoin Free!, "Why the blocksize limit keeps Bitcoin free and decentralized", *YouTube*, 17 de mayo de 2013, https://www.youtube.com/ watch?v=cZp7UGgBROI

ridículo en 2013, incluso por parte de defensores de los pequeños bloques como Greg Maxwell, que escribió:

«Me estremezco un poco ante la simplificación excesiva del vídeo... y me preocupa un poco que en un par de años esté claro que 2MB o 10MB o lo que sea resulta totalmente seguro, en relación a lo que está causando estas preocupaciones y tal vez incluso los dispositivos móviles con Tor[2] podrían ser nodos completos con bloques de 10MB, en la Internet de 2023, y para entonces puede haber un montón de volumen de transacciones, para mantener las tasas lo suficientemente altas como para apoyar la seguridad. Y tal vez algunas personas estarán promoviendo de manera dogmática un límite de 1MB porque, tras ver el vídeo, se han quedado con la idea de que 1MB es un número mágico, en lugar del conservador *trade-off* que tenemos hoy en día.[3]

Otros Bitcoiners expresaron su enfado y desprecio, en los foros de Internet, ante esa animación. No solo se ridiculizó el contenido del vídeo, sino que el inquietante hecho de que procediera de una persona con información privilegiada —el influyente desarrollador Peter Todd— también levantó ampollas. Los sentimientos de la comunidad Bitcoin quedaron claros en la sección de comentarios del vídeo:

«Espero que estos imbéciles no arruinen Bitcoin convenciendo a la gente de mantener el tamaño de bloque pequeño. ¿Qué mejor manera de asegurarse de que bitcoin siga siendo un medio transaccional minúsculo e irrelevante?...».

---

[2] Tor. Navegador diseñado para proteger a los usuarios, impidiendo que se les rastree y se conozca su historial de navegación. (*N. del T.*)

[3] Gmaxwell, "Re: New video: Why the blocksize limit keeps Bitcoin free and decentralized", *Bitcoin Forum*, 17 de mayo de 2013, https://bitcointalk.org/ index. php?topic=208200.msg2182597#msg2182597

«Pasó de la información a la desinformación en el minuto 0:55, al ridículo total en el minuto 1:28, y directamente a Orwell en el minuto 2:28».

«Este vídeo es propaganda peligrosa y bazofia de marketing. Te están engañando, ¡despierta!».

«¡¿Qué mierda de mentira es esta!? Está bien hasta el minuto 0:45. El resto describe una red Bitcoin que va en contra de las capacidades de escalado que Satoshi describió, por lo que mantener este límite rompería ese contrato social con los usuarios».

Para entender el vitriolo dirigido a los creadores de este vídeo, merece la pena diseccionar el guion un poco más, para ver cómo defendía exactamente lo contrario de todo lo que representaba Bitcoin. Consideremos esta sección:

Tenemos una alternativa al aumento del tamaño del bloque: las transacciones fuera de la cadena... seguirás utilizando la *blockchain* para las grandes transacciones, pero los pequeños intercambios serán gestionados por procesadores de pagos, lo que significa que las pequeñas compras, como tu café de la mañana, no atascarán todo el sistema...

En otras palabras, la alternativa a usar Bitcoin es no usar Bitcoin. Depender de terceros para gestionar pequeños pagos es antitético a la idea del efectivo digital. Las compras pequeñas no «atascan» el sistema; el sistema fue creado para ellas. Restringir las transacciones en la cadena a grandes cantidades es restringir Bitcoin a los usuarios ricos. La gente normal no puede permitirse pagar 5 dólares adicionales por cada transacción en efectivo, mucho menos 50 o más de 500 dólares, y la mayoría de los países del mundo carecen de la infraestructura necesaria para procesar pagos en criptodivisas.

También es más probable que las grandes transacciones sean controladas y reguladas por las autoridades financieras, especialmente cuando la gente se ve obligada a utilizar monederos custodiados. La *blockchain* no ofrecería ninguna mejora significativa sobre los sistemas ya existentes, ya que la mayoría de la gente no va a comprar un coche, una casa o cobrar parte de su jubilación sin la supervisión del gobierno. Si Bitcoin no puede utilizarse como dinero en efectivo, la mayor parte del mundo no lo utilizará en absoluto. El guion continúa:

«A diferencia de una *blockchain* completamente pública, en la que no puedes elegir quién mina tus transacciones, o en quién confías para hacer la validación, las transacciones *offchain* pueden ser a la vez instantáneas, verdaderamente privadas, y tienes control total sobre en quién confiar».

Hay que reconocer su mérito a los creadores por producir una pieza de propaganda realmente impresionante. Crean un problema a partir de un no-problema, y luego ofrecen su novedosa solución, que es no usar Bitcoin en primer lugar. Al 99,9% de los usuarios no les importa quién mina o valida sus transacciones. Mientras sus transacciones se pongan en un bloque, eso es lo que importa. Y recuerda que los propios usuarios pueden validar sus transacciones sin ser un nodo completo; solo que no pueden validar las transacciones de otras personas. Afirmar que las transacciones fuera de la cadena son realmente privadas también es falso. En la práctica, las dos soluciones fuera de la cadena implementadas actualmente —la *Lightning Network* y las supuestas *sidechains*— están fuertemente centralizadas para los usuarios normales. Los fallos de ambas tecnologías se analizan más adelante.

El hábil y engañoso vídeo de Peter Todd marcó un hito en la historia de Bitcoin, y no fue lo único que hizo en 2013 que levantó sospechas.

¿Transacciones instantáneas? Demasiado arriesgado

El dinero digital necesita transacciones instantáneas. No es realista imaginar que una criptomoneda de éxito se utilice como dinero en efectivo si sus transacciones tardan más de unos segundos en procesarse. Gracias a su diseño, Bitcoin permitía transacciones instantáneas desde el principio, y yo las utilizaba cada día en mi negocio y cuando evangelizaba sobre Bitcoin. Pero, a pesar de la evidente importancia de esta característica, algunos desarrolladores del Core decidieron que las transacciones instantáneas eran «demasiado arriesgadas» y rompieron intencionadamente la funcionalidad de Bitcoin para desalentar de usarlas.

Como se explica en el capítulo 2, los mineros agrupan las transacciones de Bitcoin en bloques. Cada bloque se basa en el anterior, añadiendo más seguridad con cada bloque adicional. Imagine que una transacción acaba de ser añadida a un bloque; llamaremos al primer bloque «Bloque 1». En ese momento, diríamos que la transacción tiene «una confirmación». Cuando se produce el Bloque 2, se añade a la seguridad de todas las transacciones del Bloque 1, y diríamos que nuestra transacción original tiene ahora «dos confirmaciones». Lo mismo ocurre con los Bloques 3, 4, 5, etc. Tradicionalmente, para tener transacciones extremadamente seguras, la regla general es esperar hasta que se hayan creado seis bloques, o seis confirmaciones, lo que lleva, como media, una hora.

¿Qué ocurre con las transacciones que se han creado pero aún no se han añadido a un bloque? Se denominan transacciones de «confirmación cero». Las transacciones de confirmación cero solo tardan unos segundos en enviarse y recibirse, aunque son intrínsecamente menos seguras. La seguridad menos que perfecta no es un concepto difícil de entender, ni una idea única para ningún empresario, pero parece que algunos desarrolladores consideraron que resultaba inaceptable.

Supongamos que queremos jugar con el sistema aprovechándonos de las transacciones de confianza cero. Imaginemos que tenemos 200 dólares en BTC. Hay dos tiendas delante de nosotros, la de Alice y la de Bob, y queremos estafar a una de ellas. Así que entramos en la tienda de Alice, compramos productos por valor de 150 dólares y pagamos 40 dólares por la transacción. Nuestra transacción se ve en la red, pero aún no se ha añadido a un bloque. Entonces, entramos inmediatamente en la tienda de Bob y gastamos los mismos 150 dólares en BTC. Dado que las mismas monedas intentan gastarse dos veces —un «doble gasto»—, ambas transacciones no pueden añadirse a un bloque. Solo una se aceptará e incluirá en la cadena de bloques, lo que significa que Alice o Bob sufrirán una estafa de 150 dólares. De la forma en que Bitcoin está diseñado, esto es teóricamente posible y, de manera ocasional, se producen dobles gastos. ¿Significa esto que el sistema está quebrado? Por supuesto que no.

La solución simple y elegante ha formado parte del diseño de Bitcoin desde el principio. Se llama la regla del *first-seen ruler* (el primero en verse). Los mineros y los nodos mantienen una lista de transacciones de conflicto cero que esperan ser añadidas a un bloque. La regla del *first-seen ruler* dice que, cuando hay dos transacciones en conflicto, gana la que se haya visto primero. Así, en nuestro ejemplo anterior, después de enviar los 150$ a Alice, la red Bitcoin ya sabría de esta transacción y simplemente rechazaría el intento de doble gasto con Bob.

La primera regla no era obligatoria ni se aplicaba a nivel de protocolo. Era una política sencilla y sensata que mineros y nodos debían cumplir, ya que permitía transacciones instantáneas. Sin embargo, también permitía elaborar esquemas teóricos para estafar a los comerciantes; por ejemplo, colaborando con mineros corruptos. A pesar de que existen incentivos sociales y económicos que desalientan esta corrupción, y a pesar de la capacidad de los empresarios para gestionar estos riesgos como ya hacen con otros métodos de pago, algunos desarrolladores pensaron que cualquier inseguridad teórica era un fallo de diseño que debía corregirse a nivel de código. Así que se les ocurrió la idea de un «botón de deshacer».

El botón Deshacer

En lugar de la regla del *first-seen ruler*, Peter Todd propuso el parche *replace-by-fee* (RBF), según el cual, cuando se ven dos transacciones en conflicto, gana la que tiene la comisión más alta. Así, después de enviar a Alice la transacción de 150 dólares con una comisión de 40 dólares, podríamos entrar en la tienda de Bob, gastar los mismos 150 dólares con una comisión de 50 dólares, y la red aceptaría la segunda transacción como válida. Una política de este tipo facilita el doble gasto, rompiendo de hecho la fiabilidad de conflicto cero, lo cual era el objetivo explícito de Todd. En los foros *online*, Peter Todd publicó un hilo titulado *Recordatorio: conflicto cero no es seguro; se ofrece una recompensa de 1.000 dólares por un parche de sustitución por comisión*, en el que escribió:

> Alguien con el nombre de John Dillon envió un correo electrónico a la lista de correo electrónico de desarrollo de bitcoin a primera hora de esta mañana ofreciendo una recompensa de 500 dólares [más tarde aumentada a 1.000] a cualquiera que implemente un parche de sustitución de transacciones por tarifas. Es una idea que publiqué en la lista de correo electrónico hace dos días:
>
> En cualquier caso, la cuestión más apremiante... es cambiar las comisiones asociadas a las transacciones una vez emitidas...
>
> Cuanto más pienso en el tema, más creo que deberíamos cortar de raíz esta locura de *zero-conf* (confianza cero): cambiar las reglas de retransmisión para que las transacciones se sustituyan en función de las comisiones, independientemente de cómo eso cambie los resultados de las transacciones. Por supuesto, esto hace que gastar dos veces una transacción no confirmada sea algo trivial. Por otro lado... nos permite implementar un botón limitado de *deshacer* para cuando la gente mete la pata....
>
> Seguimos diciendo una y otra vez que dejemos de aceptar transacciones de confirmación cero, pero la gente lo hace de todos modos porque parece seguro. Es una situación muy peligrosa...
>
> Te guste o no, la confirmación cero es peligrosa cuando no confías en la otra parte. Escribí la idea anterior de sustituir por una comisión porque realmente creo que corremos un riesgo si dejamos que la gente se suma en la complacencia. La *blockchain* y el sistema de prueba de trabajo es la

forma en que Bitcoin llega a un consenso sobre qué transacciones son o no válidas; confiar en cualquier otra cosa resulta peligroso».[4]

Merece la pena repasar la lógica del argumento de Todd. Comienza con el supuesto problema de los usuarios que bloquean sus transacciones, que solo era un problema para las transacciones con comisiones extremadamente bajas o nulas. Aunque, irónicamente, las transacciones atascadas se convirtieron en un problema real cuando los bloques se llenaron y las comisiones se dispararon en 2017. Cuando las transacciones de los usuarios se atascaban, a veces durante días o incluso semanas, se utilizaba «RBF» para «desatascarlas». Así que con bloques pequeños, comisiones altas y transacciones poco fiables, RBF empieza a tener más sentido.

Entonces llega al verdadero punto: en su opinión, las transacciones de confirmación cero no son lo suficientemente seguras, y los usuarios desinformados no se dan cuenta de ello. Así que, para evitar que la gente se encariñe con las transacciones *zero-conf* (confianza cero), RBF rompería su funcionalidad de una vez por todas, porque, en sus palabras, si los mineros decidieran implementar algo como RBF, *zero-conf* se rompería de todos modos. En otras palabras, los desarrolladores a nivel de *software* tenían que romper con la funcionalidad de pago instantáneo de Bitcoin, para que los mineros no acabaran rompiéndola en el futuro. Desgraciadamente, no es una exageración de su postura. John Dillon, el misterioso financiador de este parche, explicó:

«No ofrezco esta recompensa porque piense que un botón de deshacer sea importante... El problema es que gente como... Mike Hearn estará más que feliz de fastidiar Bitcoin en un intento desesperado de detener el doble gasto, cuando este se convierta en un gran problema... Rompiendo la seguridad *zero-conf*, no habrá presión para implementar [su centralizada]

---

[4] Peter Todd, "Reminder: zero-conf is not safe; $1000USD reward posted for replace-by-fee patch", *Bitcoin Forum*, 18 de abril de 2013, https:// bitcointalk.org/index. php?topic=179612.0

mierda. Los más perjudicados serán empresas como *Satoshidice* y no deberían utilizar la *blockchain* como lo hacen».[5]

Y en 2015, cuando este debate aún no había concluido, el conocido programador Bram Cohen se mostró de acuerdo:

«Decir que *zeroconf* no funciona es una simplificación excesiva. *Zeroconf* funciona bien... por ahora. Pero si se usa a cualquier escala significativa [sic] surgirá inevitablemente una conspiración imparable para explotar a aquellos que confían en él. En lugar de esperar a que ocurra el desastre, el desarrollo de Bitcoin debería planificar el cese del soporte de *zeroconf* de una manera programada y ordenada, llevando a cabo el cambio antes de que la conspiración se produzca o se haga daño a la funcionalidad con la que el soporte de *zeroconf* entra en conflicto».[6]

Soluciones fuera de código

No debería sorprender que los desarrolladores de *software* intenten resolver problemas con *software*. Pero esta tendencia puede convertirse en miopía si no se controla, o como dijo Gavin Andresen, «Los ingenieros son muy buenos no viendo el bosque por culpa de los árboles. Se atascan en los detalles y pierden de vista el panorama general»[7]. El panorama general, en este contexto, está en el mundo que hay más allá del código de Bitcoin. Los empresarios llevan miles de años resolviendo problemas de seguridad en los pagos, utilizando una tecnología muy inferior a la de las criptomonedas. Justus Ranvier, un

---

[5] Peter Todd, "Reminder: zero-conf is not safe; $1000USD reward posted for replace-by-fee patch", *Bitcoin Forum*, 18 de abril de 2013, https:// bitcointalk.org/index.php?topic=179612.0

[6] Bram Cohen, "The inevitable demise of unconfirmed Bitcoin transactions", Medium, 2 de julio de 2015, https://bramcohen.medium.com/theinevitable-demise-of-unconfirmed-bitcoin-transactions-8b5f66a44a35

[7] Gavin Andresen, "A definition of "Bitcoin"", GAVIN ANDRESEN, 7 de febrero de 2017, http://gavinandresen.ninja/a-definition-of-bitcoin

ingeniero con experiencia en el mundo real, respondió a Peter Todd en el foro sobre RBF diciendo:

«En este contexto, la seguridad se trata inadecuadamente como un concepto binario. Existe toda una economía de consumo basada en tarjetas de crédito que, en términos bitcoin, tardan 90 días en confirmar las transacciones. En el mundo real se realizan transacciones por valor de miles de millones de dólares a través de métodos de pago que no son menos inseguros que las transacciones Bitcoin de *zeroconf*. Aceptar transacciones sin confirmación es una cuestión de gestión de riesgos y planificación empresarial, no una cuestión de *seguro* frente a *inseguro*».

Y también añade:

«Has pasado demasiado tiempo jugando a *Los Sims* y olvidas que tanto los comerciantes como los operadores de *pools* son seres sensibles e inteligentes en lugar de autómatas. Si merece la pena dedicar recursos a reducir o eliminar los riesgos del doble gasto, los comerciantes encontrarán la forma de hacerlo».[8]

De hecho, los procesadores de pagos de criptomonedas son muy conscientes de los riesgos del doble gasto y tienen varias opciones para gestionarlo. La opción más sencilla es que el procesador de pagos asuma el riesgo por su cliente a cambio de una comisión: un seguro de pago. O pueden exigir a los clientes que utilicen una aplicación de monedero concreta para pagar los productos, lo que dificulta la ejecución de un doble gasto. Sin RBF, realizar un doble gasto es difícil y no merece la pena para robar pequeñas cantidades, pero para grandes compras cabe esperar que los clientes tengan que esperar una o dos confirmaciones. De hecho, empresas como *SatoshiDice*, que ofrecían servicios de apuestas en Bitcoin, ya habían

---

[8] Etotheipi, "Re: Reminder: zero-conf is not safe; $1000USD reward posted for replace-by-fee patch", *Bitcoin Forum*, 09 de mayo de 2013, https:// bitcointalk.org/index. php?topic=179612.80

implementado un sistema que permitía transacciones instantáneas para pequeñas cantidades, pero las grandes requerían confirmaciones.

Las transacciones de *zero-conf* son especialmente importantes para los pagos en comercios físicos. Dado que solo un pequeño porcentaje de clientes intenta robar, en persona, en los comercios, algunos comerciantes podrían simplemente aceptar el riesgo de doble gasto. Las opciones tradicionales para mitigar el riesgo de fraude o robo siguen funcionando. Si ya disponen de sistemas de seguridad, por ejemplo, podrían obtener imágenes del delincuente. Estas son solo algunas ideas para resolver los problemas de seguridad de la *zero-conf*. Estoy seguro de que se habrían encontrado soluciones aún mejores si el doble gasto se convirtiera alguna vez en un problema real. Los mercados son excepcionalmente buenos a la hora de descubrir y gestionar riesgos.

La sustitución por comisiones llevó a muchas personas a manifestarse en contra de tal medida. Charlie Lee, que era el director de ingeniería de *Coinbase* dijo:

«*Coinbase* está totalmente de acuerdo con Mike Hearn. RBF es irracional y perjudicial para Bitcoin».[9]

Jeff Garzik, uno de los primeros desarrolladores de *Bitcoin Core*, está de acuerdo:

«Repitiendo declaraciones pasadas, se reconoce que la propuesta de Peter, sobre una política de «tierra quemada», con *replace-by-fee* tiene un nombre acertado, y resultaría profundamente antisocial en la red actual».[10]

Gavin Andresen dijo sin rodeos que:

«*replace-by-fee* es una mala idea».[11]

---

[9]   Mike Hearn, "Replace by fee: A counter argument", *Medium*, 28 de marzo de 2015, https://blog.plan99.net/replace-by-fee-43edd9a1dd6d

[10]   Ibid.

[11]   Ibid.

Incluso Adam Back, que más tarde desempeñó un papel importante en el descarrilamiento de Bitcoin, estuvo de acuerdo:

«Estoy de acuerdo con Mike y Jeff. Reventar transacciones de confirmación 0 es vandalismo».[12]

Aun así, a finales de 2015, RBF se añadió con éxito a *Bitcoin Core*. En la actualidad, las transacciones RBF se crean con un aviso de riesgo, por lo que los comerciantes pueden negarse a aceptarlas si tienen cuidado, pero los desarrolladores están debatiendo actualmente si cambiar esta configuración predeterminada. Si alguna vez se elimina tal advertencia, los pagos de *zero-conf* en BTC tendrán efectivamente cero seguridad. Se entiende que los pagos de *zero-conf* son una característica esencial de *Bitcoin Cash*, y los desarrolladores han estado trabajando activamente en formas de mejorar aún más su seguridad y fiabilidad.

Propaganda pura y dura

A pesar de la controversia que rodea al RBF, si intentas investigarlo hoy en día, sin duda te encontrarás con información engañosa. En el sitio web de *Bitcoin Core*, hay una sección de preguntas y respuestas sobre RBF. Una pregunta dice:

¿Fue polémico la *pull request*[13] de RBF opt-in?

En absoluto. Tras largas discusiones informales que se remontaban a meses atrás, el PR se abrió el 22 de octubre [2015]. Posteriormente se debatió en al menos cuatro reuniones semanales de desarrollo de Bitcoin...

---

[12]   Ibid.
[13]   Solicitud que se hace para que un desarrollador incorpore una rama de su repositorio a otro. (*N. del T.*)

En el debate sobre PR, 19 personas hicieron comentarios, entre ellas gente que trabajaba en al menos tres marcas de monederos diferentes, y 14 personas se mostraron explícitamente [de acuerdo] con el cambio, entre ellas, al menos, una persona que en el pasado se había mostrado muy abiertamente en contra del RBF completo. Ni en el PR ni en ningún otro sitio, que sepamos, se hicieron comentarios claramente negativos mientras el PR estuvo en marcha.[14]

Esta sección está cuidadosamente redactada para que el lector ocasional salga con la conclusión que RBF no estuvo sometido a polémica. Nótese que la pregunta se refiere a la *pull request* (PR), no al concepto general de RBF; es decir, si solo se mira la sección de comentarios de esa acción concreta en *GitHub*, la mayoría de la gente en ese hilo estaba de acuerdo con ella. Pero eso es solo porque, sencillamente, una enorme cantidad del debate tuvo lugar en otros lugares. Las fechas también son engañosas. Afirman que el debate informal se prolongó durante *meses*, desde finales de 2015, pero, como demuestra el hilo del foro *Bitcointalk.org*, RBF ya se debatía acaloradamente en 2013.

La sección de Preguntas y Respuestas dice: «No se proporcionó ningún comentario claramente negativo en el PR, o en cualquier otro lugar que conozcamos, mientras la PR estuvo abierta. (Énfasis mío.) ¡Pero el *pull request* se abrió en octubre de 2015!». Mike Hearn escribió un largo artículo discrepante en su propio sitio web criticando el *replace-by-fee* el 13 de marzo de 2015[15]; es decir, siete meses antes.

En otra sección, la sección de preguntas y respuestas, se pregunta: «He oído decir que *Opt-in RBF* se añadió sin apenas debate», y responde con una lista de una docena de enlaces a "Debates recientes sobre RBF que se remontan a mayo de 2015". Omite por completo el hecho de que RBF estaba sometido a una hirviente polémica solo dos meses antes. Este

---

[14] "Opt-in RBF FAQ", *Bitcoin Core*, 18 de agosto de 2023, https://bitcoincore.org/en/faq/optin_rbf/

[15] Mike Hearn, "Replace by fee: A counter argument", *Medium*, 28 de marzo de 2015, https://blog.plan99.net/replace-by-fee-43edd9a1dd6d

cuidadoso control de la información está diseñado para engañar sobre Bitcoin a los recién llegados y hace que sea excepcionalmente difícil descubrir la verdad sobre su historia.

¿Y quién era John Dillon?

La historia de Bitcoin está imbricada con figuras misteriosas, empezando por su desconocido creador, Satoshi Nakamoto. Pero Satoshi no es la única figura en sombras. John Dillon es otra, y no se sabe mucho de él. Dillon fue el hombre que se ofreció a pagar 1.000 dólares para desarrollar el parche de sustitución propuesto por Peter Todd. Resulta que Dillon también apoyó y pagó a Todd por su trabajo en la creación del infame vídeo animado *1MB-forever*. Cuando Todd anunció que estaba trabajando en el vídeo, Dillon escribió:

«Es muy importante que lleves este mensaje a la gente. Bitcoin es mucho más grande que este pequeño foro... Sospecho que hay mucha más actividad Bitcoin en marcha que no da una mierda por Bitcoin como sistema de pago. Peter mencionó Silk Road, lo que me parece brillante. Ya es un sistema de transacciones *off-chain*.
Como inversor serio en Bitcoin también me importa el depósito de valor, no los estúpidos micropagos, y sé que mis socios piensan [sic] lo mismo. También sabemos que el valor de Bitcoin tiene muy poco que ver con ser un sistema de pago...»[16]

Una vez producida la infame animación, Dillon escribió:

«Por fin he podido ver tu nuevo vídeo. Es un trabajo profesional sólido, has hecho un gran trabajo. Pronto recibirás otros 2.5BTC de mi parte por el mismo método que usé la vez anterior. Me alegro de ver esa gran donación de 10BTC que recibiste, ¡y de una dirección con 125BTC!

---

[16] Peter Todd, "Bitcoin Blocksize Problem Video", *Bitcoin Forum*, 28 de abril de 2013, https://bitcointalk.org/index.php?topic=189792.msg1968200

La verdad es que dice algo el hecho de que muchas de las donaciones que has estado recibiendo provengan de direcciones con grandes saldos de Bitcoins, alrededor de 250BTC y creciendo ahora mismo. Esto demuestra que las personas que más invierten en bitcoins son las que más tienen que perder con la centralización y la regulación. Seguid luchando».[17]

»Dillon no era un pequeño bloquero entusiasta cualquiera. Al parecer, mantenía extensas conversaciones con algunos desarrolladores de Core y, en un momento dado, Gavin Andresen comentó: «He empezado a sospechar que *jdillon* es un *troll* muy sofisticado que tiene el objetivo último de destruir bitcoin».[18]

Las sospechas de Gavin podrían haber sido correctas. En noviembre de 2013, Dillon fue al parecer hackeado por algunos Bitcoiners enfadados, cuando su cuenta de *Bitcointalk* publicó su propio hilo titulado: "John Dillon" Nosotros también podemos filtrar cosas, pedazo de mierda trolleadora". El post contenía un único enlace a un archivo de correspondencia privada de Dillon, así como conversaciones sobre él de otros desarrolladores. La autenticidad de la filtración no ha sido nunca puesta en duda. Parece que Dillon estuvo coordinándose con Todd y financiando múltiples proyectos que apoyaban la transformación de Bitcoin en un sistema de liquidez caro. Al parecer, el propio Peter Todd era consciente de que la gente había empezado a sospechar de su conexión con Dillon. En un chat IRC Todd y Greg Maxwell escribieron:

<petertodd> Todo el mundo sabe que John y yo «nos conocemos», en todo caso me gustaría que mi firma PGP en su clave hiciera entender la naturaleza de esa relación.

---

[17] Benjamindees, "Re: New video: Why the blocksize limit keeps Bitcoin free and decentralized", Bitcoin Forum, May 18, 2013, https://bitcointalk.org/index.php?topic=208200.20

[18] User <gavinandresen>, IRC chat log, 30 de agosto de 2013, http://azure.erisian.com.au/~aj/tmp/irc/log-2013-08-30.html

<gmaxwell> (Creo que la mitad de la gente piensa que tú y John sois la misma persona. :P)
<petertodd> ja, lo sé, admito que me asusta un poco a veces… ha admitido que lee religiosamente todos mis posts.

Pero, de lejos, el intercambio más interesante es un correo electrónico entre Dillon y Todd, en el que Dillon afirma estar involucrado con la comunidad de inteligencia, diciendo:

«Solo para que sepas que esto de Tor me tiene preocupado… Por favor, no hagas esto público, pero mi trabajo diario implica inteligencia, y estoy en una posición relativamente alta.

Hace años empecé a trabajar con ideas muy distintas a las que tengo ahora. La última década ha cambiado mucho las mentalidades en este campo, de formas totalmente diferentes. Yo mismo estoy del lado de Snowden y Assange, pero… digamos que, cuando tienes una familia, tu voluntad de convertirte en un mártir disminuye. Lo mismo ocurre con muchos de mis colegas.

Espero que mi apoyo a Bitcoin pueda ayudar a deshacer parte del daño que hemos hecho, pero tengo que tener cuidado y es difícil tomar todas las precauciones que necesito para poder comunicarme. Si se descubriera que estoy involucrado con Bitcoin de la forma en que lo he estado, digamos que habría consecuencias…».

A lo que Todd parece responder preocupado:

«Le mencioné tu situación a un amigo mío que es un antiguo espía y es muy consciente de los peligros de este negocio para cualquier persona con sentido de la ética.

Me dijo que te dijera esto, palabra por palabra: "Un viejo cuervo te aconseja encarecidamente que consideres los riesgos para ti y tu familia, y dejes lo que estás haciendo". Confío en su juicio y, lo que es igual de importante, en su ética.

Ten cuidado. Yo mismo te sugiero que pienses detenidamente si lo que estás haciendo ha tenido suficiente repercusión en tus objetivos como para que merezca la pena; no puedo responder a esa pregunta por ti».[19]

Estos correos parecen sacados de una novela de espías. Es imposible saber si Dillon decía la verdad, pero merece la pena señalar lo sospechoso de toda la situación. *John Dillon* es el seudónimo de una persona desconocida que pagó a Peter Todd, un desarrollador de Core, para que produjera un vídeo promoviendo la restricción del rendimiento de Bitcoin a siete transacciones por segundo. Ofreció una recompensa para desarrollar *replace-by-fee*, que pretendía «romper la seguridad *zero-conf* sin demora», es decir, romper la funcionalidad de las transacciones instantáneas. Gavin Andresen especuló públicamente sobre que Dillon tuviera un motivo oculto para destruir Bitcoin, y más tarde resultó, en correos electrónicos filtrados, que Dillon afirmaba ocupar un alto cargo en una agencia de inteligencia. (Pero no hay que preocuparse, porque también afirmó haber cambiado de opinión y que realmente quería que Bitcoin triunfara). Todo esto ocurrió en torno al invento financiero más revolucionario de la historia, que desafía directamente a los poderes gubernamentales, financieros y bancarios establecidos en todo el mundo. Los lectores pueden sacar sus propias conclusiones, pero en mi opinión, a finales de 2013, Bitcoin ya estaba siendo pieza de caza.

---

[19] "Untitled", Pastebin, 16 de noviembre de 2013, https://web.archive.org/ web/2013112-0061753/http://pastebin.com/4BcycXUu

13.
Bloquear el flujo

El desarrollo de *software* libre es conocido por carecer de un modelo de negocio claro. A menudo, no está claro cómo deben cobrar los programadores por su trabajo, cuando el producto final es gratuito y abierto al público. Algunos proyectos piden a los usuarios donaciones voluntarias. Otros ofrecen apoyo *premium* a empresas e instituciones. Los proyectos de criptomonedas son especialmente delicados porque el *software* es un producto financiero. Cualquier error puede afectar directamente a las carteras de millones de personas. Diferentes grupos han probado distintas estrategias para financiar su propio desarrollo. Un simple modelo de donación ha funcionado para algunos. Otros reservarán una gran pila de monedas, en su génesis, para crear una fundación que supervise el desarrollo. Algunos proyectos darán un porcentaje de la recompensa generada por el bloque directamente a los programadores. Se han probado muchos modelos creativos.

El desarrollo de Bitcoin es otro proyecto más, de código abierto, con un incómodo modelo de negocio. Dada su importancia, escala y complejidad, todos los sistemas que se han probado han causado polémica, y con razón, ya que la integridad de todo el sistema depende del mecanismo mediante el que se paga a los desarrolladores. La financiación y la gobernanza van de la mano, y los posibles conflictos de intereses entre desarrolladores constituyen una amenaza crítica, ya que la forma más directa de corromper un proyecto es corromper su mecanismo de financiación.

La Fundación Bitcoin

A diferencia de muchos de los grupos de desarrollo actuales, Bitcoin comenzó como un proyecto entre voluntarios. A medida que crecía en popularidad, surgieron de forma natural cuestiones a resolver sobre la compensación. El primer intento de crear una organización más formal en torno al mantenimiento del *software* se produjo en 2012, con la creación de la «Fundación Bitcoin», que seguía el modelo de la Fundación Linux. La Fundación Bitcoin aceptó donaciones de grandes empresas y otras partes interesadas. Yo mismo hice una donación y fui miembro fundador del consejo. Su objetivo más importante era el de proporcionar financiación a Gavin Andresen como Jefe Científico y Mantenedor Principal de *Bitcoin Core*. En una entrevista con *The New Yorker*, Andresen explicó:

> «La Fundación Linux proporciona un centro para Linux y paga al desarrollador principal, Linus Torvalds, para que solo tenga que concentrarse en el núcleo... Es complicado el problema de, cuando un proyecto de código abierto alcanza cierto tamaño, ¿cómo se sostiene? Linux es el proyecto de código abierto con más éxito del mundo, así que pensamos que tenía sentido utilizarlo como modelo».[1]

Otro objetivo de la Fundación era mejorar la reputación de Bitcoin ante los reguladores y el público en general, ya que en aquella época se la tachaba, con frecuencia, de moneda para delincuentes. Andresen dejó el cargo de *Lead Maintainer* a principios de 2014 para centrarse más en la investigación científica y en sus obligaciones con la «Fundación Bitcoin». En abril escribió:

---

[1] Maria Bustillos, "The Bitcoin Boom", *The New Yorker*, 1 de abril de 2013, https://www.newyorker.com/tech/annals-of-technology/the-bitcoin-boom

«Hace unos años creé una alerta en *Google Scholar* para bitcoin. Y me conformaba con recibir una alerta al mes. Hoy en día, me resulta cada vez más difícil estar al día de todos los grandes artículos de Ciencias de la Computación o Economía relacionados con el bitcoin y otras criptomonedas; solo en la última semana, el Sr. Google me informó de la existencia de 30 nuevos artículos que podría estar interesado en leer... Para que quede claro: no voy a desaparecer; seguiré escribiendo y revisando código y ofreciendo mis opiniones sobre cuestiones técnicas y prioridades de proyectos. Disfruto codificando y creo que seré más eficaz como científico jefe si no pierdo el contacto con la realidad de la ingeniería y si no cometo el error de construir enormes y hermosos castillos teóricos que solo existen en forma de libros blancos».[2]

Por desgracia, Andresen no tuvo mucho tiempo, antes de que la Fundación empezara a desmoronarse debido a una mala gestión, falta de transparencia y una serie de pequeños escándalos. A finales de 2014, la organización era disfuncional y algunos miembros del patronato tenían problemas con la justicia. En abril de 2015, se anunció que la Fundación estaba de facto en bancarrota y que no sería capaz de recaudar suficiente dinero para continuar financiando el desarrollo.[3] Así que, poco después, ese mismo mes, Andresen se unió a un nuevo proyecto en la *MIT's Digital Currency Initiative*, donde continuaría desarrollando Bitcoin junto con otros dos codificadores Core, Wladimir van der Laan y Cory Fields.[4]

Con el fracaso de la Fundación Bitcoin, y con Van der Laan como responsable principal, Bitcoin se transformaría con lentitud en un

---

[2] Gavin Andresen, *"Bitcoin Core* Maintainer: Wladimir van der Laan", Bitcoin Foundation, 7 de abril de 2014, https://web.archive.org/ web/20140915022516/https:// bitcoinfoundation.org/2014/04/bitcoincore-maintainer-wladimir-van-der-laan/

[3] Oliver Janssens, "The Truth about the Bitcoin Foundation", Bitcoin Foundation, 4 de abril de 2015, https://web.archive.org/web/20150510211342/ https://bitcoinfoundation. org/forum/index.php?/topic/1284-the-truthabout-the-bitcoin-foundation/

[4] Gavin Andresen, "Joining the MIT Media Lab Digital Currency Initiative", GavinTech, 22 de abril de, 2015, https://gavintech.blogspot.com/2015/04/joining-mit-media-lab-digital-currency.html

proyecto diferente, a lo largo de los tres años siguientes. En un mundo diferente, si la Fundación hubiera tenido éxito, no está claro si esta transformación podría haber ocurrido alguna vez. Reflexionando sobre esta cuestión, Mike Hearn escribiría más tarde:

«Uno de los problemas de la criptomoneda, desde el punto de vista filosófico, es que el compromiso con la descentralización tiende a interpretarse como una actitud general contra las instituciones y los procesos de cualquier tipo. Gavin y yo estuvimos involucrados en la creación de la Fundación Bitcoin en sus inicios, pero esta se desvaneció. En parte, eso fue debido a que se creó demasiado rápido y a que se unieron al proyecto demasiados personajes, pero sobre todo porque los pseudoliberales se decantaron por el objetivo de destruirla con el argumento de que Bitcoin no debería tener una fundación o un proceso de desarrollo formalizado.

Esto no dejó a la comunidad con una utopía descentralizada, sino con un proceso de desarrollo vago, informal y de camarilla, impulsado por tratos hechos por la espalda, intentos manipuladores de hacer pasar posiciones individuales como *consenso* y la compra de desarrolladores. Si la comunidad se hubiera unido en torno al intento de Gavin de organizar la comunidad mediante un conjunto de instituciones, las cosas podrían haber funcionado de otra manera, ya que se habría construido con mayores defensas a ser secuestrada».[5]

Aunque el fracaso de la Fundación Bitcoin fue un hecho significativo, los cambios más importantes en la estructura de desarrollo de *software* se produjeron a finales de 2014, cuando algunos desarrolladores de Core formaron su propia empresa llamada *Blockstream*.

---

[5] "The philosophical origins of Bitcoin's civil war (Mike Hearn, written 2016 but released 2020)", *Reddit*, 13 de diciembre de 2020, https://www.reddit. com/r/btc/comments/kc2k3h/the_philosophical_origins_of_bitcoins_civilwar/gforyhb/?context=3

La fundación de *Blockstream*

Blockstream acabaría siendo la empresa más influyente en la historia de Bitcoin. Sus cofundadores fueron Adam Back, Gregory Maxwell, Pieter Wuille, Matt Corallo, Mark Friedenbach, Jorge Timón, Austin Hill, Jonathan Wilkins, Francesca Hall y Alex Fowler. A diferencia de la Fundación Bitcoin, *Blockstream* se fundó como una empresa con ánimo de lucro, un hecho que despertó inmediatamente la curiosidad de otros Bitcoiners, sobre su modelo de negocio. Preguntaron a Greg Maxwell al respecto, durante una sesión de *Ask Me Anything* (Pregúntame lo que quieras) en *Reddit* y proporcionó una respuesta contundente:

> «Creemos que hay un hueco en la industria (no solo en Bitcoin, sino en la informática en general) para la tecnología criptográfica carente de confianza... Creemos que existe un enorme potencial para negocios en la construcción y el apoyo a la infraestructura en este espacio, algunos conectados a Bitcoin y otros no. Por ejemplo, actuando como proveedores de tecnología y servicios para otras empresas, ayudándolas a migrar a una forma de hacer negocios más parecida a Bitcoin.
>
> Ahora mismo, nos centramos en construir la infraestructura básica para que haya un lugar donde crear el negocio que nos gustaría tener y que generara ingresos, y luego esperamos invertirlo en crear más tecnología de calidad».[6]

Blockstream consiguió crear un negocio generador de ingresos, pero acabó por causar un grave conflicto de intereses. En lugar de construir la infraestructura de base, la paralizó y ahora ofrece soluciones de pago a los problemas que ella misma creó. El hecho de que contratasen a Maxwell para trabajar en infraestructuras críticas resulta irónico, dada su propia

---

[6] Adam3us, "We are bitcoin sidechain paper authors Adam Back, Greg Maxwell and others", *Reddit*, 23 de octubre de 2014, https://www.reddit.com/r/IAmA/comments/2k3u97/we_are_bitcoin_sidechain_paper_authors_ adam_back/clhoo7d/

admisión de que anteriormente pensaba que el mecanismo tecnológico clave utilizado por Bitcoin ni siquiera era posible:

«Cuando apareció el bitcoin, yo estaba en la lista de correo de criptografía. Cuando ocurrió, en cierto modo me reí. Porque ya había demostrado que el consenso descentralizado era imposible».[7]

Cuando *Blockstream* se formó inicialmente y recaudó su primera ronda de financiación, al principio, pensé que era una buena señal que más inversores estuvieran descubriendo Bitcoin. Pero, a medida que pasaba el tiempo —y se descubrió que sus mayores inversores procedían del sector bancario— me fui volviendo más escéptico, al igual que muchos otros Bitcoiners. Ahora, en retrospectiva, considero la fundación de *Blockstream* como el comienzo de la era de la Guerra Civil. Poco después de su creación, la cultura cambió, los desacuerdos se volvieron hostilidades y la postura más radical de los *small-blockers* —a los que casi nadie se había tomado en serio— se hizo más ruidosa y agresiva. Los ingenieros de *Blockstream* empezaron a insistir en que Bitcoin no podía escalar de la forma en que fue diseñado originalmente, mientras que comenzó la censura en los foros *online*. La pasividad del desarrollador principal, Van der Laan, que quería evitar conflictos, empezó a explotarse en favor del *statu quo*. Los desarrolladores del Core se empeñaron en que era necesario un «consenso» entre ellos para aumentar el límite de tamaño de los bloques, lo que en la práctica les otorgaba un veto total sobre el escalado del protocolo.

¿Por qué un grupo de desarrolladores formaría una empresa para hacerse cargo de un proyecto y luego impedir que escale? La respuesta es sencilla: su modelo de negocio depende de que Bitcoin no escale su capa base. Cuanto menos pueda hacer Bitcoin, más podrá hacer *Blockstream* a cambio de una comisión.

---

[7] Daniel Cawrey, "Gregory Maxwell: How I Went From Bitcoin Skeptic to Core Developer", CoinDesk, 29 de diciembre de 2014, https://www.coindesk.com/markets/2014/12/29/gregory-maxwell-how-i-went-from-bitcoinskeptic-to-Core-developer/

El modelo de negocio

Blockstream levantó sospechas poco después de su fundación y ha sido objeto de innumerables teorías conspirativas, algunas más plausibles que otras. Durante años, la gente ha especulado con que el extraño comportamiento de los desarrolladores de Core se explica mejor por un conflicto de intereses: el hecho de que *Blockstream* o sus inversores se benefician estrangulando Bitcoin. Pero hoy ya no tenemos que especular, porque hablan abiertamente sobre ello. En una entrevista en *Forbes*, el consejero delegado, Adam Back, compartió una parte de su estrategia de monetización, diciendo:

> «*Blockstream* planea vender *sidechains* a empresas, cobrando una cuota mensual fija, aceptando comisiones por transacción e incluso vendiendo *hardware*».[8]

¿Qué son las *sidechains*? El libro blanco de la empresa explica la idea general:

> Proponemos una nueva tecnología, *pegged sidechains*, que permite transferir bitcoins y otros activos del libro mayor entre múltiples *blockchain*s. Esto permite a los usuarios acceder a nuevos e innovadores sistemas de criptomoneda, utilizando los activos que ya poseen. Al reutilizar el efectivo en bitcoins, estos sistemas pueden interoperar más fácilmente entre ellos y con Bitcoin, evitando la escasez de liquidez y las fluctuaciones del mercado asociadas a las nuevas monedas. Dado que las *sidechains* son sistemas independientes, la innovación técnica y económica no resulta obstaculizada.[9]

---

[8] Laura Shin, "Will This Battle For The Soul Of Bitcoin Destroy It?", *Forbes*, 23 de octubre 2017, https://www.forbes.com/sites/ laurashin/2017/10/23/will-this-battle-for-the-soul-of-bitcoin-destroy-it

[9] Adam Back, Matt Corallo, Luke Dashjr, Mark Friedenbach, Gregory Maxwell, Andrew Miller, Andrew Poelstra, Jorge Timón, and Pieter Wuille, "Enabling *Blockchain* Innovations with Pegged Sidechains", 22 de octubre de 2014, https://blockstream.com/sidechains.pdf

En otras palabras, las *sidechains* son un intento de vincular diferentes *blockchains* conectando entradas de un libro mayor con entradas de otro. Es una idea interesante y, en teoría, podría permitir una experimentación más creativa. Diferentes reglas y redes podrían operar en diferentes libros de contabilidad y al mismo tiempo seguir siendo interoperables con Bitcoin. Esta es la razón por la que las *sidechains* se han propuesto como un método alternativo para escalar Bitcoin, ya que diferentes proyectos pueden seguir vinculados al *blockchain* de Bitcoin sin estar directamente construidos sobre ella.

Pongamos un ejemplo, para aclarar el concepto de *sidechain*. Imaginemos una nueva *blockchain* diseñada para nanopagos de una millonésima parte de un céntimo o menos, más pequeña incluso que para la que se diseñó el Bitcoin original. Llamémosla *NanoBits* o *NBT*. En lugar de ser una *blockchain* totalmente aislada, NanoBits podría tener una integración *sidechain* con la *blockchain* de Bitcoin, permitiendo a los usuarios bloquear sus Bitcoin a cambio de NBT. Por ejemplo, bloqueando 0,001 BTC, se podrían desbloquear mil millones de NBT. Luego, si los usuarios quieren intercambiar sus monedas de vuelta a la *blockchain* de BTC, podrían canjear los mil millones de NBT de nuevo por BTC. Si se hace en la forma correcta, este tipo de sistema permitiría una mayor innovación, ya que las *sidechains* pueden operar con reglas totalmente diferentes, permitiendo a diferentes equipos de desarrollo experimentar sin necesidad de persuadir a toda la comunidad para que se sumen a sus cambios. Además, esta innovación puede producirse sin miedo a romper la cadena principal, ya que cualquier nuevo fallo o defecto quedaría aislado en la *sidechain*. Así es como podría funcionar en teoría. En la práctica, es otra historia.

La idea de las *sidechains* siempre me ha atraído, y he financiado personalmente su desarrollo en BTC mediante el proyecto *DriveChain*, dirigido por Paul Sztorc. Como cualquier proyecto de *software*, crear una implementación que funcione ha resultado mucho más difícil que crear una idea que suene bien.

Si se hacen correctamente, las *sidechains* no deberían requerir ninguna confianza en autoridades centralizadas para funcionar, que es lo que intenta hacer el proyecto *DriveChain*. *Blockstream* ha lanzado su versión de una *sidechain* llamada *Liquid Network*, pero funciona de forma muy diferente. La *Liquid Network* es una *sidechain* «federada», que se entiende mejor como una *sidechain* centralizada o incluso como una *altcoin*[10]. La seguridad básica de su red requiere confiar en un pequeño grupo seleccionado a dedo, al que denominan *Liquid Federation*. Según su sitio web:

> «La *Liquid Federation* es un grupo de empresas de criptomoneda, entre las que se incluyen *exchanges*, mesas de contratación, empresas de infraestructura, desarrolladores de juegos y otros. La federación lleva a cabo una serie de tareas que forman parte integral del funcionamiento de la *Liquid Network*».[11]

En la actualidad, solo hay quince miembros en esta federación y, si más de un tercio de ellos se volvieran deshonestos, la seguridad de la red se rompería y los usuarios podrían perder su dinero. La red no solo está centralizada, sino que, además, tras canjear sus BTC por *tokens Liquid*, te encuentras con que ya no estás utilizando la red Bitcoin. En su lugar, se utiliza la *Liquid Network*, propiedad de *Blockstream*, y cada una de las comisiones por transacción va a parar a un monedero controlado por ellos.[12] Es un sistema lucrativo. Liquid es una *sidechain*, lo que significa que las comisiones por transacción no se pagan a los mineros de Bitcoin, sino directamente a *Blockstream*.

¿Por qué elegiría alguien cambiar su BTC por *tokens Liquid*? Por una razón es muy sencilla: ¡las comisiones de BTC son demasiado altas! Adam Back, consejero delegado de *Blockstream*, ha presentado sin pudor su *Liquid Network* como una solución al problema de las altas comisiones de la red principal, diciendo en *Twitter*:

---

[10] Criptomoneda alternativa a las tradicionales. (*N. del T.*)
[11] "What is the Liquid Federation?", Blockstream, 18 de agosto 2023, https://help.blockstream.com/hc/en-us/articles/900003013143-What-isthe-Liquid-Feder
[12] "How do transaction fees on Liquid work?", Blockstream, 18 de agosto 2023, https://help.blockstream.com/hc/en-us/articles/900001386846-How-do-transaction-fees-on-Liquid-work

«Si operas activamente y no te gustan las comisiones altas, utiliza *exchanges* con integración [Liquid], o quéjate a un *exchange* que no la tenga. Pagar 1-2c para compensar en 2 min final, mientras que otros están pagando entre 50 céntimos y 2,50 dólares por una transferencia de más de una hora... Forma parte de la solución».[13]

Para que quede claro, este es el CEO de *Blockstream*, la empresa que empleó a la mayoría de los desarrolladores más poderosos de *Bitcoin Core* durante su período más crítico, dirigiendo a la gente a su *blockchain* propietaria para ser «parte de la solución» a las altas tarifas y a la congestión de la red. Mientras tanto, la red BTC tiene un rendimiento pobre tan solo porque los desarrolladores de *Bitcoin Core* se negaron de entrada a aumentar el límite de tamaño de bloque. El conflicto de intereses es enorme. Desde luego, parece que *Blockstream* está vendiendo una solución de pago a problemas que ellos mismos causaron, y ni siquiera está claro si la *Liquid Network* tendría razón de existir si Bitcoin dispusiera de bloques grandes.

El sueño de un banquero

Captar todas las comisiones de transacción de la *Liquid Network* no es la única forma en que *Blockstream* obtiene beneficios de la misma. También cobran una cuota mensual a las empresas que integran *Liquid* y liberan *tokens* en su red. En 2020, *Blockstream* anunció que se habían convertido en socios técnicos de una nueva *startup* llamada *Avanti*, que intenta ser un banco favorable a las criptodivisas. Según su sitio web:

«*Avanti* es una nueva clase de banco: una plataforma de *software* con estatuto bancario, creada para conectar activos digitales con el sistema financiero tradicional. Nuestro equipo tiene una amplia experiencia en ambos. No somos solo un banco: somos una institución de depósitos, lo

---

[13] Adam Back (@adam3us), *Twitter*, 23 de mayo 2020, https://twitter.com/adam3us/status/1264279001419431936

que significa que podemos convertirnos en un banco de compensación en dólares estadounidenses de la Reserva Federal».[14]

Dentro de la visión de los *small-blockers*, los bancos siguen desempeñando un papel fundamental en el futuro sistema financiero, al ser las principales entidades que acceden a la cadena de bloques. Así que tiene sentido que *Blockstream* se posicione como actor clave en ese sistema, ofreciendo servicios técnicos, consultoría y su propia red propietaria, como alternativa a Bitcoin. Esta estrategia ha funcionado hasta ahora. *Avanti* anunció recientemente su entrada en el lucrativo mercado de activos digitales mediante la emisión de *tokens* (*Avit*) que, según afirman, podrán canjearse por un dólar estadounidense, aunque no estarán totalmente respaldados por dólares. Un artículo de *Coindesk* lo explica:

«Aunque *Avit* no estaría vinculada al dólar estadounidense —porque se trata de un nuevo activo digital, no de una representación digital de un activo del mundo real—, la moneda estaría respaldada al 100% por una reserva de activos estadounidenses tradicionales».[15]

En otras palabras, *Avanti Bank* emitirá *tokens* canjeables por un dólar sin estar respaldados por dólares. En su lugar, los activos reales que respaldan sus *tokens* les proporcionarán rendimiento. Aunque no hay nada intrínsecamente malo en este modelo de negocio, es otro ejemplo de cómo las criptomonedas se asimilan al sistema financiero tradicional sin aprovechar las propiedades únicas de las criptomonedas. Los *tokens* bancarios respaldados por «una reserva de activos tradicionales de Estados Unidos» no son a prueba de inflación, resistentes a la censura o disruptivos

---

[14] *Avanti*, 27 de enero de 2022, https://web.archive.org/ web/20220127022722/ https://avantibank.com/

[15] Nate DiCamillo, "Unpacking the Avit, Avanti Bank's New Digital Asset Being Built With Blockstream", *CoinDesk*, 12 de agosto de 2020, https:// www.coindesk.com/ business/2020/08/12/unpacking-the-avit-avantibanks-new-digital-asset-being-built-with-blockstream/

para el *status quo*. Como proporcionan rendimiento, incluso conllevan riesgo de impago. Si el banco emisor de los *tokens* quiebra, los usuarios acabarán perdiendo dinero, lo que demuestra una vez más por qué son tan atractivas las monedas que no requieren terceros de confianza.

Teniendo en cuenta que la narrativa en torno a Bitcoin consiste en que es perjudicial para la industria financiera establecida, existe cierta ironía en el hecho de que *Blockstream* se está integrando con los bancos para ayudarles a emitir dólares digitales. Además, incluso están empezando a integrarse directamente con los gobiernos y ayudarles con la recaudación de fondos. En El Salvador, *Blockstream* ha ayudado a crear un *Bono Bitcoin* para ayudar al Estado a recaudar mil millones de dólares, pagando un dividendo anual a los titulares. Tanto el *Bono Bitcoin* como los *tokens Avit* se construirán en la *Liquid Network*, desviando aún más tráfico de BTC a la *sidechain* de *Blockstream*.[16]

El conflicto de intereses entre los desarrolladores de *Bitcoin Core* y *Blockstream* es fácil de ver. Con unos incentivos tan pervertidos, no es de extrañar que se abandonara la visión de Satoshi de transacciones baratas *peer-to-peer* en la capa base; los grandes bloques acabarían con su modelo de negocio. Por el contrario, en *Bitcoin Cash*, cualquiera puede crear *tokens* y realizar transacciones en la cadena, con comisiones mínimas. Las *sidechains* y los monederos custodiados no son necesarios para escalar, ya que la capa base puede manejar un rendimiento de transacciones mucho mayor. Aunque, si se desea, las *sidechains* y los monederos custodiados siguen funcionando con bloques grandes y tendrían un mejor rendimiento.

Recaudación de fondos llamativa

Los detalles de las múltiples rondas de recaudación de fondos por parte de *Blockstream* no han ayudado a su imagen ni han acallado las teorías conspirativas que rodean a la empresa. Hasta la fecha, han recaudado

---

[16] Blockstream Team, "El Salvador to Issue $1B in Tokenized Bonds on the Liquid Network", Blockstream, 21 de noviembre de 2021, https://blog. blockstream.com/el-salvador-to-issue-1b-in-tokenized-bonds-on-theliquid-network/

alrededor de 300 millones de dólares de los inversores. Casi un tercio de esos mil millones de dólares es una cantidad considerable para cualquier empresa, pero especialmente para una que trabaja en *software* de código abierto.

A principios de 2016, las cejas se enarcaron cuando *Blockstream* completó una ronda de financiación de serie A de 55 millones de dólares.[17, 18] Uno de los principales inversores era una empresa de capital riesgo llamada *AXA Strategic Ventures*, una rama de la empresa multinacional francesa *AXA*, la undécima mayor empresa de servicios financieros del mundo según *Fortune Global 500*.[19] En aquel momento, el consejero delegado de *AXA* era Henri de Castries, un magnate del sistema financiero internacional. En un artículo de 2015, el periódico The *Guardian* describió a De Castries de la siguiente manera:

«Henri de Castries podría ser el hombre más poderoso del mundo. Es Consejero Delegado y Presidente de una de las mayores aseguradoras del mundo, Axa, y miembro de la ilustre casa noble francesa de los Castries. Pero De Castries es también presidente del grupo Bilderberg, un conjunto de líderes políticos y empresariales de Europa y Norteamérica que se reúne en privado todos los años para debatir sobre las "megatendencias y los principales problemas a los que se enfrenta el mundo", o que dirige el mundo en secreto, si usted es un teórico de la conspiración».[20]

Como si el misterioso John Dillon no fuera suficiente alimento para las teorías de la conspiración, la historia de Bitcoin también incluye una

---

[17] Serie A es la primera ronda que se hace en busca de financiación por parte Capital Riesgo. (*N. del T.*)

[18] Paul Vigna, "Bitcoin Startup Blockstream Raises $55 Million in Funding Round", *The Wall Street Journal*, 3 de febrero de 2016, https:// www.wsj.com/articles/bitcoin-startup-blockstream-raises-55-million-infunding-round-1454518655

[19] "Global 500", *Fortune*, 18 de agosto de 2023, https://fortune.com/ global500/2021/search/?sector=Financials

[20] Graham Ruddick, "Axa boss Henri de Castries on coal: 'Do you really want to be the last investor?'", *The Guardian*, 7 de agosto de 2015, https://www. theguardian. com/business/2015/aug/07/axa-boss-henri-de-castries-oncoal-do-youreally-want-to-be-the-last-investor

conexión real con el grupo Bilderberg. Durante décadas, el grupo Bilderberg ha sido un tema controvertido, debido a sus reuniones altamente secretas y a la asistencia a las mismas de algunas de las personas más poderosas del mundo, un quién es quién de las élites políticas, financieras, académicas y de los medios de comunicación. La organización lleva funcionando desde la década de 1950 e incluye a demasiados asistentes poderosos como para nombrarlos a todos, y van desde jefes de Estado como Tony Blair y Bill Clinton, hasta miembros de la realeza europea, como los reyes de Bélgica, Noruega y España, magnates empresariales como Bill Gates y Jeff Bezos, y una larga lista de consejeros delegados y fundadores de grandes empresas, bancos y medios de comunicación de todo el mundo.[21] Naturalmente, cuando un gran número de personas poderosas se reúnen y celebran reuniones secretas, las teorías de la conspiración son inevitables, estén o no justificadas. Sabemos por la historia que algunas conspiraciones son reales, y es ingenuo pensar que este tipo de reuniones no influyen en cierta medida en los asuntos mundiales, ¡por eso se celebran! Su impacto sobre el mundo real es desconocido, pero sin duda no es igual a cero.

En última instancia, es imposible saber la importancia de estas conexiones. Podría ser una deliciosa coincidencia que *Blockstream* fuera financiada por una empresa de capital riesgo cuya empresa matriz es una de las mayores empresas financieras del mundo y cuyo CEO es el presidente del grupo Bilderberg. Realmente no lo sé, pero como mínimo, la conexión es demasiado intrigante como para no mencionarla aquí y es otra parte de la colorida historia de Bitcoin.

Los investigadores han intentado seguir el rastro del dinero que ha entrado en *Blockstream* a lo largo de los años y, aunque hay muchas conexiones interesantes y posibles conflictos de intereses, nada es inequívoco. Por ejemplo, *Digital Currency Group* es otra empresa de capital riesgo que ha levantado sospechas tras invertir en una amplia gama de proyectos de criptomonedas, *Blockstream* incluido. Cuando se creó la empresa en 2015, su financiación inicial procedía de empresas financieras

[21] "List of Bilderberg participants", *Wikipedia*, 18 de agosto de 2023, https://en.wikipedia.org/wiki/List_of_Bilderberg_participants

establecidas, incluida *MasterCard*, un competidor directo de Bitcoin.[22] Sin embargo, no hay nada definitivo que vincule a *MasterCard* con una trama nefasta para adueñarse del desarrollo de Bitcoin. Aunque sin duda conocían el potencial de Bitcoin para causar trastornos, es imposible saber las intenciones que había detrás de su inversión. Tal vez solo querían subirse a la ola de la inversión y la innovación en criptomoneda, o tal vez querían tener influencia sobre la empresa con más control sobre el código de Bitcoin. Puedo imaginar fácilmente ambos escenarios.

La mayor ronda de recaudación de fondos de *Blockstream* se produjo en 2021, cuando recaudó más de 200 millones de dólares en financiación de la Serie B, lo que elevó su valoración a 3.200 millones de dólares.[23] Este enorme botín llegó varios años después de haber atraído a desarrolladores clave de *Bitcoin Core*, una pérdida significativa de la cuota de mercado total de BTC, la escisión de *Bitcoin Cash* en 2017 y múltiples fallos de la red que vieron cómo se disparaban las tarifas de transacción y aumentaban drásticamente los tiempos de confirmación. Una interpretación, desde una perspectiva puramente empresarial, es que los inversores creen que la red alternativa de *Blockstream* generará ingresos significativos en el futuro al competir con la red principal de BTC por las transacciones. Una interpretación menos caritativa es que *Blockstream* recibió un gran pago por paralizar el desarrollo de Bitcoin en un momento crítico y cambiarlo fundamentalmente para que se pareciera al sistema financiero existente. Unos cientos de millones de dólares no son nada comparado con lo que los bancos podrían perder si Bitcoin funcionase a pleno rendimiento.

Stefan Molyneux, uno de los primeros en adoptar Bitcoin y personalidad de Internet, ya tenía esta preocupación en 2014, cuando predijo que los intereses financieros y políticos existentes reconocerían a Bitcoin como una amenaza e intentarían secuestrarlo lentamente. Dijo:

---

[22]   Fitz Tepper, "Barry Silbert Launches Digital Currency Group With Funding From MasterCard, Others", TechCrunch, 28 de octubre 2015, https://techcrunch.com/2015/10/27/barry-silbert-launches-digitalcurrency-group-with-funding-from-mastercard-others/

[23]   "Blockstream Raise $210 Million Series B With $3.2 Billion Valuation", FinTechs.fi, 18 de agosto de 2023, https://fintechs.fi/2021/08/24/ blockstream-raise-210-million-with-3-2-billion-valuation/

«Es muy importante que la gente entienda lo grande que es el monstruo al que se enfrenta Bitcoin. Habrá esfuerzos por parte del complejo financiero-gubernamental para mantener la tecnología a raya... [diciendo] "No lo matemos directamente, porque ya es lo suficientemente grande como para que la gente se percate lo que hemos hecho...".

En lugar de eso, lo que van a intentar hacer es echar pequeños granitos de arena en su maquinaria hasta que a la mayoría de la gente le resulte demasiado engorroso utilizarlo, y entonces dirán "Bueno, era una idea interesante, pero no funcionó como la gente quería". Creo que ese es el gran peligro».[24]

Molyneux puede haber sido clarividente. Independientemente de si hubo malicia de por medio, podemos afirmar con seguridad que el Bitcoin de 2024 es mucho menos amenazador para los poderes existentes que el Bitcoin de 2014. Es una red engorrosa que empuja a los usuarios a capas secundarias y controladas, si quieren tener una mejor experiencia. Los monederos custodiados también son fáciles de controlar e inyectan de nuevo en el sistema la necesidad de terceros de confianza. A grandes rasgos, el rediseño de Bitcoin se parece bastante al sistema monetario actual, en el que los usuarios corrientes no tienen el control último sobre sus propios fondos y necesitan que las empresas les presten servicios financieros. Las ventajas de este nuevo sistema las disfrutan principalmente los primeros en adoptarlo, que se beneficiaron de la enorme revalorización del precio. Desde la perspectiva del diseño y propósito originales de Bitcoin, la influencia de *Blockstream* sobre el protocolo ha sido desastrosa. BTC no se parece en nada al Bitcoin original, y es poco probable que lo haga en el futuro. Afortunadamente, *Blockstream* no tiene el monopolio del desarrollo de todas las criptomonedas, y los desarrolladores de *Bitcoin Cash* lograron sortearlos en 2017, aunque el proceso no fue fácil e implicó una enorme cantidad de dolor y conflicto.

---

[24] Crypto Me!, "Stefan Molyneux predicts Blockstream takeover of Bitcoin", *YouTube*, 7 de mayo de 2018, https://www.youtube.com/watch?v=q-sMbf2OzOY

14.
Centralizando el control

La centralización del control sobre el *software* de Bitcoin no se produjo de la noche a la mañana. Llevó unos cuantos años, y durante ese tiempo, las opiniones discrepantes eran habituales. Las críticas a *Bitcoin Core* y *Blockstream* estaban por todas partes, especialmente después de que Gavin Andresen dimitiera como responsable jefe de Core. Visto en retrospectiva, aunque parece claro que el desarrollo de Bitcoin se vio comprometido, el proceso no estaba claro mientras sucedía. Las acusaciones directas de apropiación del desarrollo eran menos comunes, porque la mayoría de los actores importantes de la industria estaban tratando desesperadamente de mantener unida la red. Además, como el modelo de negocio de *Blockstream* no se reveló hasta unos años después de su creación, solo se podía especular sobre los evidentes conflictos de intereses. Aunque, la curiosa ausencia de un modelo de negocio claro se advirtió de inmediato en un artículo del *Wall Street Journal* sobre los inversores de la empresa en 2014:

«*Blockstream* no tiene una hoja de ruta clara sobre cómo convertirá un proyecto de ingeniería de *software* de código abierto en una empresa generadora de dinero. En su lugar, los inversores dieron un salto de fe, basándose sobre todo en la reputación de los cofundadores de la empresa... [L]a naturaleza indeterminada del modelo de negocio de *Blockstream* la convirtió en una inversión complicada para muchos inversores de capital riesgo, que normalmente deben justificar los beneficios ante sus inversores.

El gestor de un fondo dijo que había rechazado la propuesta porque no podía invertir en un plan tan vago. El Sr. Hoffman afirmó haber invertido a través de su fundación personal sin ánimo de lucro... porque creía firmemente que la primera ronda de financiación de *Blockstream* "tenía que invertirse en el desarrollo del ecosistema bitcoin y no tener, como objetivo principal, la rentabilidad económica...".

A algunos comentaristas les preocupa que una empresa privada con semejante peso intelectual pueda tener una influencia indebida en una red bitcoin que se supone que es propiedad de la comunidad y está descentralizada. [Austin Hill], cofundador de *Blockstream*, dijo que por eso era primordial que se estableciera de forma transparente, como "una utilidad pública y no como una forma de secuestrar bitcoin"».[1]

Independientemente de las intenciones personales de *Austin Hill, Blockstream* acabó convirtiéndose en una forma de secuestrar Bitcoin. La retrospectiva nos proporciona una visión 20/20 pero, al reconstruir la historia de Bitcoin, es importante ser consciente de la falta de claridad que había en aquel momento. Pasaron años antes de que la *Liquid Network* se promocionara abiertamente como una alternativa a la *blockchain* de Bitcoin, cosa que fue una estrategia inteligente por parte de *Blockstream*, ya que, si hubieran anunciado inmediatamente su red propietaria como una solución de escalado, se habrían encontrado con risas y una resistencia abrumadora.

En cambio, la centralización del poder de *Bitcoin Core y Blockstream* fue algo lento y metódico. Aprovecharon pequeñas oportunidades para hacerse con más control sobre la red. Aprovecharon el débil liderazgo de Van der Laan y su deseo de evitar polémicas. Tal vez lo más importante es que aprovecharon la idea del «consenso de los desarrolladores» para

---

[1] Michael J. Casey, "Linked-In, Sun Microsystems Founders Lead Big Bet On Bitcoin Innovation", *The Wall Street Journal*, 17 de noviembre de 2014, https://web.archive.org/web/20141201173917/https://blogs.wsj.com/moneybeat/2014/11/17/linked-in-sun-microsystems-founders-lead-bigbet-on-bitcoin-innovation/

otorgarse a ellos mismos poder de veto sobre el *software*, incluso si tal veto cambiaba radicalmente la estructura y la economía de todo el sistema. Jeff Garzik advirtió de ello en un correo electrónico público sobre la negativa a aumentar el límite del tamaño de los bloques, diciendo:

«Se trata de un riesgo moral extremo: unos pocos validadores de *Bitcoin Core* pueden vetar [un] aumento y por lo tanto remodelar la economía de bitcoin, sacando a algunos negocios del sistema. Supone menos riesgo moral mantener la economía actual (aumentando el tamaño de los bloques) y no ejercer ese poder».[2]

¿Dinero programable o *spam*?

El límite de tamaño de bloque no fue el único ámbito en el que los desarrolladores del Core hicieron valer su poder. Otro gran ejemplo fue la noción de las llamadas *transacciones spam* y la utilización de Bitcoin para contratos inteligentes. Aunque ha sido eliminado del *software* de BTC y casi olvidado en la actualidad, Bitcoin fue diseñado originalmente para gestionar contratos inteligentes, el tipo de cálculos complejos por los que *Ethereum* es conocido. El sistema de contratos inteligentes de Bitcoin era más tosco que el de las criptomonedas más recientes, pero seguía teniendo una gran funcionalidad, gran parte de la cual se ha reactivado en *Bitcoin Cash*.

Los desarrolladores del Core no solo destruyeron la utilidad de Bitcoin como dinero digital, sino que también eliminaron funciones básicas de la propia tecnología original. ¿Por qué lo hicieron? Por la misma razón por la que se negaron a aumentar el límite de tamaño de bloque: no encajaba con su nueva visión de Bitcoin. No les gustaba la visión de Satoshi, así que crearon la suya propia; una en la que la *blockchain* solo se utiliza para transacciones de alto valor. Todo lo demás, ya sean pequeños pagos o contratos inteligentes, corre el riesgo de ser calificado de *spam* y

---

2   Jeff Garzik, "Block size: It's economics & user preparation & moral hazard", Bitcoin-dev mailing list, 16 de diciembre de 2015, https://lists.linuxfoundation.org/pipermail/bitcoin-dev/2015-December/011973.html

restringido por los desarrolladores del Core. El equipo de *Counterparty* lo descubrió por las malas.

Counterparty fue uno de los primeros grupos en aprovechar la amplia funcionalidad técnica de Bitcoin. Construyeron un registro de activos digitales descentralizado sobre Bitcoin. Los usuarios podían generar y negociar sus propios *tokens* directamente sobre la capa base. Los detalles técnicos de cómo lograron esto no son relevantes, excepto por una característica en particular. Desde los inicios de Bitcoin, los usuarios han podido añadir bits de datos al *blockchain*, permitiéndole gestionar algo más que simples transacciones monetarias. Los desarrolladores de *Counterparty*, entre otros, utilizaron esta característica para construir sus productos. Por desgracia para ellos, a los desarrolladores de Core les molestaba que la gente utilizara la tecnología de esta forma, porque pensaban que «hinchaba» el tamaño de la *blockchain*. Sin embargo, como es imposible evitar por completo que los usuarios hagan esto, los desarrolladores del Core decidieron crear una función explícita para añadir pequeñas cantidades de datos al *blockchain* de la forma menos desagradable posible, a la que llamaron función OP_RETURN.

Cuando se anunció originalmente OP_RETURN, se suponía que permitiría añadir 80 *bytes* de datos a las transacciones, que luego podrían ser fácilmente descartados por mineros y nodos. Trabajando con este número de 80 *bytes*, los desarrolladores de *Counterparty* construirían una nueva versión de su plataforma. Sin embargo, cuando finalmente se publicó OP_RETURN, su tamaño se redujo a la mitad, paralizando de hecho los proyectos que se estaban construyendo para 80 *bytes*.[3] Esto provocó una acalorada controversia y debate entre el público, los desarrolladores de Core y los desarrolladores de *Counterparty*.[4]

---

[3] Tim Swanson, "Bitcoin Hurdles: the Public Goods Costs of Securing a Decentralized Seigniorage Network which Incentivizes Alternatives and Centralization", abril 2014, http://www.ofnumbers.com/wp-content/ uploads/2014/04/Bitcoins-Public-Goods-hurdles.pdf

[4] "Make Master Protocol harder to censor", *GitHub*, septiembre 2014, https://github.com/OmniLayer/spec/issues/248

La decisión de los desarrolladores del Core dejó mal sabor de boca a muchos y fue considerada antiinnovadora. Se dio cuenta de ello nada menos que Vitalik Buterin, quien atribuyó la controversia como una de las razones por las que creó *Ethereum* en una *blockchain* totalmente independiente, en lugar de basarse en Bitcoin. Escribió:

«El montaje de OP_RETURN me empujó preventivamente hacia la construcción de *Ethereum* en *Primecoin* en lugar de Bitcoin. El plan *Primecoin* fue desechado porque acabamos recibiendo más atención y recursos de lo que esperábamos, y así pudimos construir nuestra propia capa base...».[5]

Y en otro lugar afirmó:

«Las primeras versiones del protocolo ETH eran una *metacoin* de contrapartida sobre primecoin. No Bitcoin, porque las guerras de OP_RETURN estaban ocurriendo en ese momento y, ante lo que ciertos desarrolladores del núcleo estaban diciendo... Tenía miedo de que las reglas del protocolo cambiaran bajo mi mando (por ejemplo, prohibiendo ciertas formas de codificar datos en txs), para hacerlo más difícil, y no quería construir sobre un protocolo base cuyo equipo de desarrollo estuviera en guerra conmigo».[6]

Greg Maxwell respondería a Buterin, claramente molesto por la afirmación de que el comportamiento de los desarrolladores del Core contribuyó a la decisión de Buterin de abandonar Bitcoin. Maxwell dijo:

---

[5] "Vitalik Buterin tried to develop Ethereum on top of Bitcoin, but was stalled because the developers made it hard to build on top of Bitcoin" *Reddit*, 1 de febrero de 2018, https://np.reddit.com/r/btc/comments/7umljb/ vitalik_buterin_tried_to_develop_ethereum_on_top/dtli9fg/

[6] Joseph Young, "Vitalik Buterin Never Attempted to Launch Ethereum on Top of Bitcoin", *CoinJournal*, 22 de mayo de 2020, https://coinjournal.net/ news/vitalik-buterin-never-attempted-launch-ethereum-top-bitcoin/

«¿Puedes ofrecer una sola prueba que apoye esto que dices? ¿Cómo podría OP_RETURN tener algo que ver con *Ethereum*, si no hay ninguna conexión?».[7]

A lo que Buterin respondió:

«¿No recuerdas el montaje de OP_RETURN? La cuestión es que me tomé cosas como la reducción a 40 *bytes* como un acto de guerra contra los metaprotocolos [al estilo del de *Counterparty*] que utilizan la *blockchain* de bitcoin (que es lo que habría hecho *Ethereum*)».[8]

Expulsar el talento

Muchos de los desarrolladores clave de *Counterparty*, junto con otras muchas mentes creativas, acabarían cambiando su orientación hacia la *blockchain* de Bitcoin a la *blockchain* de *Ethereum*. Hoy en día, *Ethereum* sigue siendo conocido por tener una cultura y una plataforma más abiertas a la innovación. El empresario de la criptomoneda Erik Voorhees escribiría más tarde:

«Desgraciadamente, creo que [los maximalistas de Bitcoin] hicieron que Bitcoin fuera poco acogedor para la experimentación y los desarrolladores de aplicaciones; todos se fueron a *Ethereum*, y ahí es donde existe en realidad el efecto de red ahora. Sin embargo, no creo que a los Maxis les importe, tienen su narrativa del oro 2.0, para bien o para mal».[9]

---

[7] "Vitalik Buterin tried to develop **Ethereum** on top of Bitcoin, but was stalled because the developers made it hard to build on top of Bitcoin" *Reddit*, 1 de febrero de 2018, https://np.reddit.com/r/btc/comments/7umljb/ vitalik_buterin_tried_to_develop_ ethereum_on_top/dtli9fg/

[8] Ibid.

[9] Erik Voorhees (@ErikVoorhees), *Twitter*, 5 de enero de 2021, https:// twitter.com/ erikvoorhees/status/1346522578748370952

Al alejar a la gente de Bitcoin, los desarrolladores de Core reforzaron su posición como poder centralizado sobre toda la red. Podían determinar cuánta experimentación creativa se permitiría. También podían determinar qué proyectos eran posibles o imposibles, dependiendo de las características que añadieran, lo que hacía que cualquier conexión personal con los desarrolladores del Core fuera valiosa. También acabaron estableciendo la cultura creada en torno al desarrollo de Bitcoin, que a menudo era innecesariamente dramática, así como hostil hacia la innovación. Independientemente de que fueran permisivos o estrictos, lo importante es que tuvieron, en primer lugar, esta influencia.

La hostilidad de los desarrolladores del Core hacia los usos creativos de la *blockchain* resulta particularmente irónica, teniendo en cuenta la popularidad de la que disfruta la narrativa de que Bitcoin es «dinero programable». Revisando la característica OP_RETURN menos de un año después, Greg Maxwell escribiría:

«Creo que OP_RETURN ha demostrado ser altamente problemático; y seguimos teniendo problemas con gente que cree [sic] que almacenar datos no relacionados con bitcoins en la cadena... es un uso aprobado, correcto y no antisocial del sistema».[10]

Según la visión de Maxwell, se supone que los usuarios deben comportarse como miembros de una congregación, siguiendo una lista de comportamientos aprobados dictada por sus superiores. Este nivel de rigidez y control no favorece la creatividad ni es realista en una red que, si se amplía, podría estar formada por miles de millones de personas. No se puede esperar que los individuos sepan cuál es el uso «aprobado» de una tecnología; simplemente utilizarán cualquier funcionalidad que les resulte útil.

Los empresarios y profesionales creativos necesitan la seguridad de que el protocolo en el que se basan no se romperá de repente porque algunos

---

[10] Laanwj, "Change the default maximum OP_RETURN size to 80 bytes #5286", *GitHub*, 3 de debrero de 2015, https://github.com/bitcoin/ bitcoin/pull/5286

desarrolladores cambien de opinión o decidan que un uso concreto de la *blockchain*es inaceptable. En la práctica, cuantas más restricciones se imponen a Bitcoin, más se han visto empujados los usuarios hacia sistemas alternativos que les proporcionan una funcionalidad adicional. Como Gavin Andresen especuló en 2014, este era quizás un resultado previsto:

> «Hay una pequeña minoría de personas que creen que sería MEJOR que las transacciones se trasladaran a la moneda fiduciaria, a una *altcoin* o a alguna solución *off-blockchain* más centralizada. Estoy totalmente en desacuerdo».[11]

Afortunadamente, cuando se lanzó *Bitcoin Cash*, OP_RETURN fue una de las primeras cosas que se actualizó y aumentó a 220 *bytes*. Este espacio adicional, unido a bloques significativamente más grandes, permite usos más creativos de la *blockchain* que los que son posibles con BTC. El aumento del uso de datos no es una preocupación significativa dentro de la filosofía de bloques grandes, ya que los usuarios normales no tienen que ejecutar sus propios nodos, y los mineros pueden descartar fácilmente estos datos. Se anima a todo el mundo a aprovechar esta característica y a encontrarle nuevos usos, ¡aunque Greg Maxwell no lo apruebe!

Unas comisiones bajas también son fundamentales para el éxito a largo plazo del dinero programable. La actitud hacia las comisiones altas ha cambiado hoy en día, pero, originalmente, incluso una comisión de transacción de cinco céntimos se consideraba absurdamente alta. En una sonada entrevista, Vitalik Buterin comentó:

> «Ahora mismo, una transacción de Bitcoin cuesta cinco céntimos, lo que está... bastante bien ahora mismo, porque las comisiones de *PayPal* son

---

[11]   Gavin Andresen, "Re: Gavin Andresen Proposes Bitcoin Hard Fork to Address Network Scalability", Bitcoin Forum, 19 de octubre de 2014, https:// bitcointalk.org/index. php?topic=816298.msg9254725#msg9254725

aún más estúpidas. Pero, ya sabes, la Internet del dinero no debería costar cinco céntimos por transacción.

[Risa] Es un poco absurdo».[12]

A pesar de lo elevadas que son las comisiones en el sector de las criptomonedas, Buterin tenía razón. Es absurdo e innecesario tener comisiones de más de un céntimo para la gran mayoría de las transacciones. Si la utilidad del dinero programable se ve obstaculizada por comisiones de cinco céntimos, imagínate cuánto se ve obstaculizada por comisiones de 50 dólares. Stephen Pair, de *BitPay*, compartió una opinión similar, comentando la competitividad de Bitcoin como sistema de pago:

«Un céntimo por una transacción media en la cadena es probablemente demasiado caro para ser competitivo».[13]

No hay ninguna razón técnica por la que no se pueda conseguir. Ya es así en la red *Bitcoin Cash*.

Una pérdida de fe nuclear

La controversia en torno a OP_RETURN y otras cuestiones menores no fue nada en comparación con la ira que provocó la negativa a aumentar el límite de tamaño de bloque, especialmente porque los principales desarrolladores de Core habían acordado previamente que era necesario aumentar el límite, aunque no querían eliminarlo por completo. Pieter Wuille escribió en 2013:

---

[12]   Crypto Me!, "The Internet of Money should not cost 5 cents per transaction." -Vitalik Buterin", *YouTube*, 19 de diciembre de 2017, https://www. youtube.com/ watch?v=unMnAVAGlpO

[13]   Stephen Pair, "Bitcoin as a Settlement System", Medium, 5 de enero de 2016, https://medium.com/@spair/bitcoin-as-a-settlement-system13f86c5622e3

«Estoy a favor de aumentar el límite de tamaño de los bloques en una bifurcación radical, pero muy en contra de eliminar el límite por completo... Mi sugerencia sería un aumento único a tal vez 10 MiB o 100 MiB bloques (a debatir), y después de eso, a lo sumo, un crecimiento exponencial más lento».[14]

A pesar de esas palabras, sus acciones estaban frenando el crecimiento de Bitcoin en un momento crítico y, al final, su filosofía de bloque pequeño se volvió aún más radical. Bitcoiners de todas partes se estaban impacientando en 2013, todavía más en 2014, y estaban ya completamente hartos en 2015. Nadie captó este sentimiento mejor que Mike Hearn, en un hilo de correo electrónico público con Greg Maxwell. Hearn comenzó el correo citando a Maxwell, que estaba tratando de argumentar que los bloques pequeños siempre fueron el plan desde el principio:

"Era algo bien... entendido que los usuarios de Bitcoin desearían proteger su descentralización [sic] limitando el tamaño de la cadena para mantenerla verificable [sic] en dispositivos pequeños".

No, no lo estaba. Eso es algo que tú te inventaste mucho más tarde. Los «dispositivos pequeños» ni siquiera se definen en ninguna parte, por lo que no puede haber habido tal forma de entenderlo. Por favor, no intentes engañarme sobre cuál era el plan...

Si Satoshi hubiera dicho desde el principio: «Bitcoin no puede escalar nunca. Así que pretendo que esté fuertemente limitado y que solo lo use un puñado de personas para transacciones raras. Elegí 1MB como límite arbitrario para asegurarme de que nunca se popularice».

... entonces no me habría molestado en participar. Habría dicho, eh, no me apetece mucho poner mi empeño en un sistema que pretende NO ser popular. Y así lo harían muchas otras personas...».

---

[14] Pieter Wuille, "Re: How a floating blocksize limit inevitably leads towards centralization", Bitcoin Forum, 18 de febrero de 2013, https:// bitcointalk.org/index. php?topic=144895.msg1537737#msg1537737

Terminaba el correo sugiriendo a Maxwell que creara su propia *altcoin* en lugar de secuestrar y rediseñar Bitcoin para adaptarla a sus preferencias personales:

«Mira, está claro que has decidido que la forma en que Bitcoin debía evolucionar no es de tu agrado personal. No pasa nada. Vete a crear una moneda alternativa en la que sus documentos fundacionales establezcan que está pensada para funcionar siempre en una Raspberry Pi de 2015, o lo que sea que tú entiendas por «dispositivos pequeño». Elimina la capacidad SPV del protocolo para que todo el mundo tenga que validar completamente. Asegúrate de que todo el mundo entienda desde el primer día para qué sirve tu moneda alternativa.

Entonces, cuando alguien diga, "sería bueno si tuviéramos más capacidad", tú o cualquier otro puede enseñar los correos electrónicos promocionales y decir "no, *GregCoin* está destinado a ser siempre verificable en dispositivos pequeños, ese es nuestro contrato social y así está escrito en las reglas de consenso por esa razón".

Pero tu intento de convertir Bitcoin en esa *altcoin* aprovechando un hack temporal es desesperado, y profundamente molesto para mucha gente. No son muchos los que han renunciado a sus trabajos y creado empresas para construir productos destinados solo a la minúscula base de usuarios actual».[15]

Nadie lo expresó mejor que Mike Hearn, ni entonces ni ahora. Aunque él y Gavin Andresen compartían una visión técnica similar respecto a Bitcoin, Hearn era, de lejos, el más polémico de los dos. Después de ver los fracasos de Bitcoin y en lo que se ha convertido hoy, creo que el enfado y la frustración de Hearn estaban justificados, y desde luego no era el único.

---

[15] Mike Hearn, "Why Satoshi's temporary anti-spam measure isn't temporary", Bitcoin-dev mailing list, 29 de julio de 2015, https://lists. linuxfoundation.org/pipermail/bitcoin-dev/2015-July/009726.html

«Nuestros nuevos señores»

Andreas Antonopoulos, que desde entonces se ha convertido en un popular defensor de Bitcoin y las criptomonedas, también expresó su frustración por el comportamiento de los desarrolladores de Core —y del Sr. Maxwell en particular— en los foros *online*, diciendo:

«[Maxwell] ha publicado anteriormente varias citas mal atribuidas y luego no se ha retractado de ellas ni se ha disculpado... Contemplad cualquier cita que publique con extrema desconfianza, especialmente si son selectivas, breves, fuera de contexto y con intención de calumniar; es decir, siguen su táctica habitual. Racionaliza su opinión como la única que importa, [una] opinión en cierto modo "neutral" que todos aceptaríamos si no fuéramos tan tontos...

Lo único que importaba en este debate era la opinión de los 3-4 promotores, que no querían ningún proceso que... diera lugar a nada que no fuera lo que ellos ya habían decidido. Retorcieron, dieron vueltas y racionalizaron, pero al final hicieron exactamente lo que pretendían desde el principio: censurar opiniones particulares por exclusión y mediante decreto.

Todos aclaman a nuestros nuevos señores. No son solo programadores, son directores de prensa y son los PROPIETARIOS de Bitcoin. Como se suele decir, si no te gusta... bifúrcate».[16]

A finales de 2014, cuando Gavin Andresen aún trabajaba en la Fundación Bitcoin, escribió un artículo en el que proponía una hoja de ruta para el escalado. Tras escribir innumerables entradas en foros, blogs e hilos de correo electrónico explicando por qué era necesario aumentar el límite de tamaño de bloque, llegó a la conclusión de que por fin había llegado el momento de avanzar:

---

[16] Aantonop, "Re: Roger Ver and Jon Matonis pushed aside now that Bitcoin is becoming mainstream", *Bitcoin Forum*, 29 de abril de 2013, https:// bitcointalk.org/index. php?topic=181168.msg1977971#msg1977971

«El siguiente problema de escalabilidad que hay que resolver es el límite de tamaño de bloque de 1 *megabyte*, que significa que la red solo puede soportar unas 7 transacciones por segundo... La intención siempre ha sido aumentar ese límite cuando el volumen de transacciones justificara bloques más grandes...

"Porque Satoshi lo dijo" no es una razón válida [por sí misma]. Sin embargo, mantenerse fiel a la visión original de Bitcoin es muy importante. Esa visión es lo que inspira a la gente a invertir su tiempo, energía y riqueza en esta nueva y arriesgada tecnología.

Creo que el tamaño máximo de los bloques debe aumentarse por la misma razón por la que NUNCA debe aumentarse el límite de 21 millones de monedas: porque a la gente se le dijo que el sistema escalaría para manejar muchas transacciones, igual que se le dijo que solo habrá 21 millones de bitcoins».[17]

Solo unos meses después de que se escribiera este post, quedó inequívocamente claro que los desarrolladores del Core no iban a aumentar el límite de tamaño de bloque. Si el Bitcoin de bloques grandes iba a existir tal y como Satoshi lo diseñó, Hearn y Andresen tendrían que tomar cartas en el asunto.

---

[17] Gavin Andresen, "A Scalability Roadmap", Bitcoin Foundation, 6 de octubre de 2014, https://web.archive.org/web/20150130122517/https:// blog.bitcoinfoundation.org/ a-scalability-roadmap/

15.
Contraatacando

Los debates sin llegar a compromisos no funcionaron. Bitcoin no escalaba, y los *small-blockers* no estaban interesados en alcanzar ese compromiso. En mayo de 2015, el desarrollador de Core, Matt Corallo, escribió:

«Personalmente, estoy bastante en contra de cualquier compromiso para aumentar el tamaño de los bloques en un futuro próximo. La compatibilidad de los incentivos a largo plazo exige que exista cierta presión sobre las comisiones y que los bloques estén llenos o casi llenos de forma relativamente constante. Lo que vemos hoy en día son transacciones que disfrutan de confirmaciones del siguiente bloque con una presión casi nula para incluir alguna comisión... ».[1]

Así que, más tarde, ese mismo año, se llegó a la conclusión de que había que sortear a los desarrolladores de Core. Tendría que crearse una implementación de *software* diferente y, si la mayoría del *hashpower2* se pasaba a ella, la red lograría eludir por completo a Core. Dado que el objetivo a largo plazo siempre fue tener implementaciones competidoras, la intransigencia de Core proporcionó una gran razón para iniciar la

---

[1] Matt Corallo, "Block Size Increase", Bitcoin-development mailing list, 6 de mayo de 2015, https://lists.linuxfoundation.org/pipermail/bitcoin-dev/2015May/007869.html
[2] Potencia del *hardware* empleado. (*N. del T.*)

competición, una decisión que cambiaría permanentemente la historia de Bitcoin.

BitcoinXT y BIP101

Mike Hearn y Gavin Andresen habían creado, previamente, una implementación alternativa llamada *BitcoinXT* para realizar algunos cambios no críticos en el *software*. *BitcoinXT* seguía siendo compatible con *Bitcoin Core* —ambos conectaban a los usuarios a la misma red—, pero permitió a Hearn trabajar en otro proyecto llamado *Lighthouse*, que era una plataforma de *crowdsourcing* que utilizaba Bitcoin como moneda. Para que *Lighthouse* funcionara correctamente, tenía que realizar pequeños cambios en el *software* Core, pero, como eso resultó casi imposible, decidió desarrollar su propia implementación. Esta implementación alternativa fue la elegida para sustituir a *Bitcoin Core*. El límite de tamaño de bloque se incrementaría en *BitcoinXT*, haciéndolo incompatible con Core y, si una masa crítica de mineros lo utilizaba, la red se actualizaría con éxito, por fin, para permitir bloques más grandes. Satoshi describió este mecanismo de actualización en el libro blanco, declarando:

«La prueba del trabajo también resuelve el problema de determinar la representación en la toma de decisiones por mayoría... La prueba del trabajo es esencialmente una CPU, un voto. La decisión mayoritaria está representada por la cadena más larga, que tiene el mayor esfuerzo de prueba de trabajo invertido en ella...

[Los mineros] votan con la potencia de su CPU, expresando su aceptación de los bloques válidos trabajando en su ampliación y rechazando los bloques no válidos negándose a trabajar en ellos. Con este mecanismo de consenso pueden aplicarse todas las normas e incentivos necesarios».[3]

---

[3] Satoshi Nakamoto, "Bitcoin: A Peer-to-Peer Electronic Cash System", 2008, https://www.bitcoin.com/bitcoin.pdf

BitcoinXT no solo mejoraría la red desde una perspectiva técnica, sino que también acabaría con el dominio de *Bitcoin Core* sobre el código fuente, convirtiendo a XT en el principal repositorio en línea. Los malos responsables y el proceso de toma de decisiones quebrado, dentro de Core, ya no importarían. Un periodista del *New Yorker* preguntó a Andresen sobre esto en una entrevista:

«Le pregunté a Andresen si, en caso de que XT lograra una aceptación total, incluiría a todos los desarrolladores anteriores del núcleo de Bitcoin en el nuevo equipo de XT. Respondió que "[XT] tendrá un conjunto diferente de desarrolladores. Parte del motivo de la bifurcación es tener un proceso de toma de decisiones claro para el desarrollo del *software*"».[4]

Los lectores que simpaticen con la visión original pueden estar pensando: «¡Ya era hora!», pero tengan en cuenta que la decisión de orientarse con respecto a *Bitcoin Core* fue extremadamente difícil de tomar. Casi todo el mundo de la criptomoneda, en ese momento, estaba unificado dentro de una comunidad y red Bitcoin. En mis muchas conversaciones con empresarios de Bitcoin, la frustración respecto a Core era casi universal, pero el deseo de mantener la red unida era aún más fuerte. Si la situación se complicaba, podría fracturar la comunidad y la economía.

Mantenerse unidos

El riesgo de una fractura de la comunidad debía compararse con el riesgo de un fallo de la red. Si los bloques se llenaban, las comisiones se disparaban y la red no podía gestionar la carga de transacciones —un hecho sin precedentes en aquel momento—, la experiencia de usuario se volvería tortuosa y poco fiable, y podría alejar a la gente de Bitcoin de

---

[4]   Maria Bustillos, Inside the Fight Over Bitcoin's Future, *The New Yorker*, 25 de agosto de 2015, https://www.newyorker.com/business/currency/ inside-the-fight-over-bitcoins-future

forma permanente. En 2015 esta tecnología aún no se había generalizado y mucha gente del mundo financiero estaba deseando verla fracasar. Así que había que aumentar el límite de tamaño de los bloques para evitar una crisis; había que despedir a los desarrolladores del Core, pero la industria tenía que esperar hasta el momento oportuno. En retrospectiva, ahora que hemos visto múltiples casos de fallo de la red en BTC, está claro que el público puede tolerarlo; aunque quizá sea porque ha aceptado la narrativa del Core y no conoce nada mejor. Las elevadísimas comisiones son sin duda malas para BTC, pero, hasta ahora, no han destruido su credibilidad de una manera permanente.

Dentro del desarrollo de Bitcoin, existía una manera formal de proponer nuevos cambios en el *software*. Los programadores escribían «Propuestas de Mejora de Bitcoin», también conocidas como *BIP*. Las BIP iban desde mejoras triviales a cambios sustanciales. Tras la creación de una BIP, si había algún desacuerdo, se iniciaba un debate para decidir si la propuesta debía ser aceptada o rechazada. Anteriormente, se habían creado varios BIP para permitir aumentos del tamaño de los bloques. Algunos eran aumentos modestos; otros eran aumentos radicales. Ninguno fue aceptado en *Bitcoin Core*.

Mike Hearn y otros crearon el *BIP101*, en el que se proponía un aumento inmediato del límite del tamaño de los bloques a 8MB, seguido de pequeños aumentos en cada bloque, lo que daría lugar a una duplicación del límite cada dos años hasta alcanzar un nuevo tamaño máximo de 8GB en 2035, lo que permitiría realizar unas 40.000 transacciones por segundo (varias veces más que el rendimiento de *Visa* en aquel momento). Hearn reflexionaría más tarde sobre la propuesta:

«En agosto de 2015 quedó claro que, debido a una grave mala gestión, el proyecto *Bitcoin Core*, que mantiene el programa que hace funcionar la red *peer-to-peer*, no iba a publicar una versión que aumentara el límite de tamaño de los bloques... Así que algunos desarrolladores a largo plazo (entre los que me encontraba) nos reunimos y desarrollamos el código necesario para aumentar el límite. Ese código se llamó *BIP101* y lo publicamos en una versión modificada del *software* al que conocemos como *BitcoinXT*. Al ejecutar XT, los mineros podían votar a favor de cambiar el límite. Una vez que el 75% de los bloques votaran a favor del cambio, se ajustarían las reglas y se permitirían bloques más grandes».[5]

El mecanismo de actualización era simple y directo. Los mineros de *BitcoinXT* podían votar y, si una mayoría de *hashrate* votaba a favor de *BIP101*, se activaría tras un periodo de gracia de dos semanas. *BIP101* se consideró una actualización *hard fork* porque sería incompatible con versiones anteriores del *software*, a diferencia de un *soft fork* que mantiene la compatibilidad. Debido a la forma en que Satoshi añadió, de manera precipitada, el límite de tamaño de bloque, se necesitaría un *hard fork* para aumentarlo. Los desarrolladores de Core protestaron enérgicamente contra la idea de un *hard fork*, alegando que podría causar un fallo o una división de la red. De hecho, muchos de ellos afirmaron que sería menos arriesgado cambiar toda la economía de Bitcoin que hacer un *hard fork*. Pieter Wuille, de *Bitcoin Core*, declaró:

«Si estamos dispuestos a correr el riesgo de un *hard fork* por miedo a un cambio económico, entonces, creo que la comunidad [Bitcoin] no está preparada en absoluto para afrontar el cambio».[6]

Visto en retrospectiva, el drama que rodea a las *hard forks* parece exagerado. Casi todos los proyectos de criptomonedas sufren bifurcaciones así, porque son un mecanismo esencial para actualizar el código crítico, corregir errores y reducir el bagaje técnico. *Ethereum* se somete regularmente a *hard forks*. *Bitcoin Cash* ha sufrido varias desde su lanzamiento. Pero, en 2015, este precedente aún no estaba establecido, y Core fue capaz de avivar los temores acerca de que un *hard fork* podría romper la red. En realidad,

[5] Mike Hearn, "The resolution of the Bitcoin experiment", *Medium*, 14 de enero de 2016, https://blog.plan99.net/the-resolution-of-the-bitcoinexperiment-dabb30201f7
[6] Pieter Wuille, "*Bitcoin Core* and hard forks", Bitcoin-dev mailing list, 22 de julio de 2015, https://lists.linuxfoundation.org/pipermail/bitcoindev/2015-July/009515.html

incluso si hubiera un error de *software* en la actualización y la red se viera interrumpida, simplemente se arreglaría, como se han arreglado otros errores críticos en el pasado. Los riesgos de interrupción son insignificantes comparados con los riesgos de revisar todo el sistema, algo parecido a tomar quimioterapia para protegerse de un resfriado común.

En mi opinión, la verdadera razón del miedo que rodeaba a *BIP101* era que habría provocado que *Bitcoin Core* perdiera el control sobre el desarrollo y dejara de tener las llaves del repositorio de código en línea. Dado que XT añadiría *BIP101*, y Core no, las dos implementaciones se volverían incompatibles entre sí a nivel de protocolo, dando lugar a que la implementación minoritaria se viera *bifurcada* de la red principal. Aunque esto sería devastador para Core y sus partidarios, al requerir que el 75% de los mineros apoyasen el cambio, se garantizaría una interrupción mínima para los usuarios habituales. Los mineros restantes tendrían que actualizar su *software* para permitir bloques más grandes o crear su propia cadena de bloques.

La historia de *BitcoinXT* desmentiría de manera permanente la tesis de que Bitcoin está, de algún modo, fuera del alcance de la influencia humana. Por el contrario, es profundamente social y su historia no está moldeada por la escritura de código de *software* en sí misma, sino por individuos que toman decisiones difíciles en un contexto social, económico y político. Aunque casi todos los empresarios serios eran partidarios de aumentar el tamaño de los bloques, algunos pensaron que librarse de Core causaría demasiada división. En su lugar, estaban dispuestos a apoyar públicamente el *BIP101* e instarían a *Bitcoin Core* a fusionarlo con su *software*. Varias de las mayores compañías de Bitcoin no mineras emitieron una declaración conjunta apoyando *BIP101* y los bloques de 8MB, sin apoyar de manera explícita *BitcoinXT*. Entre los firmantes se encontraban Stephen Pair, CEO de *Bitpay*, Peter Smith, CEO de *Blockchain.info*, Jeremy Allaire, CEO de *Circle.com*, Wences Casares, CEO de *Xapo.com* y Mike Belshe, CEO de *Bitgo.com*, entre otros. El comunicado rezaba así:

«Nuestra comunidad se encuentra en una encrucijada... Tras largas conversaciones con desarrolladores de núcleos, mineros, nuestros propios equipos técnicos y otros participantes de la industria, creemos que es imperativo que planifiquemos el éxito aumentando el tamaño máximo de los bloques.

Apoyamos la implementación del *BIP101*. Hemos encontrado convincentes los argumentos de Gavin tanto sobre la necesidad de bloques más grandes como sobre la viabilidad de su implementación, salvaguardando al mismo tiempo la descentralización de Bitcoin. El *BIP101* y los bloques de 8MB ya cuentan con el apoyo de la mayoría de los mineros y creemos que es hora de que la industria se una para apoyar esta propuesta.

Nuestras empresas estarán preparadas para bloques más grandes en diciembre de 2015 y ejecutaremos código que lo soporte... Nos comprometemos a apoyar *BIP101* en nuestro *software* y sistemas en diciembre de 2015, y animamos a otros a que se unan a nosotros».[7]

BitcoinXT es la parte a la que se aludía sin mencionar en esta carta. «Ejecutaremos código compatible con *BIP101* en diciembre» se traduce como: «Si *Bitcoin Core* no permite esta actualización, cambiaremos a XT».

Algunos de los mayores mineros del momento publicaron una declaración similar. En ella, no solo expresaban su apoyo a bloques más grandes, sino que refutaban específicamente un argumento que *Bitcoin Core* había estado promoviendo: que 8MB serían demasiado grandes para los mineros chinos que estaban atrapados detrás del famoso «Gran Cortafuegos de China». Core había argumentado anteriormente que 8MB causaría problemas de ancho de banda y latencia. Pero varias grandes empresas mineras chinas —que representan más del 60% del

[7] Stephen Pair, Peter Smith, Jeremy Allaire, Sean Neville, Sam Cole, Charles, Cascarilla, John McDonnell, Wences Casares and Mike Belshe, "Our community stands at a crossroads.", 24 de agosto de 2015, https://web.archive.org/web/20150905190229/https://blog.*blockchain*.com/wpcontent/uploads/2015/08/Industry-Block-Size-letter-All-Signed.pdf

hashrate total de Bitcoin[8] — firmaron una carta afirmando que estaban preparadas para bloques de 8MB.

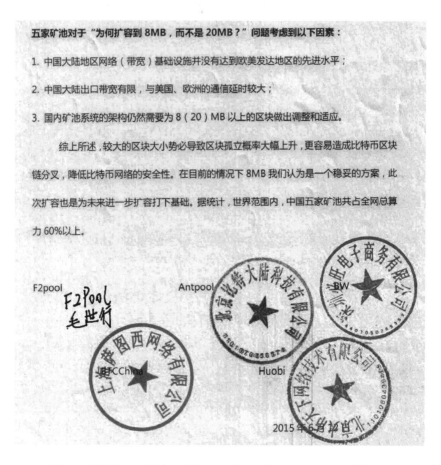

Figura 5: Carta de la industria firmada por mineros chinos.

Una sección traducida dice así:

«Si la red actual es incapaz de soportar bloques de más de 1MB, entonces la insistencia de Core en el límite de tamaño de bloque es comprensible.

---

[8] Joseph Young, "7 Leading Bitcoin Companies Pledge Support for *BIP101* and Bigger Blocks", *Bitcoin Magazine*, 24 de agosto de 2015, https:// bitcoinmagazine.com/ technical/7-leading-bitcoin-companies-pledgesupport-bip101-bigger-blocks-1440450931

Pero en realidad, incluso con el *Gran Cortafuegos* en vigor, los *pools* de minería chinos han dicho todos que quieren un tamaño de bloque de 8MB».[9]

Con el acuerdo internacional generalizado sobre la necesidad de aumentar el límite de tamaño de los bloques, el poder y la influencia de *Bitcoin Core* parecían estar llegando a su fin.

Hora de bifurcarse

El 15 de agosto de 2015, Mike Hearn escribió otro artículo que marcó un hito en la historia de Bitcoin, titulado *¿Por qué se bifurca Bitcoin?*, en el que explicaba por qué tenía que producirse una escisión.[10] Merece la pena leer el artículo completo, y aquí se citan varios extractos:

«Así que así está la cosa. Aquí estamos. La comunidad está dividida y Bitcoin se bifurca: tanto el *software* como, quizás, también la *blockchain*. Los dos lados de la escisión son *Bitcoin Core* y una ligera variante del mismo programa, llamada *Bitcoin XT*... Nunca antes se había producido una bifurcación de este tipo. Quiero explicar las cosas desde la perspectiva de los desarrolladores de *Bitcoin XT*: que no se diga que no hubo suficiente comunicación...

El plan de Satoshi nos unió a todos... Es la idea de que la gente corriente se pague entre sí a través de una *blockchain* lo que creó y unió a esta comunidad global. Esa es la visión por la que firmé. Esa es la visión que Gavin Andresen firmó. Esa es la visión a la que se apuntaron tantos desarrolladores y fundadores de *startups* y evangelistas y usuarios de todo el mundo. Esa visión está ahora en peligro.

En los últimos meses ha quedado claro que un pequeño grupo de

---

9   F2Pool, Mining Pool Technical Meeting - Blocksize Increases, 12 de junio de 2015, https://imgur.com/a/LIDRr

10   Mike Hearn, "Why is Bitcoin forking?", *Medium*, 15 de agosto de 2015, https://medium.com/faith-and-future/why-is-bitcoin-forkingd647312d22c1

personas tiene un plan radicalmente diferente para Bitcoin... Ven una oportunidad única de oro para desviar a la fuerza a Bitcoin de su camino previsto y llevarlo hacia una trayectoria técnica muy diferente».

A continuación, explicó que, dada la enorme diferencia entre las visiones enfrentadas, la solución más sensata sería que los *small-blockers* crearan su propia moneda alternativa en lugar de secuestrar Bitcoin explotando lo que denominó una «chapuza temporal», es decir, el límite de tamaño de bloque. Sin embargo, estaba claro que la facción de los *small-blockers* no se iría para crear su propio proyecto independiente, ni se comprometerían a aumentar siquiera ligeramente el límite. Hearn vio esto como una prueba de los defectos estructurales de *Bitcoin Core*:

«¿Por qué no se puede resolver esta disputa de una manera más civilizada que producir una división abierta? En pocas palabras, el proceso de toma de decisiones en *Bitcoin Core* se ha roto. En teoría, como casi todos los proyectos de código abierto, Core tiene un *responsable*. El trabajo de un responsable es guiar el proyecto y tomar decisiones sobre lo que entra y lo que no. El responsable es el jefe. Un buen responsable recaba opiniones, sopesa argumentos y toma decisiones. Pero, en el caso de *Bitcoin Core*, el debate sobre el tamaño de los bloques se ha prolongado durante años. El problema es que cualquier cambio, no importa lo obvio que sea, puede verse rechazado por completo si se convierte en algo *polémico*; es decir, si otra persona con acceso al comité presenta objeciones. Como hay cinco personas en el comité, y muchos otros exteriores al mismo, que también pueden hacer que los cambios sean objeto de controversia, esto se convierte en un ideal para generar bloqueo. El hecho de que el tamaño de bloque nunca se ideó para que fuese algo permanente ha dejado de importar: el hecho de que se debata su eliminación es, por sí mismo, suficiente para asegurar que no sucederá. Dado que existe un comité sin presidente, la reunión nunca termina...».

Tras compartir una larga lista de empresas y personas clave que apoyaban a Hearn y Andresen, señaló las enormes asimetrías de poder entre los desarrolladores del Core y el resto de empresarios e ingenieros de toda la industria de Bitcoin. Por mucho apoyo que recibiera una propuesta concreta, podía ser rechazada por un puñado de personas con poder de veto:

«Las empresas representan a muchas de las personas más apasionadas, dedicadas y técnicas de Bitcoin. Proporcionan infraestructuras críticas. Sin embargo, las opiniones de las personas que las construyen se consideran engañosas para el espíritu del consenso. ¿Qué pasa con los desarrolladores de monederos? Son las personas más en contacto con las necesidades de los usuarios del día a día. Nunca se les preguntó. De todos modos, cuando se pronunciaron, no sirvió de nada; sus opiniones se consideran irrelevantes...

Cada vez está más claro que el *consenso* del que tanto se habla en la comunidad de *Bitcoin Core* se refiere en realidad a las opiniones de un pequeño puñado de personas, independientemente de lo que piensen los demás miembros de la comunidad, de cuánto hayan trabajado o de cuántos usuarios tengan sus productos.

Dicho de otro modo, el «consenso de desarrolladores» es marketing, humo que echan sobre los ojos de los usuarios de Bitcoin para cegarles respecto a la verdad: tan solo dos o tres personas, actuando de forma concertada, pueden romper Bitcoin de la forma que mejor les parezca».

Hearn concluye su artículo señalando que las bifurcaciones son la única forma de evitar la apropiación del desarrollo, ya que ejercen una presión competitiva que impide que los desarrolladores se pasen de listos:

«En resumen, creen que el único mecanismo que tiene Bitcoin para mantenerlos a raya no debe utilizarse nunca. No creo que sea su intención, pero es lo que hay. Su opinión es que no debería haber ninguna alternativa a sus decisiones. Que cualquier cosa a la que se opongan, por la razón que sea, está muerta para siempre... y que Bitcoin es, por tanto, su juguete para hacer con él lo que les plazca.

Esta situación no puede continuar. El proyecto *Bitcoin Core* ha demostrado que no puede reformarse, por lo que hay que abandonarlo. Por eso Bitcoin se ha bifurcado. Esperamos que todo el mundo lo entienda».

Una vez más, nadie resumió la situación con más precisión que Mike Hearn. Su artículo fue considerado una brillante articulación de los problemas de Bitcoin, así como una justificación para separarse de *Bitcoin Core*. Para los *small-blockers*, sin embargo, aquello fue el equivalente a un acto de guerra. Si una supermayoría de mineros seguía a Hearn y Andresen, la visión del Bitcoin de bloque pequeño quedaría relegada a convertirse en una *altcoin*, y los desarrolladores del Core serían despedidos. Así que hubo una campaña inmediata y generalizada para cerrar XT antes de que cogiese demasiada carrerilla.

16.
Bloqueando la salida

Bitcoin parece de lo más descentralizado cuando se observa desde la distancia. Pero, si se examina más de cerca, queda claro que hay un pequeño número de posiciones críticas que tienen una influencia abrumadora sobre la red. El control sobre las claves de *software* ya ha quedado establecido a modo de ejemplo. Otro es el control de los flujos de información en línea. La poderosa narrativa de BTC, repetida por todas partes, en los medios de comunicación, no surgió espontáneamente, ni fue el resultado de un debate libre y abierto entre los entusiastas de Bitcoin. Las dos plataformas de debate más importantes, en las que se produjo la inmensa mayoría de las conversaciones, fueron *bitcointalk.org* y el subreddit *r/Bitcoin*, que siguen gozando de una inmensa popularidad. Resulta que ambas plataformas están controladas por la misma persona, seudónimo *Theymos*. También es propietario de *The Bitcoin Wiki* (Bitcoin.it). Es una persona con un enorme poder a la hora de dar forma a las narrativas y dirigir el flujo de información y, cuando llegó el momento, no dudó en ejercer este poder.

Comienza la censura

Bitcoin.org solía considerarse una página neutral para la gente que aprendía sobre Bitcoin. Contaba con información básica introductoria, enlaces a empresas y servicios del sector y otros recursos útiles para los recién llegados. Sin embargo, dado que estaba controlada por partidarios acérrimos de *Bitcoin Core*, este barniz de neutralidad se evaporó rápidamente una vez que *BitcoinXT* comenzó a amenazar el dominio de los desarrolladores de Core. El 16 de junio de 2015, *Bitcoin.org* anunció su «Política de *hard fork*» oficial:

«Parece que el reciente debate sobre el tamaño de los bloques desembocará probablemente en un intento de *hard fork* conflictivo... El peligro de un *hard fork* conflictivo es potencialmente tan importante que *Bitcoin.org* ha decidido adoptar una nueva política:
Bitcoin.org no promocionará ningún *software* o servicio que abandone el consenso previo debido a un intento de *hard fork* conflictivo.
Esta política se aplica al *software* de nodo completo, como *Bitcoin Core*, las bifurcaciones de *software* de *Bitcoin Core* y las implementaciones alternativas de nodo completo. También se aplica a monederos y servicios... que liberen código o hagan anuncios indicando que dejarán de operar conforme al consenso previo...».[1]

En otras palabras, cualquier empresa que se pusiera del lado de *BitcoinXT*, en detrimento de Core, vería cómo eliminaban sus anuncios del sitio. Dado que *Bitcoin.org* era, y sigue siendo, a menudo considerado el sitio web «oficial» de Bitcoin, esta política ayudaría a crear la narrativa de que cualquier «bifurcación polémica», fuera de Core, es ilegítima por defecto. El anuncio fue inmediatamente criticado por muchos Bitcoiners, Mike Hearn entre ellos, que dijo:

«Quieres asegurarte de que los nuevos usuarios no sepan de la existencia de *Bitcoin XT*. ¿Por qué no lo dices directamente? Vuestra postura es errónea y solo reducirá la utilidad de *bitcoin.org* como sitio en el que aprender información importante. Es más, estáis apoyando intrínsecamente un *statu quo* en el que un pequeño número de personas puede vetar cualquier cambio en Bitcoin sin importar el apoyo del resto de la comunidad. Eso

---

[1] "Bitcoin.org Hard Fork Policy", Bitcoin, 16 de junio de 2015, https://cloud.githubusercontent.com/assets/61096/8162837/d2c9b502-134d-11e59a8b-27c65c0e0356.png

no es descentralización. Y, en última instancia, es mucho más peligroso para Bitcoin.

Si intentáis cerrar el único método que tiene la comunidad para rechazar las decisiones de este pequeño grupo, estáis condenando el proyecto a subordinarse a los caprichos de quienquiera que se encontrara en los inicios del proyecto y acabara teniendo acceso a los miembros del comité».[2]

Hearn también señaló lo absurdo de tal política, dado el enorme apoyo a los bloques más grandes en todo el sector:

«...se dice que eliminarán de la lista cualquier monedero o servicio que anuncie que operará al margen del "consenso previo". Actualmente, todos los monederos *GreenAddress*, a los que hemos sondeado, nos han dicho que apoyan bloques más grandes. Además, todos los principales procesadores de pagos con los que hemos hablado también nos han dicho lo mismo. Aparte de los principales *exchanges*. Así que, para ser coherente con esta política, tendrán que eliminar todos los monederos y todos los servicios principales (excepto *GreenAddress*) de la página web».

El compañero Bitcoiner Will Binns escribió:

«*Bitcoin.org* debería intentar [mantenerse] lo más imparcial posible en medio de las cuestiones que se debaten públicamente. Cientos de personas, si no miles, visitan este sitio cada día, muchos de los cuales son nuevos usuarios que aprenden sobre Bitcoin por primera vez. Para los usuarios existentes en el sector, este sitio web es también un recurso increíble, en la mayoría de los casos.

Da la impresión de que este artículo pretende influir en la opinión pública, más que otra cosa. No proporciona un contexto completo ni enlaza con

---

2   Harding, "Blog: Bitcoin.org Position On Hard Forks #894", *GitHub*, de junio de 2015, https://github.com/bitcoin-dot-org/bitcoin.org/pull/894#issuecomment-112121007 - double check

una mayor variedad de información sobre las cuestiones subyacentes a las que hace referencia, para que el lector pueda formarse su propia opinión; da la impresión de que está forzando una opinión sesgada».[3]

No sería la última vez en que se utilizase esta nueva política de *hard fork* en el sitio web *Bitcoin.org* para engañar a la gente, haciéndole creer que *Bitcoin Core* era el *software oficial* y que cualquier competidor era ilegítimo. Aunque el impacto de esta política en particular fue insignificante comparado con lo que ocurrió con los foros de discusión *online*.

Reddit capturado

Durante meses, fue habitual en el subreddit *r/Bitcoin* que los usuarios se quejaran de que sus publicaciones eran censuradas y eliminadas de la plataforma. Uno de los hilos más votados en la historia del foro pedía que los moderadores dimitieran y fueran sustituidos.[4] Poco después de publicar este hilo, fue eliminado, y al día siguiente, en agosto de 2015, *Theymos* anunció una nueva política de moderación en *r/Bitcoin* que censuraba todo debate sobre *BitcoinXT*. El post es largo, pero de lectura recomendada, ya que marcó otro hito en la historia de Bitcoin. El mensaje clave era que todos los *hard forks* son ilegítimos sin un «consenso» por parte de los desarrolladores del Core. En función de esto, *BitcoinXT* no era realmente Bitcoin y, por lo tanto, ya no se podía hablar del mismo en la plataforma. A continuación se ofrecen extractos de tal anuncio:

«*r/Bitcoin* existe para servir a Bitcoin. XT, si/cuando su *hard fork* se active, divergirá de Bitcoin y creará una red/moneda separada. Por lo tanto, él y los servicios que lo soportan no deberían estar permitidos en *r/Bitcoin*...

---

[3] Harding, "Blog: Bitcoin.org Position On Hard Forks #894", *GitHub*, de junio de 2015, https://github.com/bitcoin-dot-org/bitcoin.org/ pull/894#issuecomment-112123722

[4] Tiraspol, "These Mods need to be changed. Up-Vote if you agree", *Reddit*, 16 de agosto de 2015, https://archive.ph/rum9c

Hay una diferencia sustancial entre la discusión de una propuesta de *hard fork* de Bitcoin... y la promoción de *software* que está programado para divergir para convertirse en una red/moneda competidora. Esto último va, con claridad, en contra de las reglas establecidas de *r/Bitcoin* y, aunque la tecnología de Bitcoin seguirá funcionando bien, haga lo que haga la gente, eso no quita para que el intento de dividir Bitcoin de esta manera dañe el ecosistema y la economía de Bitcoin».

Theymos explica con más detalle la decisión en una sesión de preguntas y respuestas:

«¿Por qué XT se considera una *altcoin* aunque aún no se haya separado de Bitcoin?
Dado que está programado intencionadamente para divergir de Bitcoin, no considero importante que XT no sea distinto de Bitcoin todavía...
¿Puedo seguir hablando de propuestas de *hard fork* en *r/Bitcoin*?
Ahora mismo, no, a menos que tengas algo realmente nuevo y sustancial que decir. Cuando se elimine esta marca podrás hablar de cualquier *hard fork* para Bitcoin, pero no de cualquier *software* que haga *hard forks* sin consenso, ya que ese *software* no es Bitcoin.
¿Cómo sabes "que no hay consenso"?
El consenso supone un listón muy alto. No es lo mismo que mayoría. En general, consenso significa que hay casi unanimidad. En el caso particular de un *hard fork*, "consenso" significa que "no hay una probabilidad significativa de que el *hard fork* provoque que la economía Bitcoin se divida en dos o más partes no despreciables".
Sé casi con certeza que no hay consenso para el cambio en XT, porque los desarrolladores del *Bitcoin Core*, Walimir, Greg y Pieter, se oponen. Eso es suficiente para bloquear el consenso... Pero con un listón tan alto, ¡los bloques de 8 MB serán imposibles!
Si nunca se puede llegar a un consenso sobre una propuesta concreta de *hard fork*, entonces el *hard fork* nunca debería producirse. Que tú quieras algo no significa que sea razonable que le quites Bitcoin a la gente que no

lo quiere, aunque tu bando sea mayoritario (que no lo es, en este caso). Esto no es un país democrático donde siempre puedes salirte con la tuya si llevas a cabo el suficiente politiqueo. Consigue el consenso, vive sin el cambio, o crea tu propia *altcoin*...».

Hacia el final de su declaración, añadió que no importa si todo el mundo está en desacuerdo con él o desprecia la censura:

«Si el 90% de los usuarios de *r/Bitcoin* considera que estas políticas son intolerables, entonces quiero que ese 90% de usuarios de *r/Bitcoin* se vaya. Tanto *r/Bitcoin* como estas personas serán más felices si se hace así».[5]

Là comunidad Bitcoin estaba lívida. La declaración de *Theymos* fue otro oscuro hito en la historia de Bitcoin, y generó una enorme reacción. El hilo acumuló más de mil comentarios. Una pequeña muestra de ellos nos da el tono general de las respuestas:

«Calificar a XT de *altcoin* es ridículo; es aferrarse a la semántica en el mejor de los casos. Este tema merece ser debatido, y prohibir que se siga hablando de él supone un grave perjuicio para la comunidad».
«Por favor, cambia este sub a *r/bitcoincore* si eso es todo lo que se va a discutir aquí. Llamarlo r/bitcoin pero prohibir discusiones sobre clientes alternativos y reglas de consenso es engañoso...».

Otro usuario no pudo evitar mostrarse sarcástico ante la situación:

«Felicidades *r/bitcoin*, me alegro de que finalmente os hayáis decidido por el CEO de Bitcoin, ahora tenéis esa autoridad central que siempre quisisteis, para que os diga exactamente cómo se supone que debéis

---

[5]   Theymos, "It's time for a break: About the recent mess & temporary new rules", *Reddit*, 17 de agosto de 2015, https://www.reddit.com/r/Bitcoin/ comments/3h9cq4/its_ time_for_a_break_about_the_recent_mess/

pensar y actuar. Ya no tendréis que pensar y decidir por vosotros mismos, tenéis a *Theymos* para deciros exactamente qué es Bitcoin, cuáles son las leyes y reglas sobre Bitcoin, qué piensan los desarrolladores... Así que, si alguna vez estáis inseguros sobre Bitcoin, *Theymos* tomará, a partir de ahora, todas las decisiones por vosotros...».

Un usuario especuló con la posibilidad de que los moderadores se hubieran visto implicados:

«Creo que merece la pena discutir la posibilidad de que el equipo de *mods* se haya visto implicado y los bancos (o quien sea) puedan ganar dinero controlando la discusión».

Theymos no se amilanó ante la decisión tomada y reveló su estrategia de censura en una conversación que acabaría filtrándose:

«Debes ser un ingenuo si crees que no tendrá ningún efecto. He moderado foros desde mucho antes de Bitcoin (algunos bastante grandes), y sé cómo la moderación afecta a la gente. A largo plazo, banear a XT de *r/Bitcoin* dañará las posibilidades de XT de secuestrar Bitcoin. Todavía existe una posibilidad, pero es menor. (Esto se ve mejorado por la acción simultánea en *bitcointalk.org*, *bitcoin.it*, y *bitcoin.org*)... Tengo poder sobre ciertos sitios web centralizados, que he decidido usar en beneficio de Bitcoin de manera conjunta...».[6]

Con independencia de la catadura moral de su decisión, *Theymos* tenía razón en su afirmación de que la moderación puede utilizarse eficazmente para manipular. Puede enseñar a la gente que cuestionar la narrativa oficial es inaceptable y que será castigada, y, en este caso concreto, resultó fundamental a la hora establecer la popularidad de las ideas de los bloques pequeños. A

---

[6] "Theymos: "I know how moderation affects people." (Bitcoin censorship)", *Reddit*, 16 de septiembre de 2015, https://www.reddit.com/r/ bitcoin_uncensored/comments/3l6oni/ theymos_i_know_how_moderation_affects_people/

día de hoy, los recién llegados no tienen ni idea de que solo se les presenta una perspectiva; una perspectiva con la que el propio Satoshi estaría en total desacuerdo. Cuando una persona cualquiera se encuentra con la misma información en múltiples plataformas, en la *Bitcoin Wiki*, y a través de los foros de discusión, ni siquiera será consciente de que existe otra perspectiva, y mucho menos tendrá una opinión informada al respecto. Con el tiempo, ese tipo de control de la información resulta inmensamente poderoso.

Efectos dominó

La decisión de censurar todo debate sobre *BitcoinXT* no solo enfureció a los Bitcoiners habituales. También molestó a otros moderadores. Pocos días después del anuncio de *Theymos*, un moderador disidente, *jratcliff63367*, escribió un artículo muy crítico titulado *Confesiones de un moderador de r/Bitcoin*. Y una de sus partes dice así:

«Cuando *Theymos* decidió utilizar su autoridad centralizada sobre *r/bitcoin* para sofocar todo debate y discusión sobre *bitcoin-xt*, violó un principio básico. Como red descentralizada *peer-to-peer*, cualquier acto de control centralizado resulta problemático... Esta única persona tiene el control centralizado absoluto sobre las dos mayores plataformas de comunicación que existen para que la comunidad discuta el futuro y la evolución de Bitcoin...

Ejerce un poder absoluto sobre lo que se permite o no debatir, incluida la censura total y absoluta de la narrativa en los dos mayores medios de comunicación».[7]

Solo diez días después de que *jratcliff63367* criticara públicamente a *Theymos*, fue destituido como moderador de *r/Bitcoin*. Más tarde especularía con que su destitución se debió a que sugirió que los desarrolladores de Core podrían estar compinchados en todo eso:

---

[7] John Ratcliff, "Confessions of an r/Bitcoin Moderator", Let's Talk Bitcoin, 19 de agosto de 2015, https://archive.ph/6loqD

«No es descabellado suponer que los *duendes* se hayan puesto en contacto con los desarrolladores del Core y estén ejerciendo su influencia. Paralizar Bitcoin para que casi todo el valor tenga que fluir a través de canales secundarios y solo las grandes instituciones puedan acceder a la red central sería una gran solución a lo que los gobiernos del mundo consideran un gran problema...

En realidad, al gobierno no le importa que haya una nueva «clase de activos» como el bitcoin. Hay miles de millones de clases de activos, ¿qué les importa si son bitcoins o abalorios? Lo que les importa es el hecho de que la gente transfiera ese valor sin que ellos puedan rastrearlo e interceptarlo. Pero si los únicos que pueden acceder directamente a la *blockchain* son los grandes bancos... ya os hacéis una idea».[8]

La misma censura férrea sigue existiendo hoy en día, y la cantidad de personas atrapadas en esta burbuja de información es mucho mayor. No se puede exagerar el impacto de estos controles. La enorme confusión que rodea a Bitcoin existe, en gran parte, debido a los esfuerzos deliberados de un puñado de personas para filtrar toda la información que desafía su narrativa y, en última instancia, desafía su poder. Por desgracia, la censura masiva y la propaganda no fueron las únicas tácticas utilizadas contra *BitcoinXT*. También se tomaron medidas más agresivas.

Comienzan los ataques DDoS

SlushPool era uno de los muchos *pools* de minería de Bitcoin. Un *pool* de minería es la forma estándar que tienen los mineros de regular sus ingresos. Sin un *pool*, los mineros individuales deben esperar a encontrar personalmente un bloque para ganar Bitcoins. Pero, con un *pool*, los mineros juntan su potencia de *hash* y comparten las recompensas de los bloques, lo que equipara de manera considerable sus ingresos.

---

8 "So long, and thanks for all the fish.", *Reddit*, 30 de agosto de 2015, https://www.reddit.com/r/bitcoin_uncensored/comments/3iwzmk/so_long_and_thanks_for_all_the_fish/cuonqqu/?utm_source=share&utm_medium=web2x

Prácticamente todos los mineros forman parte de un *pool*. Por eso, cuando *SlushPool* sufrió un ataque DDoS tras permitir la votación en *BIP101*, este afectó a mucha gente. El 25 de agosto de 2015, *Slushpool* recibió una carta de los autores, diciéndoles que los ataques continuarían hasta que dejaran de apoyar *BitcoinXT*.[9] Según el *MIT Technology Review*:

> «Alena Vranova... informó de que la empresa recibió un mensaje diciendo que el ataque terminaría una vez que desactivara la posibilidad de que los clientes declararan su apoyo a la idea de Andresen. [Se vieron] obligados a cumplir esa exigencia porque el ataque era lo bastante potente como para causar problemas de conectividad a algunos mineros de Slush Pool. "Se trata de un comportamiento destructivo", afirma Vranova. "Admiraría a alguien que ensalza, explica y promueve su idea. [Pero] esto es simplemente cobarde"»...

Otra víctima fue la empresa de alojamiento web *ChunkHost*, con sede en Los Ángeles. No recibió ningún mensaje, pero el ataque se centró en un cliente que había cambiado recientemente el *software*, que operaba en un cajero automático, de Bitcoin a *BitcoinXT*. «Parecía estar bastante claro. En cuanto cambió, le atacaron», dice Josh Jones, fundador de *ChunkHost*.

Otros usuarios de *BitcoinXT* informaron de lo mismo. Un usuario escribió en los foros:

> «Parece que el conflicto ha dado un giro desagradable, y que algunos de los partidarios más extremos de Core han empezado directamente a lanzar ataques DDoS a nodos XT... Si se observa una reciente caída en *XTNodes.com*, parece que esto ha comenzado durante las últimas 24 horas, y atacaron uno de mis nodos tres veces en ese período, en una IP dedicada que solo ejecuta un nodo Bitcoin y nada más... ¿De verdad es así

---

[9]   Tom Simonite, "Allegations of Dirty Tricks as Effort to "Rescue" Bitcoin Falters", MIT Technology Review, 8 de septiembre de 2015, https:// www.technologyreview. com/2015/09/08/166310/allegations-of-dirtytricks-as-effort-to-rescue-bitcoin-falters/

como algunas personas piensan que van a "resolver" la situación? Si esto sigue así, es fácil que la gente empiece a declarar la veda a los nodos que no son XT, y entonces tendremos una guerra que nadie quiere».[10]

En las semanas siguientes, los foros empezaron a llenarse de historias similares. Otro usuario afirmó que toda su pequeña ciudad quedó fuera de línea por culpa de uno de esos ataques:

«Fui víctima de un DDoS. Fue un DDoS masivo que derribó todo mi ISP (rural). Todo el mundo, en cinco pueblos, se quedó sin servidor de Internet durante varias horas... por culpa de estos criminales. Definitivamente me disuadió de alojar nodos».[11]

Mike Hearn se incorporó a algunos de los hilos. En un mensaje, añadió:

«Los atacantes han estado diciendo a los *pools* que dejen de minar bloques de votación *BIP101*, si quieren que cesen los ataques. Está claro que se trata de un Bitcoiner ruso que cree que todo el mundo debería usar Core, sea como sea».[12]

No se permite la competencia

Los desarrolladores del Core no estaban de acuerdo con la idea de dejar que fuesen los mineros los que decidieran cuál debía ser la implementación

---

[10] Celean, "UDP flood DDoS attacks against XT nodes", *Reddit*, 29 de agosto de 2015, https://www.reddit.com/r/bitcoinxt/comments/3iumsr/ udp_flood_ddos_attacks_ against_xt_nodes/

[11] Sqrt7744, "PSA: If you're running an XT node in stealth mode, now would be a great time disable that feature, DDOS attacks on nodes (other than Coinbase) seem to have stopped, it's a great time to show support publicly.", *Reddit*, 27 de diciembre de 2015, https://www.reddit.com/r/bitcoinxt/ comments/3yewit/psa_if_youre_running_an_ xt_node_in_stealth_mode/

[12] Jasonswan, "The DDoSes are still real", *Reddit*, 3 de septiembre de 2015, https:// www.reddit.com/r/bitcoinxt/comments/3jg2rt/the_ddoses_are_still_real/cupb74s/?utm_ source=share&utm_medium=web2x

del *software* principal. Al igual que con el límite de tamaño de bloque, argumentaron que perjudicaría la descentralización de Bitcoin. Hearn señaló que, sin ese mecanismo, la amenaza descarada a la descentralización sería el monopolio de Core sobre el protocolo:

> «Ahora mismo, las personas que más están perjudicando la descentralización de Bitcoin son *Blockstream* y Wladimir, al decir a la gente que usar la *blockchain* como mecanismo de votación (como se hizo en el pasado) es imprudente y destruirá el valor de Bitcoin. La implicación lógica de este argumento es que solo los desarrolladores de *Bitcoin Core*, y en realidad solo Wladimir, pueden cambiar grandes partes del protocolo Bitcoin. Y, por lo que ellos son, de facto, los CEOs *de Bitcoin*. Que es lo contrario de la descentralización.
>
> ¿Qué sentido tiene el código abierto si no se puede bifurcar y modificar el código cuando el proyecto original hace algo mal? ¿Cómo se supone que va a funcionar la descentralización de Bitcoin con semejante creencia?».[13]

Un moderador de *r/Bitcoin*, el usuario *Hardleft121*, reaccionó positivamente al post de Hearn, diciendo que «todo el mundo debería leer esto. No se suponía que fuera así. Mike y Gavin tienen razón. *Hardleft121* también fue destituido de su puesto de moderador por *Theymos*».

Brian Armstrong fue entrevistado por *Bitcoin Magazine* sobre la posición de *Coinbase* con respecto a *BIP101* y *BitcoinXT*. Respondió:

> «Estamos abiertos a evaluar todas las propuestas que aumenten el tamaño del bloque... En mi opinión, *Bitcoin XT* es la mejor opción que he visto hasta ahora. No solo porque tiene un código que funciona, sino también porque tiene una implementación sencilla que es fácil de entender, los aumentos de tamaño de bloque me parecen correctos, y tengo confianza en la gente que está detrás del proyecto.

---

[13] Oddvisions, "I support BIP101", 3 de septiembre de 2015, https:// www. reddit.com/r/Bitcoin/comments/3jgtjl/comment/cupg2wr/?utm_source=share&utm_medium=web2x&context=3

Mi preferencia en este momento sería que Gavin tomara la decisión final sobre *Bitcoin XT*, y que la industria se moviera hacia esa solución con la ayuda de Mike Hearn, Jeff Garzik y otros que deseen hacerlo... Actualizaremos independientemente de si *Bitcoin Core* se actualiza o no... Me ha decepcionado ver lo lento que *Bitcoin Core* se ha movido en este tema, y estamos abiertos a cambiar de bifurcación».[14]

El día que se publicó esa entrevista, fue enlazada en *r/Bitcoin*, lo que molestó a *Theymos*, que inmediatamente advirtió de que *Coinbase* podría ser sancionada y censurada de los foros *online* por su acto de desobediencia:

«Si *Coinbase* promociona XT a los clientes en *coinbase.com* y/o cambia todos sus nodos completos al *software* BIP 101, entonces *Coinbase* ya no está utilizando la moneda Bitcoin, y no pertenece a *r/Bitcoin*. Esto también se aplica a *bitcointalk.org* (donde *Coinbase* estaría restringido a la sección *altcoin*). *Bitcoin.it* y *bitcoin.org* tienen políticas similares. De hecho, *Coinbase* ya estuvo a punto de ser eliminada de *bitcoin.org* debido a pasadas declaraciones sobre este asunto».[15]

En diciembre de 2015, *Coinbase* anunció que estaba ejecutando *BitcoinXT* en sus servidores y apoyando *BitcoinXT*, aunque todavía estaban abiertos a otras propuestas.[16] En respuesta, los propietarios de *Bitcoin.org* eliminaron rápidamente *Coinbase* de su sitio web, ¡un movimiento notable teniendo en cuenta que *Coinbase* podría haber incorporado a más personas a Bitcoin que cualquier otra empresa en el mundo! La

---

14   Aaron van Wirdum, "Coinbase CEO Brian Armstrong: BIP101 is the Best Proposal We've Seen So Far", *Bitcoin Magazine*, 3 de noviembre de 2015, https://bitcoinmagazine. com/technical/coinbase-ceo-brianarmstrong-bip-is-the-best-proposal-we-ve-seen-so-far-1446584055

15   Desantis, "Coinbase CEO Brian Armstrong: BIP 101 is the Best Proposal We've Seen So Far", *Reddit*, 3 de noviembre de 2015, https://www. reddit.com/r/Bitcoin/ comments/3rejl9/coinbase_ceo_brian_armstrong_bip_101_is_the_best/cwpglh6/

16   Brian Armstrong (@brian_armstrong), *Twitter*, 26 de diciembre de 2015, https:// archive.ph/PYwTA

eliminación fue realizada por uno de los propietarios de *Bitcoin.org*, otra oscura figura conocida por el seudónimo de *Cobra* que declaró:

«*Coinbase* está ejecutando *Bitcoin XT* en sus servidores de producción. XT es un polémico intento de *hard fork* que creará una nueva *altcoin* y dividirá a la comunidad y la *blockchain* si alguna vez entra en vigor. Si esto ocurre, los clientes de *Coinbase* podrían encontrarse con que ya no poseen Bitcoin.

Este *pull request* elimina *Coinbase* de la página *Choose your Wallet* para proteger a los nuevos usuarios del riesgo de estar en el lado equivocado de una bifurcación de *blockchain*. *Bitcoin.org* solo debería promocionar servicios Bitcoin. Las empresas que utilizan XT no cumplen este criterio porque apoyan la bifurcación de la *blockchain* y el cambio a una nueva moneda incompatible, sin contar con un amplio consenso.[17]

Este anuncio volvió a provocar la ira de muchos Bitcoiners. El desarrollador Jameson Lopp escribió:

«El potencial de bifurcación no hace a una *altcoin*. Hasta que se produzca una bifurcación *BIP101*, las empresas que utilizan XT están utilizando Bitcoin. Si se produce una *hard fork*, dichas empresas pueden seguir ejecutando Bitcoin y habría que juzgar qué bifurcación es la ganadora después de dicha bifurcación. Eliminar empresas con el argumento de que "no están ejecutando Bitcoin", cuando no se ha producido una bifurcación, es precipitarse».[18]

El veterano de Bitcoin, Olivier Janssens, afirmó que la medida era una represalia porque *Coinbase* se había «atrevido a hablar en contra de CoreDev».[19] Sin embargo, al igual que con la decisión de censurar,

[17] Cobra-Bitcoin, "Remove Coinbase from the "Choose your Wallet" page #1178", *GitHub*, 27 de diciembre de 2015, https://github.com/bitcoin-dotorg/bitcoin.org/pull/1178 18 Ibid.
[18] Ibid.
[19] Oliver Janssens (@oliverjanss), *Twitter*, 27 de diciembre de 2015, https:// twitter.com/oliverjanss/status/681178084846993408?s=20

no todas las respuestas fueron críticas. Un usuario expresó su apoyo a la medida, afirmando que sentaría un precedente para mantener a las empresas en sintonía con Core:

«Está claro que tenemos que obligar a *Coinbase* a cambiar de nuevo a *Bitcoin Core*. Si no tomamos ninguna acción, estamos estableciendo un precedente peligroso por el que se permite que otros monederos y servicios se aparten del consenso».[20]

Hay algo curioso en el uso del término *consenso* para describir la postura de un puñado de desarrolladores del Core, en contraposición a la de la abrumadora mayoría de los participantes del sector. Si hubo algún consenso real en 2015, fue que el límite de tamaño de bloque debía aumentarse de manera inmediata. Pero a pesar de la reacción general, *Coinbase* fue eliminada del sitio web *Bitcoin.org* y quedó *offline*, debido a un ataque DDoS, al día siguiente.[21]

---

[20]   Cobra-Bitcoin, "Remove Coinbase from the 'Choose your Wallet' page #1178", *GitHub*, 27 de diciembre de 2015, https://github.com/bitcoin-dotorg/bitcoin.org/pull/1178

[21]   CrimBit, "Hackers DDoS Coinbase, website down", *Bitcoin Forum*, 28 de diciembre de 2015, https://bitcointalk.org/index.php?topic=1306974.0

17.
Conectados para el asentamiento

«Me asusta en lo que se está convirtiendo la comunidad Bitcoin. Cualquier opinión que no esté en la línea de los que mandan está siendo eliminada».[1]

Charlie Lee, creador de *Litecoin*

BitcoinXT suponía una amenaza real para los *small-blockers*. Así que lo atacaron, alegando que ponía en peligro la integridad de toda la red Bitcoin.

Como los desarrolladores de Core no lo aprobaban, XT se consideró «polémico» y, por tanto, demasiado arriesgado, o incluso imprudente, para que alguien lo apoyara. Sin embargo, esta forma de actualizar Bitcoin fue descrita por el propio Satoshi en 2010. Cuando un miembro del foro le preguntó cómo aumentar el límite de tamaño de los bloques, respondió:

«Puede introducirse gradualmente, como:
if (blocknumber > 115000)
    maxblocksize = largerlimit

---

[1] Cobra-Bitcoin, "Remove Coinbase from the "Choose your Wallet" page #1178", *GitHub*, 27 de diciembre de, 2015, https://github.com/bitcoin-dot-org/ bitcoin.org/pull/1 178#issuecomment-167389049

Puede empezar a estar en las versiones con mucha antelación, de modo que cuando alcanza ese número de bloque y entra en vigor, las versiones anteriores que no lo tienen ya están obsoletas. Cuando nos acerquemos al número de bloque límite, puedo enviar una alerta a las versiones antiguas para que sepan que tienen que actualizarse».[2]

El método de Satoshi era simple y directo, como de costumbre. Recomendó crear una actualización de *hard-fork* que aumentaría el límite de tamaño de bloque en un momento predeterminado, en el futuro. De ese modo, los mineros tendrían tiempo suficiente para actualizar su *software*. A Satoshi no le preocupaba el «consenso»: si una minoría de mineros no actualizaba su *software*, sencillamente se verían expulsados de la red.

No solo se esperaba la bifurcación, sino que se entendía como algo parte integrante de la gobernanza de Bitcoin. En medio de la controversia XT, *Wired Magazine* escribió:

«*Bitcoin XT* ofrece una ventana inusualmente clara al mundo del código abierto, un ejemplo extremo que demuestra por qué, a pesar o incluso a causa de las luchas actuales, esta idea es tan eficaz, por qué está cambiando tan rápidamente el funcionamiento de nuestro mundo. *Bitcoin XT* expone los fundamentos extremadamente sociales —extremadamente democráticos— de la idea del código abierto, un enfoque que hace que el código abierto sea mucho más poderoso que la tecnología controlada por una sola persona u organización».[3]

Charlie Lee también comentó la elegancia de la bifurcación como mecanismo de gobernanza:

---

[2]   Satoshi, "Re: [PATCH] increase block size limit", Bitcoin Forum, 04 de octubre de 2010, https://bitcointalk.org/index.php?topic=1347. msg15366#msg15366

[3]   Cade Metz, "The Bitcoin Schism Shows the Genius of Open Source", Wired, 19 de agosto de 2015, https://www.wired.com/2015/08/bitcoin-schismshows-genius-open-source/

«Tal como otros han dicho, XT solo se bifurcará con [una] supermayoría de votos de los mineros. Si consigue la supermayoría… entonces XT será Bitcoin. Así es como Satoshi diseñó el sistema».[4]

Aunque, en teoría, la capacidad de bifurcarse es un excelente mecanismo de control del poder de los equipos de desarrollo, en la práctica sigue requiriendo de una amplia coordinación entre los mineros, la industria y los usuarios. Si el cambio a una nueva implementación es demasiado arriesgado, doloroso o controvertido, los mineros pueden decidir soslayar la bifurcación para evitar el drama, que es lo que acabó ocurriendo con *BitcoinXT*.

A pesar del apoyo abierto a los bloques más grandes, y al *BIP101* en particular, algunos mineros empezaron a acobardarse, debido a la controversia creada por los partidarios de Core. En una entrevista con *CoinTelegraph*, *AntPool*, un *pool* de minería que representaba aproximadamente el 20% del *hashrate* en ese momento, declaró:

«Nos gusta la idea de aumentar el tamaño máximo de los bloques, pero si *Bitcoin XT* es demasiado conflictivo, tampoco queremos que la comunidad se divida».[5]

El Director de Ingeniería de *BTCChina* escribió:

«Creemos que la propuesta de Gavin es una solución equilibrada que todos podemos respaldar y apoyar. El aumento inicial del tamaño de bloque de 8 *megabytes* fue también el número acordado entre todos los operadores mineros de China. Por desgracia, *BTCChina Pool* no ejecutará *Bitcoin XT* debido a su naturaleza experimental, pero estamos deseando ver este parche integrado en *Bitcoin Core*».[6]

[4] Cobra-Bitcoin, "Remove Coinbase from the "Choose your Wallet" page #1178", *GitHub*, 27 de diciembre de 2015, https://github.com/bitcoin-dot-org/ bitcoin.org/pull/1178#issuecomment-167389049

[5] Aaron van Wirdum, "Chinese Mining Pools Call for Consensus; Refuse Switch to Bitcoin XT", Cointelegraph, 24 de junio 2015, https:// cointelegraph.com/news/chinese-mining-pools-call-for-consensus-refuseswitch-to-bitcoin-xt

[6] Ibid.

No es difícil entender por qué los mineros preferirían la opción más fácil, que habría sido que Core entrara en razón y aumentara el límite de tamaño de bloque. Toda la industria deseaba lo mismo, y por eso pasaron años hasta que se creó *BitcoinXT*. Sin embargo, con el paso del tiempo, quedó claro que Core no cambiaría de opinión, y creer lo contrario era tan solo un deseo. Había que tomar medidas más decisivas.

Bitcoin Core encontraría otra forma de confundir y retrasar, organizando una serie de conferencias denominadas «Escalando Bitcoin», que intentaban persuadir a los mineros para que siguieran ejecutando el *software* de Core. En estas conferencias, acordaron que el límite de tamaño de bloque debía aumentarse, pero solo a 2MB en lugar de 8MB. Se instó a los mineros a seguir confiando en Core y esperar un poco más para actualizaciones más sustanciales. En agosto de 2015, el director ejecutivo de *Blockstream*, Adam Back, escribió: «Mi sugerencia 2MB ahora, luego 4MB en 2 años y 8MB en 4 años y luego volver a evaluar [sic].»[7] Y más tarde, en diciembre de ese mismo año, añadió: «Hay consenso entre desarrolladores y mineros en que 2MB es el siguiente paso».[8]

Un límite de tamaño de bloque de 2MB podría haber sido solo una cuarta parte de lo que los mineros querían, pero, incluso así, habría duplicado el rendimiento de Bitcoin, permitiendo un poco más de tiempo, antes de que los bloques se llenaran y las tarifas se dispararan. A lo largo de los siguientes años, este compromiso de 2MB se acordó varias veces, y Core rompió sus acuerdos cada vez.

Aunque el deseo de evitar bifurcaciones controvertidas es comprensible, el diseño de Satoshi requiere que los mineros se hagan valer, especialmente cuando se enfrentan a una apropiación del desarrollo. Este es un mecanismo para equilibrar el poder dentro de Bitcoin, pero, en última instancia, depende de las decisiones humanas y no puede aplicarse por parte del propio *software*. De esa forma, cuando XT fracasó, Mike Hearn lo consideró

---

[7] Adam Back (@adam3us), *Twitter*, 26 de agosto de 2015, https://twitter.com/adam3us/status/636410827969421312

[8] Adam Back (@adam3us), *Twitter*, 30 de diciembre de 2015, https://twitter.com/adam3us/status/682335248504365056

una demostración de que Bitcoin no podía superar las barreras humanas, sociales y psicológicas que limitaban su propio éxito. Más tarde escribiría:

«En lo que respecta a los mineros en concreto, llamé a algunos por *Skype*... Uno o dos se negaron en redondo a hablar conmigo. Un minero dijo que me apoyaba, pero que no podían verle haciéndolo por si perjudicaba al precio. Otra conversación fue así:

Minero: "Estamos de acuerdo en que hay que aumentar el tamaño del bloque y en que Core no va a hacerlo".
Yo: "¡Genial! ¿Cuándo empezarás a poner en acción XT?".
Minero: "No vamos a utilizar XT".
Yo: "Eh, pero acabas de decir que estás de acuerdo con nuestras políticas y no crees que Core vaya a cambiar".
Minero: "Sí, estamos de acuerdo en que tienes razón, pero nunca ejecutaremos nada que no sea Core. Hacerlo sería abandonar el consenso... No podemos ejecutar XT, sería una locura. Esperaremos a que Core cambie de opinión".

Ese fue el momento en el que decidí que todo se había convertido en una pérdida de tiempo. La gran mayoría del poder del *hash* minero estaba controlado por personas psicológicamente incapaces de desobedecer a lo que entendían que era la autoridad».[9]

La resolución del experimento Bitcoin

En la vorágine del vitriolo, la censura, los ataques DDoS y las amenazas de demanda, el número de mineros que ejecutaban *BitcoinXT* descendió vertiginosamente. Y una vez que quedó claro que no se alcanzaría el umbral del 75% de mineros, Mike Hearn decidió que ya era suficiente. Si Bitcoin no podía superar el poder centralizado de Core y aumentar

[9] Mike Hearn, "AMA: Ask Mike Anything", *Reddit*, 5 de abril de 2018, https://www.reddit.com/r/btc/comments/89z483/comment/dwup253/

su pequeño límite de tamaño de bloque más allá de 1MB, entonces, al menos a su entender, Bitcoin había fracasado.

El 14 de enero de 2016, Hearn escribió el último de sus excelentes ensayos, titulado *La resolución del experimento Bitcoin*.[10] En él, explicaba por qué consideraba Bitcoin un proyecto fallido:

«Ha fracasado porque la comunidad ha fracasado. Lo que pretendía ser una forma de dinero nueva y descentralizada que carecía de «instituciones sistémicamente importantes y demasiado grandes para quebrar» se ha convertido en algo aún peor: en un sistema controlado completamente por un puñado de personas... ya no hay muchas razones para pensar que Bitcoin pueda ser realmente mejor que el sistema financiero actual.

Piensa en ello. Si nunca hubieras oído hablar de Bitcoin, ¿te interesaría una red de pagos que:

- No podía mover el dinero que tenías.
- Tenía unas comisiones impredecibles, no solo elevadas, sino que también aumentaban con rapidez.
- Permitía a los compradores reembolsarse lo pagos realizados al salir de las tiendas, de forma tan simple como pulsar un botón (si no conocías tal «función» se debía a que Bitcoin acababa de modificarse para permitirla).
- Sufre de grandes retrasos y pagos irregulares.
- Está controlada por China.
- Y además las empresas y las personas que estaban desarrollándola estaban en una guerra intestina declarada?

Apuesto a que la respuesta sería que no».

A continuación, Hearn explicó cómo estaba la situación con el límite del tamaño de bloque y culpó a los mineros chinos de su inacción, ya que, al fin y al cabo, los mineros tenían la capacidad de romper el dominio de Core:

«¿Por qué no permiten que [la cadena de bloques] crezca?

---

[10] Mike Hearn, "The resolution of the Bitcoin experiment", *Medium*, 14 de enero de 2016, https://blog.plan99.net/the-resolution-of-the-bitcoinexperiment-dabb30201f7

Por varias razones. Una es que los desarrolladores del *software Bitcoin Core* que utilizan se han negado a implementar los cambios necesarios. Otra es que los mineros se niegan a cambiar a cualquier producto de la competencia, ya que lo perciben tal acto como *deslealtad* y, además, están aterrorizados ante la idea de hacer cualquier cosa que pueda aparecer en las noticias como una *escisión* y causar el pánico de los inversores. En su lugar, han optado por ignorar el problema y esperar a que este desaparezca».

Hearn señala otro posible conflicto de intereses. Si el «Gran Cortafuegos de China» hace inviables los grandes bloques para los mineros chinos, eso les ofrece un «incentivo financiero perverso» para intentar impedir que Bitcoin se popularice. En lugar de que los mineros tengan un incentivo para procesar más transacciones para ganar las tasas de transacción, una conexión a Internet paralizada haría más rentable el rendimiento limitado de las transacciones y las altas tasas, ¡un resultado deseable desde la perspectiva de los desarrolladores del Core!

En el artículo, arremete contra la censura imperante y la propaganda *online*, los ataques DDoS contra nodos XT y las «conferencias amañadas» diseñadas para frenar el progreso y persuadir a la gente para que siga confiando en Core. En concreto, comentando las conferencias *Scaling Bitcoin*, escribió:

«Por desgracia, esta táctica fue devastadoramente eficaz. La comunidad cayó completamente en la trampa. Al hablar con mineros y *startups*, "estamos esperando a que Core aumente el límite en diciembre" fue una de las razones más citadas para negarse a ejecutar XT. Les aterrorizaba cualquier noticia en los medios sobre una división de la comunidad que pudiera perjudicar al precio de Bitcoin y, por tanto, a sus ganancias.

Ahora que la última conferencia ha tenido lugar y ha pasado sin ningún plan para aumentar el límite, algunas empresas (como *Coinbase* y *BTCC*) se han dado cuenta de que se la han jugado. Pero lo han hecho demasiado tarde».

Hearn llega a una conclusión pesimista: la centralización de la minería en China seguirá siendo un problema, incluso con un equipo de desarrollo diferente al mando:

«Incluso si se creara un nuevo equipo para sustituir a *Bitcoin Core*, el problema de que el poder minero se concentre detrás del *Gran Cortafuegos* seguiría existiendo. Bitcoin no tiene futuro mientras esté controlado por menos de 10 personas. Y no hay ninguna solución a la vista para este problema: nadie tiene ni siquiera alguna sugerencia. Para una comunidad que siempre se ha preocupado ante la posibilidad de que la *blockchain* sea tomada por un gobierno opresor, esto supone una sabrosa ironía».

Tras exponer sus quejas, termina con una nota más optimista:

«En las últimas semanas, más miembros de la comunidad han empezado a recoger cosas ahí donde yo las dejo. Donde antes el construir una alternativa a Core era visto como un acto de renegado, ahora hay dos bifurcaciones más compitiendo por la atención del público (*Bitcoin Classic* y *Bitcoin Unlimited*). Hasta ahora se han topado con los mismos problemas que XT, pero es posible que un conjunto de caras nuevas pueda encontrar la manera de progresar».

Si juzgamos el ensayo final de Hearn desde la perspectiva de la inversión, está claro que se equivocó. El precio del BTC se ha multiplicado por más de 100 desde la publicación de su ensayo. Pero sus argumentos siguen siendo válidos si juzgamos BTC por su utilidad. La tecnología sigue limitada a un nivel de transacciones escandalosamente pequeño. El desarrollo sigue dominado por un grupo que rechaza explícitamente la visión original de Satoshi. Los monederos de custodia se han convertido en algo habitual, lo que facilita a los gobiernos la vigilancia y el control de las monedas de los usuarios habituales. Si BTC debe juzgarse por su uso como moneda alternativa para la gente normal, solo puede calificarse de fracaso. Lo mejor que podemos decir es que hizo que los primeros inversores ganaran cantidades increíbles de dinero y provocó la creación de la industria de las criptomonedas, que algún día podría llegar a ofrecer dinero digital sólido a las masas.

Rompiendo la narrativa

Aunque Mike Hearn perdió la paciencia y renunció al proyecto, la batalla por Bitcoin estaba lejos de terminar. La industria al completo seguía teniendo un problema existencial entre manos: ¿seguirían existiendo si los bloques se llenaran? Buterin se quejaba de las comisiones cuando eran de cinco céntimos: ¿cómo reaccionarían los usuarios de a pie si las comisiones por transacción fueran de diez, veinte o cincuenta dólares cada una? Tal incertidumbre era inaceptable, y la mayoría de las empresas sabían que tenían que seguir presionando para aumentar el tamaño de los bloques. La industria tendría que coordinarse mejor y alertar al público en general de la toma de poder que se estaba produciendo en Bitcoin. Había que librar una batalla informativa y narrativa.

Durante este tiempo, defensores de la idea original escribieron otros excelentes artículos. Jeff Garzik y Gavin Andresen escribieron otro famoso ensayo titulado *Bitcoin is Being Hot-wired for Settlement*. Advertían de que Bitcoin se estaba transformando en un sistema diferente, aprovechando el límite artificial del tamaño de bloque:

«Quedarse atascado en el tamaño de bloque central de 1MB transforma un límite histórico de DoS en una herramienta política accidental… tenemos una situación decepcionante en la que un subconjunto del consenso de desarrolladores está desconectado del deseo, tantas veces mencionado, de aumentar el tamaño de bloque por parte de usuarios, empresas, *exchanges* y mineros. Esto reconfigura Bitcoin en formas llenas de conflictos de intereses filosóficos y económicos… La inacción cambia Bitcoin, lo pone en un nuevo camino… *Stuck-at-1M* corre el riesgo de revertir el efecto de red de Bitcoin al sacar a los usuarios de la *blockchain* central, forzándolos a dirigirse a plataformas centralizadas… Para eliminar el riesgo moral a largo plazo, el límite de tamaño del bloque central debería ser dinámico, colocado en el ámbito del *software*, fuera de las manos humanas. Bitcoin merece una hoja de ruta que equilibre las necesidades de todos los que han trabajado duro durante los últimos seis años para hacer crecer todo el ecosistema».

Garzik y Andresen también comentaron las conferencias *Scaling Bitcoin*, diciendo que dichas conferencias no lograron sus objetivos declarados y solo fueron útiles para identificar que un límite de 2MB era lo suficientemente bajo como para alcanzar un acuerdo universal:

«Uno de los objetivos explícitos de los talleres *Scaling Bitcoin* era canalizar el caótico debate sobre el tamaño de los bloques centrales hacia un proceso ordenado de toma de decisiones. Esto no ocurrió. En retrospectiva, *Scaling Bitcoin* estancó una decisión sobre el tamaño de los bloques mientras que el precio de las tarifas de transacción y la presión sobre el espacio de los bloques siguen aumentando.

Scaling Bitcoin resultó útil para sondear el consenso sobre el tamaño del bloque central. 2MB parece ser el denominador común más consensuado».[11]

Stephen Pair también entró en el debate, escribiendo en nombre de *BitPay*, el mayor procesador de pagos de Bitcoin del mundo, que iba camino de gestionar transacciones de BTC por valor de más de mil millones de dólares en un solo año.[12] A lo largo de una serie de artículos, Pair escribió sobre el límite de tamaño de los bloques, el análisis de *BitPay* sobre la dinámica de poder de la red y su rechazo total a la idea de que el diseño de Satoshi estuviera roto y necesitara una revisión por parte de los desarrolladores del Core:

---

[11] Jeff Garzik, "Bitcoin is Being Hot-Wired for Settlement", *Medium*, 29 de diciembre de 2015, https://medium.com/@jgarzik/bitcoin-is-being-hotwired-for-settle-ment-a5beb1df223a#.850eazy81

[12] "BitPay's Bitcoin Payments Volume Grows by 328%, On Pace for $1 Billion Yearly", BitPay, 2 de octubre de 2017, https://web.archive.org/ web/20200517164537/https:// bitpay.com/blog/bitpay-growth-2017/

«Algunas personas creen que Bitcoin es más adecuado como sistema de liquidación que como sistema de pago. Esta idea se basa en la idea de que no es posible tener un sistema de pagos verdaderamente descentralizado y fiable que pueda gestionar las necesidades de pago diarias de la población de este planeta. Piensan que la visión de Satoshi de Bitcoin como una versión puramente *peer-to-peer* de dinero electrónico es inalcanzable. Eso es algo que no tiene sentido. Se puede hacer».

A continuación, explicó que la propuesta de valor de Bitcoin consiste en ser primero un sistema de pago y, una vez que tenga éxito, un sistema de liquidación en el futuro:

«La historia sugiere que los sistemas de liquidación deben empezar como sistemas de pago ampliamente aceptados... Bitcoin será un buen sistema de liquidación si primero funciona bien como sistema de pago. Bitcoin solo debería estar limitado por las restricciones reales de procesamiento y no por topes elegidos arbitrariamente».[13]

Pair también abordó la noción de que los mineros son, de alguna manera, una amenaza para la seguridad del sistema y es necesario que se les retire el poder. En un artículo titulado *Los mineros controlan Bitcoin... y eso es bueno*, defiende el diseño de Satoshi y explica cómo mantiene Bitcoin descentralizado:

«Hace unas semanas, mantuve una conversación con alguien que expresaba la idea de que había que quitar, parcialmente, el control a los mineros. Me pareció interesante. Esto nos lleva a la pregunta: si se quita poder a los mineros, ¿a quién se le da?

¿Debería una persona poseer la marca Bitcoin? ¿Debería tener el poder de establecer las reglas oficiales de consenso de Bitcoin™? Quizás los mineros deberían firmar sus bloques de forma que solo aquellos que hayan sido

---

[13] Stephen Pair, "Bitcoin as a Settlement System", *Medium*, 5 de enero de 2016, https://medium.com/@spair/bitcoin-as-a-settlement-system13f86c5622e3#.59s53nck6

certificados para seguir las reglas oficiales de consenso de Bitcoin™, protegidas por la marca registrada, puedan crear bloques. Si se sigue esta línea de pensamiento hasta su conclusión lógica, se termina con un sistema gestionado centralmente, sin necesidad de minería».

A continuación explicó el poder del sistema de incentivos de Bitcoin, cómo evita que los mineros se comporten mal y por qué los mineros son la parte más crítica de la seguridad de la red:

«Individualmente, los mineros controlan muy poco, pero colectivamente, controlan todo lo referente a bitcoin. Esta es una característica importante y fundamental de Bitcoin... [Un] minero en solitario, operando con un conjunto diferente de reglas, produciría bloques que serían rechazados por otros mineros. No obtendrían ninguna recompensa por sus esfuerzos. Por lo tanto, mientras los mineros compiten entre sí para producir bloques de la forma más eficiente, también tienen la necesidad de cooperar... Bitcoin pone todo el poder sobre el funcionamiento de la red en manos de los mineros, y cualquiera puede convertirse en minero. Esta acción colectiva y coordinada es lo que hace de Bitcoin un sistema poderoso, novedoso y revolucionario. Socavar el poder que los mineros tienen sobre Bitcoin es socavar todo lo que es Bitcoin».

A pesar del poder asignado a los mineros por Satoshi, Pair reconoce que este poder puede cederse si los mineros se niegan a tomar decisiones, o si, simplemente, no se dan cuenta de que poseen tal poder en primer lugar:

«Los mineros pueden delegar su poder. Pueden optar por dejar que un *pool* de minería produzca los bloques que minan, permitiendo así que el *pool* aplique las reglas de consenso o censure las transacciones, si lo desean. Los mineros también pueden dejar que otros influyan o controlen el *software* que utilizan y las reglas que dicho *software* aplica. La única razón por la que los desarrolladores, los *pools* de minería o cualquier otro componente no minero tienen algo que decir en lo que respecta a las reglas de consenso es que los mineros han elegido (consciente o negligentemente) delegar su poder».[14]

El punto de vista de Pair era común en 2016, pero hoy en día es casi desconocido. De hecho, si los recién llegados están tratando de aprender sobre el diseño de Bitcoin, es más que probable que se encuentren con la página *Bitcoin Wiki* que está dedicada a este tema exacto, titulado «Bitcoin no está gobernado por mineros». Se explica a los lectores que son los nodos completos los que establecen y controlan las reglas de Bitcoin, y no los mineros. Según el artículo, la posibilidad de que los nodos no actualicen su *software* mantiene a raya a los mineros:

«Si los mineros producen bloques que rompen las reglas de consenso, entonces para todos los que ejecutan un nodo completo será como si estos bloques nunca hubieran existido; estos bloques no crean bitcoins y no confirman transacciones. Dado que la mayor parte de la economía depende de alguna manera de un nodo completo para verificar las transacciones, esto impide que los mineros que están creando bloques inválidos rompan realmente las reglas con algún tipo de efectividad en el mundo real, incluso si el 100% de los mineros lo están haciendo... ».[15]

Como se explica en el capítulo 6, si la mayoría de los mineros deciden cambiar el *software* que ejecutan, mientras que algunos nodos ejecutan *software* incompatible, los nodos, sencillamente, se bifurcan en el exterior de la red. Los nodos completos, por ellos mismos, no tienen el poder de generar bloques, y por lo tanto no tienen el poder de procesar transacciones por ellos mismos. La red puede funcionar bien sin estos nodos, pero se pararía en seco sin mineros. Es absurdo imaginar que Bitcoin se diseñó

---

[14] Stephen Pair, "Miners Control Bitcoin: ...and that's a good thing", *Medium*, 4 de enero de 2016, https://medium.com/@spair/miners-controlbitcoin-eea7a8479c9c

[15] "Bitcoin is not ruled by miners", *Bitcoin Wiki*, 18 de agosto de 2023, https://en.bitcoin.it/wiki/Bitcoin_is_not_ruled_by_miners

para que los aficionados con nodos en su sótano pudieran impedir que el 100% de los mineros —que gastan cientos de millones de dólares en infraestructura— actualizaran su *software*. Sin embargo, el artículo insiste en que la red requiere que la mayoría de los participantes tengan sus propios nodos, ya que de lo contrario todo el sistema se vuelve inseguro:

> «Si la mayor parte de la economía está funcionando con nodos completos independientes, entonces Bitcoin está gobernado por alguien. Si la mayor parte de la economía está usando nodos ligeros estilo SPV... entonces Bitcoin está gobernado por mineros y, por lo tanto, es inseguro».

Tras enunciar lo contrario de la filosofía de Satoshi, el artículo concluye con otro absurdo:

> «El resultado de todo esto es que no existe un una "gobernanza de Bitcoin"; Bitcoin no está gobernado. Ninguna persona o grupo puede imponer sus puntos de vista a los demás, e incluso cosas como la definición de un bitcoin pueden ser subjetivas... [A]unque esta no-gobernanza fue una de las principales motivaciones detrás de Bitcoin, sigue siendo una de sus mayores ventajas sobre los sistemas tradicionales, y tanto el propio sistema como la comunidad Bitcoin se resistirán enérgicamente a cualquier intento de debilitar esta característica de Bitcoin».[16]

Nadie que entienda la historia y el diseño de red de Bitcoin podría decir que existe sin gobernanza. El término «no-gobernanza», lo mismo que el de «oro digital», no es más que un eslogan pegadizo que engaña a la gente sobre el verdadero diseño de Bitcoin. Los lectores no deberían sorprenderse al saber que este artículo en la *Bitcoin Wiki* —que afirma hablar en nombre de la comunidad Bitcoin— fue escrito por la misma persona que tiene el control sobre todas las principales plataformas de discusión: el propio *Theymos*.

---

[16] "Bitcoin is not ruled by miners", *Bitcoin Wiki*, 18 de agosto de 2023, https://en.bitcoin.it/wiki/Bitcoin-is-not-ruled-by-miners

18.

De Hong Kong a Nueva York

«El hecho de que *Bitcoin Core* haya permitido que la red llegue a este punto es increíblemente negligente, y creo que dice mucho de sus motivaciones y competencia como equipo».[1]

Brian Armstrong, consejero delegado de *Coinbase*

A comienzos de 2016, más del 90 % del *hashrate* de la red expresó su apoyo al aumento del límite de tamaño de bloque hasta al menos 2MB.[2] Aunque *BitcoinXT* no fue elegida como la implementación para hacer realidad el aumento, otra ocupó rápidamente su lugar. *Bitcoin Classic*, liderada por Gavin Andresen y Jeff Garzik, ganó popularidad inmediatamente como una alternativa conservadora a *Bitcoin Core*, al aumentar el límite a 2MB tan solo. Al igual que XT, *Classic* aumentaría el límite de tamaño de bloque solo después de alcanzar un umbral del 75 % del *hashrate*. Apenas unos días después de la creación de la página web de *Classic*, el 50 % del *hashrate* declaró su apoyo a la nueva implementación.[3] El *Wall Street Journal* tomó nota rápidamente:

---

[1] "What Happened At The Satoshi Roundtable", *Coinbase*, 4 de marzo de 2016, https://blog.coinbase.com/what-happened-at-the-satoshiroundtable-6c11a10d8cdf

[2] "Consensus census", *Google Docs*, https://docs.google.com/spreadsheets/d/1Cg9Q o9Vl5PdJYD4EiHnlGMV3G48pWmcWI3NFoK KflzU/edit#gid=0

[3] "49% of Bitcoin mining pools support Bitcoin Classic already (as of January 15, 2016)", *Reddit*, 15 de enero de 2016, https://www.reddit.com/r/ btc/comments/414qxh/49_of_bitcoin_ mining_pools_support_bitcoin/

«Otra propuesta, llamada *Bitcoin Classic*, ha surgido de las cenizas del debate XT/Core. Se trata de una versión de bitcoin que permitiría un límite de dos *megabytes*, con normas para aumentarlo con el tiempo. Parece que está ganando adeptos con rapidez».[4]

A pesar de su popularidad instantánea, no todo el mundo estaba dispuesto a abandonar Core. El *pool* de minería BTCC fue uno de los primeros escépticos con respecto *Classic*, aunque apoyaba un aumento del límite de tamaño de bloque. Pero preferían evitar la controversia haciendo que Core aumentara el límite por sí misma:

«Apoyamos un aumento de 2 MB, pero no firmaremos para apoyar *Bitcoin Classic*... El hecho de que la gente se incline por algo no significa que te subas automáticamente al carro sin un análisis serio... Lo ideal para nosotros es que el aumento de 2 MB se haga en Core, seguido de [*SegWit*]».[5]

SegWit significa *Segregated Witness* (testigo segregado) y se explicará más adelante.

La estrategia de esperar a que Core aumentara el tamaño de los bloques no contaba un buen historial. Eric Voorhees, el creador del popularísimo juego *Satoshi Dice* y del exchange *ShapeShift*, comentaba la postura de BTCC, instándoles a apoyar *Classic*, aunque solo fuera para presionar a Core a que llegase a un compromiso:

«La única circunstancia bajo la cual Core iría a 2MB es si sienten que se puede producir un inminente *hard fork* hacia *Classic* (o algo más). Si lo que deseáis es conseguir que Core añada 2MB, apuntaros a *Classic* es probablemente el camino más efectivo [sic]».[6]

---

[4] Paul Vigna, "Is Bitcoin Breaking Up?", *The Wall Street Journal*, 17 de enero de 2016 https://archive.ph/lK24o#selection-4511.0-4511.263

[5] "49% of Bitcoin mining pools support Bitcoin Classic already (as of January 15, 2016)", *Reddit*, 15 de enero de 2016, https://www.reddit.com/r/ btc/comments/414qxh/ comment/cz063na/?utm_source=share&utm_ medium=web2x&context=3

[6] "49% of Bitcoin mining pools support Bitcoin Classic already (as of January 15,

A finales de febrero de 2016, parecía que la presión empezaba a surtir efecto. Se organizó una conferencia de emergencia en Hong Kong con varios grandes mineros, empresas y desarrolladores clave de Core.

El Acuerdo de Hong Kong

Los objetivos de la industria eran claros: encontrar una forma de escalar Bitcoin para evitar el inminente fallo de la red y hacerlo sin hacer saltar la comunidad en pedazos. Los objetivos de los desarrolladores del Core eran diferentes. En primer lugar, tenían que proteger sus propios puestos de trabajo, ya que estaban bajo la amenaza de verse despedidos y reemplazados por *Bitcoin Classic*. Así que prometieron un pequeño aumento del tamaño de bloque a cambio de que los mineros se comprometieran a ejecutar únicamente *software* Core. El 20 de febrero se llegó a un acuerdo, ahora llamado *Acuerdo de Hong Kong* o HKA.[7] Los dos componentes clave del HKA eran:

1) Una actualización de *hard-fork* para aumentar el límite de tamaño de bloque a 2 MB.
2) Una actualización de *soft-fork* para activar *SegWit*.

El compromiso de los mineros decía: «Solo ejecutaremos sistemas de consenso compatibles con *Bitcoin Core*, que eventualmente contengan tanto *SegWit* como el *hard fork*, en producción, en el futuro previsible». El acuerdo también incluía un calendario. *SegWit* se lanzaría en abril de 2016, el código para el *hard-fork* en julio, y el *hard-fork* se activaría alrededor de julio del año siguiente. Dado que *Classic* era una actualización de 2 MB y Core prometía lo mismo, el acuerdo hizo que seguir con Core

2016)", *Reddit*, 15 de enero de 2016, https://www.reddit.com/r/ btc/comments/414qxh/ comment/czOhwzz/?utm_source=share&utm_medium=web2x&context=3

7 Bitcoin Roundtable, "Bitcoin Roundtable Consensus", *Medium*, 20 de febrero de 2016, https://medium.com/@bitcoinroundtable/bitcoinroundtable-consensus-266d475a61ff#.8v-bwu3ft7

fuera más apetecible para los mineros: si aguantaban unos meses más, llegarían a los 2 MB sin tanta polémica.

En contraste con el relativamente simple aumento del tamaño de bloque, *SegWit* es un cambio mucho más complicado en el *software*, ya que altera la forma en que se estructuran las transacciones. *SegWit* aumenta ligeramente el rendimiento de las transacciones, pero su objetivo principal es facilitar la creación de segundas capas, tales como la *Lightning Network*. Personas como el Dr. Peter Rizun y otros han criticado con dureza *SegWit*.[8] Los críticos han señalado posibles fallos de seguridad y todo el mundo reconoce que el código conlleva una grave «deuda técnica», es decir, un aumento permanente de la complejidad del *software*. Cuanto más complejo es el *software*, más difícil es trabajar con él y más errores se crearán, de manera inevitable, y *SegWit* supuso un enorme aumento de la complejidad. Todos los monederos del sector tuvieron que modificarse para poder aceptar transacciones *SegWit* de forma segura, y esa es una queja que plantearon varias empresas en su momento.

A pesar de todas las críticas, nunca he tenido una opinión definida sobre los méritos de *SegWit*. Para mí, la parte más importante de Bitcoin es poder disponer de transacciones rápidas, baratas y fiables, que no puedan ser censuradas por terceros. Si *SegWit* puede aumentar tales cualidades, entonces es una buena idea. Si merma dichas cualidades, entonces es una mala idea. Sin embargo, por sí solo, no es suficiente para aumentar el rendimiento de las transacciones en una cantidad significativa. Pero, dada la urgencia de la situación en 2016, parecía un compromiso tolerable para conseguir un aumento del límite de tamaño de bloque sin dividir la red en dos, es decir, suponiendo que Core cumpliera sus promesas.

Aunque la HKA no obtuvo un apoyo unánime, sí consiguió el apoyo de varios actores clave implicados en la minería, tales como *AntPool*, *Bitmain*, *BTCC* y *F2Pool*, que representan un porcentaje significativo del *hashrate* total. También firmaron algunos *exchanges* de criptomonedas.

---

[8]   *The Future of Bitcoin*, "Dr. Peter Rizun - SegWit Coins are not Bitcoins - Arnhem 2017", *YouTube*, 7 de julio de 2017, https://www.youtube. com/watch?v=VoFb3mcxluY

Cinco desarrolladores de Core añadieron sus firmas, junto con el CEO de *Blockstream*, Adam Back. Brian Armstrong fue un crítico destacado, y voló de regreso de Hong Kong convencido de que era necesario reemplazar *Bitcoin Core* lo antes posible. Poco después de asistir a la conferencia, escribiría un artículo en el que advertía del «riesgo sistémico de que Core sea el único equipo que trabaje en el protocolo» e instaba a pasarse a *Bitcoin Classic*:

«Necesitamos comunicarnos con los mineros chinos sobre esta forma de actualización. Les han hecho creer erróneamente que solo 4-5 personas en el mundo pueden trabajar con seguridad en el protocolo bitcoin, cuando en realidad es este grupo el que supone el mayor riesgo para sus negocios... Actualizar a *Bitcoin Classic* no significa que tengamos que quedarnos con el equipo *Classic* para siempre, simplemente es la mejor opción para mitigar el riesgo en estos momentos. Podemos usar código de cualquier equipo en el futuro».

El artículo también reafirmaba la importancia de contar con múltiples implementaciones de *software* para mantener la buena salud de Bitcoin y evitar la apropiación del desarrollo:

«Mi opinión general (que expuse en la mesa redonda del pasado fin de semana) es que bitcoin tendrá mucho más éxito con un sistema multipartito que trabaje en el desarrollo del protocolo que un único equipo, lastrado por las limitaciones que he mencionado antes. Creo que podemos conseguirlo. De hecho, debemos conseguirlo...
A largo plazo, necesitamos formar un nuevo equipo para trabajar en el protocolo bitcoin. Un equipo que acoja a los nuevos desarrolladores de la comunidad, que esté dispuesto a hacer concesiones razonables y que ayude a que el protocolo siga creciendo».[9]

---

9 "What Happened At The Satoshi Roundtable", *Coinbase*, 4 de marzo de 2016, https://blog.coinbase.com/what-happened-at-the-satoshiroundtable-6c11a10d8cdf

El «Acuerdo de Hong Kong» no disuadió a los actores de mala fe de atacar los nodos de *Bitcoin Classic*, como habían hecho anteriormente con *BitcoinXT*. Otra ronda de ataques DDoS castigaría a cualquiera que ejecutara alternativas a Core, y los foros *online* comenzaron a llenarse de nuevo con historias de los ataques. *Blocky.com* informó de que:

«El actual ataque es el último en demostrar que un simple desacuerdo sobre la escalabilidad ha derivado en caos y ha sacado a la superficie elementos delictivos dentro de nuestra comunidad. El desacuerdo se produce tras las recomendaciones de aumentar la capacidad a 2 MB, como medida de emergencia para liberar la presión sobre las transacciones, que actualmente funcionan al máximo de su capacidad con los bloques llenos».[10]

Bitcoin.com también sufrió un ataque, lo que provocó que nuestro ISP cerrara un servidor durante varias horas. Nuestro director de tecnología en aquel momento, Emil Oldenburg, escribió sobre la motivación del ataque:

« El propósito de este ataque es intimidar a cualquiera que ejecute *Bitcoin Classic*. Es el mismo *modus operandi* que vimos con *Bitcoin XT*. Esto llega en un momento en el que los mineros han empezado a minar bloques de *Bitcoin Classic* y ya tienen mucho más apoyo del que XT tuvo nunca. Alguien, o algunas personas, están comprando ataques DDOS contra *Classic*, en un intento de detener el crecimiento de nodos y bloques *Classic*. Algunos desarrolladores de Core, y Adam Back, han afirmado que "Bitcoin no es una democracia", aunque esta descripción es correcta para el modelo de gobernanza actual; con la censura, los asesinatos del caracter de algunas personas, los ataques contra cualquiera que discrepe de la línea del partido y el sabotaje contra la libre elección, el gobierno actual se parece más a Corea del Norte».[11]

[10] "Bitcoin Classic Nodes Under Heavy DDoS Attack", Blocky, 28 de febrero de 2016, https://web.archive.org/web/20160302070655/http:// www.blockcy.com/bitcoin-classic-nodes-under-ddos-attack

[11] Drew Cordell, "Bitcoin Classic Targeted by DDoS Attacks", Bitcoin. com, 1 de marzo de 2016, https://news.bitcoin.com/bitcoin-classic-targeted-byddos-attacks/

La revista *CoinTelegraph* cubrió la historia de *F2Pool*, un *pool* de minería chino que representa más de una cuarta parte del *hashrate* total de Bitcoin, que fue atacado inmediatamente después de permitir a sus mineros que ejecutasen *Classic*:

> «Los ataques comenzaron a dirigirse contra el *pool* de minado de Bitcoin *F2Pool* casi inmediatamente después de que el equipo de *F2Pool* anunciara su decisión de *probar Bitcoin Classic*, lanzando un *subpool* en el que los mineros pudieran minar bloques de *Bitcoin Classic*».[12]

Una vez más, los ataques resultaron notablemente eficaces. *Bitcoin Classic* disfrutó de su máximo apoyo hacia mediados de marzo de 2016 antes de caer con rapidez.

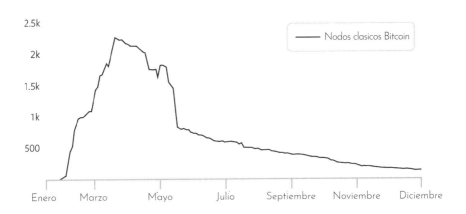

Figura 6: Número de nodos activos de Bitcoin Classic[13]

No es difícil entender por qué. Ejecutar *Bitcoin Classic* resultaba algo polémico y corría el riesgo de bifurcar la red en dos, y era una invitación

---

12 Joseph Young, "F2Pool Suffers from Series of DDoS Attacks", *Cointelegraph*, 2 de marzo de 2016, https://cointelegraph.com/news/f2poolsuffers-from-series-of-ddos-attacks

13 Coin Dance, "Bitcoin Classic Node Summary" https://coin.dance/ nodes/classic, agosto de 2023.

abierta a ataques DDoS. Además, *Classic* solo se actualizaba a bloques de 2MB, que ya habían sido prometidos por Core en el HKA. Así que, para un gran número de mineros, confiar en Core parecía una opción más segura. Desgraciadamente, su confianza era errónea y las críticas de Brian Armstrong resultaron ser acertadas. Los desarrolladores de Core incumplieron los plazos, tanto para la actualización a *SegWit* como para el aumento del tamaño de bloque. No respetaron el HKA y los bloques siguieron llenándose.

Controles de información más estrictos

Mientras tanto, la guerra por controlar la narrativa dominante de Bitcoin hacía estragos. La censura desenfrenada no fue la táctica más extrema que se empleó. Los propietarios de sitios web informativos clave se volvieron aún más descarados. En julio de 2016, al propietario de *Bitcoin.org*, *Cobra*, se le ocurrió una idea: tal vez se podría impedir que los recién llegados conocieran el diseño original de Bitcoin cambiando el mismísimo libro blanco:

«Me he dado cuenta de que el documento Bitcoin... está recibiendo mucho tráfico... Casi todas las personas que leen el documento probablemente lo hacen por primera vez, y lo utilizan como un recurso de aprendizaje. Sin embargo, dado que el documento está tan anticuado, creo que ya no hace tan buen servicio a la hora de dar a la gente una sólida comprensión de Bitcoin... Siento que el Bitcoin descrito en el documento y el Bitcoin descrito en *bitcoin.org* están empezando a divergir. En algún momento, creo que el documento empezará a hacer más daño que bien, porque engaña a la gente, haciéndoles creer que entienden Bitcoin».

A continuación, *Cobra* hace la extraordinaria afirmación de que el libro blanco no pretende explicar el diseño original de Satoshi, sino más bien explicar cómo funciona el actual *software Bitcoin Core*:

«He visto a gente promover ideas tóxicas y locas, y luego citar partes del documento, en un esfuerzo por justificarlo. Los académicos también citan regularmente el documento y basan algunos de sus razonamientos y argumentos en este documento obsoleto....

Creo que el documento siempre se concibió como una visión general de alto nivel de la aplicación de referencia actual, y que deberíamos actualizarlo ahora que el documento está obsoleto y la aplicación de referencia ha cambiado significativamente desde 2009».[14]

Según la lógica de *Cobra*, incluso si los desarrolladores del Core cambiasen el código de forma drástica, hasta perder todo parecido con el Bitcoin original, el libro blanco debería alterarse para reflejar esos cambios. *Theymos* comentó inmediatamente en el hilo, para mostrarse de acuerdo en que el libro blanco engañe a la gente:

«Interesante sugerencia. El documento está definitivamente obsoleto y, a menudo, veo gente que dice "¡solo tienes que leer el libro blanco!", como si el documento siguiera siendo una buena forma de aprender sobre Bitcoin... ».[15]

Por fortuna, esta propuesta se encontró con suficiente resistencia como para que se bloquease el cambio, aunque eso no les impediría volver a intentarlo en el futuro. Más tarde, *Theymos* hizo otra propuesta escandalosa: exigir a las empresas que se adhirieran a la narrativa de los *small-blockers*, si querían que sus productos figuraran en la lista del sitio web *Bitcoin.org*:

«Algunas empresas dicen que los mineros controlan Bitcoin. Esta creencia es una de las amenazas más peligrosas para Bitcoin... Se me ha ocurrido que *bitcoin.org* debería, de alguna manera, actuar contra esto, más de lo

---

[14] Cobra-Bitcoin, "Amendments to the Bitcoin paper #1325", *GitHub*, 2 de julio de 2016, https://github.com/bitcoin-dot-org/bitcoin.org/issues/1325

[15] Ibid.

que ya lo está haciendo. Por ejemplo, tal vez *bitcoin.org* debería exigir que los monederos y servicios firmen un compromiso muy simple que reconozca que Bitcoin no está gobernado por los mineros, si quieren tener enlace desde bitcoin.org».[16]

Cobra volvió a criticar el libro blanco y pidió que se revisara o sustituyera:

«El libro blanco es el culpable de todas estas peligrosas creencias. Necesitamos seriamente reescribirlo, o crear un libro blanco completamente nuevo y llamarlo *el libro blanco de Bitcoin*».[17]

Estas citas resultan chocantes por su descaro. Dos desconocidos que controlan los sitios web más prominentes de Bitcoin se muestran ansiosos de censurar, propagandear e incluso reescribir la historia, para impulsar su narrativa. El usuario medio ni siquiera conoce la existencia de *Theymos* y *Cobra*, y mucho menos la historia de cómo patrocinaron una versión de Bitcoin que es diametralmente opuesta a la original; tampoco lo saben los inversores prominentes con los que he hablado en privado, porque se necesita una investigación independiente significativa o llevar largo tiempo en la industria para averiguarlo.

BU, NYA, S2X y otras siglas

2016 llegó y se fue sin *SegWit* ni un aumento del tamaño de los bloques, y el año siguiente se convertiría en el más loco de la historia de Bitcoin. En enero de 2017, los bloques se ejecutaban regularmente a más del 90% de su capacidad, alcanzando ocasionalmente el límite de 1 MB, y en marzo, la comisión media por transacción superó 1 $, un aumento de más del 1.000% en menos de un año. Charlie Shrem, uno de los primeros empresarios de Bitcoin, escribió:

---

[16]   Theymos, "Policy to fight against "miners control Bitcoin" narrative #1904", *GitHub*, 8 de noviembre de 2017, https://github.com/bitcoin-dot-org/ bitcoin.org/issues/1904
[17]   Ibid.

«Si no implementamos bloques más grandes lo antes posible, *Paypal* será más barato que #bitcoin. Yo ya pago unos dólares por cada tx. Dejad de obstaculizar el crecimiento».[18]

La siguiente alternativa empezó a ganar fuerza. El equipo de *Bitcoin Unlimited* (BU) quería sustituir el límite de tamaño de bloque codificado por algo que llamaron «consenso emergente». La idea básica consistía simplemente permitir a los mineros y nodos establecer su propio límite sin necesidad de la aprobación de nadie. Los incentivos económicos, pensaban, eran lo suficientemente fuertes como para mantener la red coordinada y funcional. Estoy de acuerdo con su análisis.

A pesar de ganar impulso a principios de 2017, la BU era odiada por los personajes típicos y objeto de ataques. En *Reddit*, múltiples usuarios anónimos compartieron sus intenciones de explotar cualquier fallo que pudieran encontrar para conseguir el máximo efecto.[19] Lo consiguieron, y a mediados de marzo, más de la mitad de los nodos de *Bitcoin Unlimited* fueron derribados con éxito en un ataque coordinado. El fallo no causó mucho daño en sí mismo, pero sí perjudicó la reputación de los desarrolladores de BU en un momento crítico. Un artículo de *Bloomberg*, que cubrió los ataques, escribía:

«Aunque el daño se parcheó con rapidez, supone una validación para los críticos que afirman que los programadores de *Unlimited* carecen de la experiencia necesaria para solucionar el complicado problema de congestión de Bitcoin. *Unlimited* se había ganado en las últimas semanas el respaldo de mineros influyentes, ya que algunos decidieron renunciar a alcanzar un consenso en la comunidad tras más de dos años de discusiones.

[18] Charlie Shrem (@CharlieShrem), *Twitter*, 19 de enero de 2017, https:// twitter.com/CharlieShrem/status/822189031954022401

[19] Andrew Quentson, "*Bitcoin Core* Supporter Threatens Zero Day Exploit if Bitcoin Unlimited Hardforks", *CCN*, 4 de marzo de 2021, https:// www.ccn.com/bitcoin-Core-supporter-threatens-zero-day-exploit-bitcoinunlimited-hardforks/

El fallo genera incertidumbre sobre si los mineros les seguirán dando su apoyo».[20]

Mientras se desarrollaba la función, la cuota de mercado de BTC también empezó a desplomarse. A principios de año, BTC disfrutaba de cerca del 87% de la capitalización de mercado total de todas las criptomonedas. En mayo, se desplomó por debajo del 50%. La industria de Bitcoin empezaba a sentir por fin las consecuencias de retrasar el escalado durante años. Así que se organizó otra conferencia, esta vez en Nueva York. Se invitó a los mayores actores económicos, junto con los principales desarrolladores de Core.

Rápidamente se llegó a un acuerdo conservador, parecido al HKA que se había acordado anteriormente. *SegWit* se activaría con un umbral de mineros del 80% y el tamaño de bloque de 2 MB aumentaría en seis meses. Esto llegaría a conocerse como el Acuerdo de Nueva York, o *NYA*. Es famoso que todos los desarrolladores Core se negaron a presentarse a la conferencia, por lo que los de la industria tuvieron que encontrar un acuerdo entre ellos. Mi empresa, *Bitcoin.com*, firmó el NYA, aunque yo no pude asistir personalmente. Si hubiera estado allí, me habría opuesto a un problema evidente en todo ese plan: se suponía que el aumento del tamaño de bloque se produciría después de que se activara *SegWit*. ¿Qué pasaría si, tras aceptar *SegWit*, se organizara otra campaña para atacar todas las alternativas a Core? ¿Se comprometerían finalmente los mineros con una implementación alternativa? Fue una enorme apuesta que se convirtió en una enorme metedura de pata.

El Acuerdo de Nueva York obtuvo el respaldo de 58 empresas de 22 países diferentes, que representan el 83% de la potencia del *hash*, más de 5.000 millones de dólares de volumen mensual de transacciones en

[20] Yuji Nakamura, "Divisive 'Bitcoin Unlimited' Solution Crashes After Bug Discovered", Bloomberg Technology, 15 de marzo de 2017, https://web. archive.org/web/20170315070841/ https://www.bloomberg.com/news/ articles/2017-03-15/divisive-bitcoin-unlimited-solution-crashes-afterbug-exploit

cadena y más de 20 millones de monederos Bitcoin.[21] El apoyo fue tan universal que incluso destacados críticos de Core y *SegWit* firmaron. Por ejemplo, el *pool* de minería *ViaBTC* había escrito un mordaz artículo el mes anterior, explicando por qué no apoyaban *SegWit* como solución de escalado, diciendo:

«La capacidad de la red es ahora el problema más urgente para Bitcoin... *SegWit*, que es una solución *soft fork* para la maleabilidad, no puede resolver el problema de la capacidad... Incluso si *SegWit*, después de la activación, puede escalar ligeramente el tamaño del bloque con nuevos formatos de transacción, todavía está muy por detrás de la demanda para el desarrollo de la red Bitcoin.

Las redes de segundo nivel como *Lightning Network* (que depende de *SegWit*) no pueden considerarse una solución de escalado de bloques. Las transacciones *LN* NO son iguales a las transacciones *peer-to-peer* en cadena de Bitcoin y la mayoría de los escenarios de uso de Bitcoin no son aplicables con *Lightning Network*. LN también conducirá a grandes *centros* de pago, y esto va en contra del diseño inicial de Bitcoin como sistema de pago *peer-to-peer*. Eso no quita para que pueda ser un buen método para transacciones frecuentes y pequeñas de Bitcoin en ciertos casos. Pero no podemos confiar en él como una solución para el escalado de Bitcoin».

A continuación, su artículo explica cómo *SegWit* reforzará el dominio de Core sobre el protocolo Bitcoin:

«Como referente en la implementación para Bitcoin, *Bitcoin Core* tuvo una influencia significativa en la comunidad. Sin embargo, su influencia ha sido sobrevalorada durante mucho tiempo, debido a sus acciones. Abusando de su anterior influencia, han obstaculizado el aumento

---

[21]   Digital Currency Group, "Bitcoin Scaling Agreement at Consensus 2017", *Medium*, 23 de mayo de 2017, https://dcgco.medium.com/bitcoinscaling-agreement-at-consensus-2017-133521fe9a77

del tamaño de los bloques de Bitcoin, en contra de la voluntad de la comunidad. El equipo de Core, en algunos casos explícitamente, ha apoyado la censura de los foros principales de Bitcoin, así como el veto a muchos desarrolladores prominentes, empresas y miembros de la comunidad que tienen opiniones diferentes con la hoja de ruta actual de Core. Hoy en día, Bitcoin necesita urgentemente equipos de desarrollo e implementaciones diversificadas para lograr la descentralización en el desarrollo de Bitcoin.

Si se activa *SegWit*, Bitcoin no tendrá más remedio que seguir con la hoja de ruta actual de Core en los próximos años, lo que intensificará aún más los impactos de un equipo de desarrollo incompetente sobre la comunidad Bitcoin y descartará las posibilidades de que Bitcoin crezca en múltiples direcciones».[22]

Sin embargo, a pesar de sus duras críticas, se adhirieron a la NYA para tratar de mantener a la comunidad unida en torno a la misma moneda y preservar los efectos de red conseguidos con tanto esfuerzo. En junio de 2017, las comisiones por transacción siguieron disparándose hasta superar los 5 dólares de media, lo que supone un aumento de más del 5.000% respecto al año anterior.

---

[22] ViaBTC, "Why we don't support SegWit", *Medium*, 19 de abril de 2017, https://viabtc.medium.com/why-we-dont-support-segwit-91d44475cc18

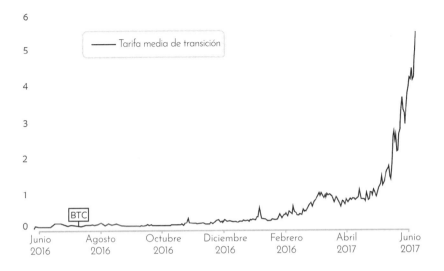

Figura 7: Comisión media por transacción de BTC
junio 2016 - junio 2017

La capitalización de mercado relativa de BTC también alcanzó un nuevo mínimo del 38%, ya que cada vez más gente optaba por cadenas alternativas como *Ethereum*, que ofrecían un mejor rendimiento. La inmensa mayoría de la industria estaba de acuerdo en que era urgente mejorar la capacidad de Bitcoin, pero los desarrolladores de *Bitcoin Core* no estaban en absoluto dispuestos a aumentar el límite de tamaño de bloque. Así que otros desarrolladores tendrían que hacerlo realidad en un repositorio de *software* diferente. Jeff Garzik fue elegido como desarrollador principal de este nuevo proyecto, y el código en el que estaba trabajando se llamaría *SegWit2x* o *S2X*.

Una vez más, Core corría el riesgo de verse despedido. Si la mayoría de los mineros, ejecutando *SegWit2x*, producían un bloque mayor de 1MB, los mineros que estuvieran ejecutando Core serían bifurcados de la red. Y lo que es más importante, las claves del código de Bitcoin se arrancarían por fin de las manos de Core. Así que se emprendió otra campaña para demonizar a cualquiera que apoyara *SegWit2x*, que no era más que el código para reflejar el HKA y el NYA. Greg Maxwell escribió:

«[Un] par de imbéciles bienintencionados fueron a China hace unos meses para aprender y educar sobre los problemas y se las arreglaron para dejarse encerrar en una habitación hasta las 3-4 de la mañana hasta que acordaran personalmente proponer algún *hard fork* después de *SegWit*».[23]

El usuario del foro *httpagent* comentó la hostilidad de Core hacia cualquiera que no pertenezca a su círculo:

«He observado que existe una estrategia de "no saber nada" adoptada recientemente por el núcleo [de Bitcoin]: básicamente, la idea es que los miembros de la comunidad afirmen que todos los que no forman parte del desarrollo del núcleo son unos ingenuos y no tienen una posición válida a la hora de debatir el futuro de bitcoin».[24]

Lo que quedaba de 2017 acabaría siendo un enfrentamiento entre *Blockstream/*Core y el resto del sector. A pesar de haber afirmado durante años —en nombre de la unidad— que había que evitar a toda costa una bifurcación, los partidarios de Core demostraron que no tenían ningún deseo real de cooperación. Cuando llegó el momento, estaban dispuestos a dividir a la comunidad y atacar a sus oponentes por cualquier medio que fuese preciso.

---

[23] Gmaxwell, "Re: ToominCoin aka "Bitcoin_Classic" #R3KT", Bitcoin Forum, 13 de mayo de 2016, https://bitcointalk.org/index.php?topic=1330553. msg14835202#msg14835202

[24] Mike Hearn, Hacker News, Y Combinator, 28 de marzo de 2016, https:// news. ycombinator.com/item?id=11373362

19.

Los Sombrereros Locos

uando *Bitcoin Core* lanzó el código *SegWit*, exigió que el 95% del *hashrate* indicase su activación antes de que se implementara, dando, en la práctica poder de veto a una minoría del 5% de los mineros. Core fue duramente criticado por establecer este umbral demasiado alto, ya que si un número suficiente de mineros discrepaba, podría bloquear la activación de *SegWit* indefinidamente, razón por la cual el porcentaje requerido se redujo al 80% con la NYA. Sin embargo, ya se había urdido un plan diferente antes de que se produjera la NYA, para intentar forzar a los mineros a adoptar *SegWit*.

Cortarte la nariz para así poder escupirte a la cara

El desarrollador de seudónimo *ShaolinFry* anunció su idea de un *Soft-Fork Activado por el Usuario* (*UASF*, por sus siglas en inglés) en febrero de 2017,[1] aunque el plan no obtuvo mucha atención de entrada. El *UASF* era un intento de desafiar explícitamente el poder de los mineros, amenazando con interrumpir la red si *SegWit* no se adoptaba rápidamente.[2] Los nodos

---

[1] Shaolinfry, "Moving towards user activated soft fork activation", Bitcoin-dev mailing list, 25 de febrero de 2017, https://lists.linuxfoundation. org/pipermail/bitcoin-dev/2017-February/013643.html

[2] Jordan Tuwiner, "UASF / User Activated Soft Fork: What is It?", Buy Bitcoin Worldwide, 3 de enero de 2023, https://www.buybitcoinworldwide. com/uasf/

que ejecutaran código *UASF* se negarían a aceptar bloques que no indicaran la activación de *SegWit*. Por tanto, si los mineros producían bloques incompatibles con el código *UASF*, los nodos acabarían bifurcándose fuera de la red. Aunque parezca una mala idea, en teoría podría causar problemas si conseguía reclutar, para ejecutar su código, suficientes nodos con influencia económica; por ejemplo, de *exchanges*, procesadores de pagos o proveedores de monederos. Los usuarios podrían acabar en una *blockchain* separada de la mayoría de los mineros, sin su conocimiento o consentimiento, con la posibilidad de perder fondos o de que sus pagos no se efectuaran.

Los arquitectos de la *UASF* intentaron apelar a incentivos económicos para impulsar su idea. Además del posible daño causado por la interrupción de la red, también argumentaron que los mineros podrían obtener más beneficios adoptando *SegWit*, ya que permitía nuevos tipos de transacciones. Se podían obtener comisiones de las transacciones en el formato original más el nuevo. El objetivo era que la adopción inmediata de *SegWit* fuera el camino más fácil para los mineros, puesto que ya estaban planeando adoptarlo de todos modos.

Tanto el *UASF* como sus defensores tuvieron muchos detractores. El cofundador de *OB1*, el Dr. Washington Sánchez, afirmó que el «*UASF* es un nombre elegante para un ataque Sybil».[3] Un ataque Sybil es aquel en el que los participantes de una red no pueden distinguir a los actores honestos de los deshonestos. Dado que los nodos de Bitcoin son fáciles de crear, es posible inundar la red con nodos deshonestos para dificultar que los honestos se conecten entre sí. Irónicamente, el requisito de prueba de trabajo en Bitcoin está diseñado intencionadamente para proteger de los ataques Sybil. Los nodos son baratos y fáciles de crear, pero los mineros no. Al exigir a los mineros que demuestren la prueba de trabajo, hace que el coste de atacar la red sea exponencialmente mayor, y este alto coste es lo que permite a los actores honestos encontrarse entre sí. La *UASF* intenta superar esta protección amenazando con eliminar de la red los nodos económicamente relevantes.

---

[3] Washington Sanchez (@drwasho), *Twitter*, 17 de mayo de 2017, https:// twitter. com/drwasho/status/864651283050897408

Mineros frente a nodos completos

El concepto *UASF* presenta varios problemas críticos. El más fundamental es que, dado el diseño de Bitcoin, sigue siendo necesaria la participación de los mineros. Incluso si los nodos *UASF* se bifurcaran con éxito fuera de la red principal, sin ningún minero cooperando, su cadena no sería capaz de producir nuevos bloques. Por tanto, sería inmediatamente inutilizable. Si se llevasen consigo el 5% del *hashrate*, su cadena solo sería capaz de producir bloques al 5% del ritmo normal: en lugar de tardar cada bloque una media de diez minutos, tardaría doscientos minutos. También estarían sujetos a «ataques del 51%». Un ataque del 51% se produce cuando la mayoría del *hashrate* es deshonesto o malicioso y puede paralizar una *blockchain*. Si los partidarios del *UASF* se llevaran el 5% del *hashrate* a una nueva cadena, significaría que el 95% se quedaría en BTC. Eso significa que solo haría falta que otro 6% de los mineros se trasladara a la cadena *UASF* para atacarla. El 89% del *hashrate* total estaría en BTC, y el 11% en la cadena *UASF*. De ese 11%, más de la mitad serían hostiles y podrían causar estragos. Al fin y al cabo, el diseño de Satoshi otorga a los mineros el poder de determinar si la *blockchain* funciona o no.

Aunque el concepto de la *UASF* podría haber sido erróneo, planteó una cuestión importante: ¿los mineros se conectan a una red de nodos completos, o los nodos completos se conectan a una red de mineros? Afortunadamente, la respuesta es *ambos*. Aunque los mineros forman la columna vertebral técnica de Bitcoin, no operan independientemente de una red económica más amplia. Los mineros siguen teniendo ánimo de lucro, y eso significa que deben tener en cuenta lo que quieren otras partes. No pueden simplemente introducir cambios sin socavar la credibilidad (y el precio) de la moneda que minan. Sin embargo, preocuparse en exceso por la opinión de las minorías también puede ser contraproducente a largo plazo, sobre todo si impide que la *blockchain* escale.

UASF no tuvo tirón al principio, pero acabó ganando adeptos después de que los *small blockers* más radicales se unieran a la causa; gente como Samson Mow, el CSO de *Blockstream*, y Luke Dashjr, que era un contratista de *Blockstream*. Mow organizó una recaudación de fondos pública para la propuesta de la *UASF*[4] y, en los meses siguientes, el apoyo a la *UASF* creció, especialmente en las redes sociales, aunque nunca quedó claro cuánto apoyo era real y cuánto impostado. En *Twitter*, por ejemplo, cientos de cuentas invadían los debates públicos sobre Bitcoin, promoviendo agresivamente la idea de la *UASF*. Un número notablemente alto de estas cuentas eran nuevas, tenían fotos de perfil de dibujos animados, casi ningún seguidor, y aparentemente utilizaban sus cuentas de *Twitter* únicamente para compartir sus fuertes opiniones sobre Bitcoin, lo que parecían hacer durante varias horas al día, durante varios meses. Mientras tanto, en las reuniones y conferencias en el mundo real, nunca había más de un par de seguidores de la *UASF* en ningún grupo, a pesar de su ruidosa presencia *online*. Rápidamente se ganaron la reputación de ser los Bitcoiners más hostiles y disruptivos en las conferencias y podían ser identificados por sus gorras de camuflaje, a juego con la inscripción *UASF*, fabricadas por *Blockstream*.

Con el tiempo, algunas empresas como *BitFury* y *Samurai Wallet* mostraron su apoyo a la *UASF*, pero el movimiento nunca alcanzó una masa crítica, y nunca tuvo tampoco que hacerlo. Los mineros simplemente aceleraron sus plazos para adoptar *SegWit* como parte de la NYA. Estaba previsto que *SegWit* se activara a finales de agosto de 2017, y el aumento del tamaño de bloque 2X estaba programado para noviembre del mismo año.

Sin embargo, el drama en torno a *SegWit* y *UASF* tuvo otra consecuencia. Estimuló a un grupo de mineros a crear por fin un plan de respaldo. Si *SegWit* resultaba ser una mala idea, o si su adopción causaba una ruptura de la cadena, o si el aumento de tamaño de bloque 2X no se producía, tenía que haber un Plan B. De esa forma, se creó una implementación alternativa para separarse de forma segura de BTC y formar una cadena separada, sin *SegWit*, y con un aumento inmediato del límite de tamaño de bloque a 8MB. Esta implementación se llamó *Bitcoin ABC* —ABC significa *Adjustable Blockize Cap* (capacidad ajustable del tamaño de bloque)—, que

---

[4] Samson Mow (@Excellion), *Twitter*, 22 de marzo de 2017, https://twitter. com/excellion/status/844349077638676480

permitiría a los mineros establecer sus propios límites sin necesidad de la aprobación de los desarrolladores. *Bitcoin ABC* dio lugar a una nueva red, y por tanto a una nueva moneda, llamada *Bitcoin Cash*. Así empezó BCH, no como sustituto inmediato de BTC, sino como plan de contingencia de los mayores mineros en caso de que fracasaran las actualizaciones de BTC. Resultó ser una buena idea.

Los *enemigos* de Bitcoin

Casi inmediatamente después de la activación de *SegWit*, una nueva campaña ocupó el lugar de *UASF*. Ingenieros de medios sociales, controladores de información y destacados empleados de *Blockstream* empezaron a agitar a favor de *NO2X*, rechazando la parte 2X de *SegWit2x* y manteniendo el límite de tamaño de bloque en 1MB. Sin duda tuvieron mucho trabajo, ya que casi todas las grandes empresas seguían planeando la actualización a 2X, y el aviso de haberlo hecho, por parte de los mineros, se disparó hasta por encima del 90%. El apoyo casi universal de la industria se tacharía de «absorción corporativa», lo que resulta bastante irónico, ya que la NYA era necesaria para superar la influencia corporativa que *Blockstream* ejercía sobre los desarrolladores de Core. Según Adam Back:

> «Los que quieren absorber Bitcoin son contrarios a la ética de Bitcoin y a Bitcoin; son "enemigos" de Bitcoin».[5]

El desarrollador Core, de nick *btcdrak*, se hizo eco de este sentimiento y afirmó que *SegWit2x* centralizaría aún más el desarrollo de Bitcoin:

> «Estoy totalmente consternado por esta propuesta, tanto desde el punto de vista técnico y ético como por el proceso que ha seguido... Por mucho que se hable de lo importantes que son las "implementaciones alternativas", ¿cómo fomenta esta acción precipitada y apresurada un ecosistema de

---

[5] Adam Back (@adam3us), *Twitter*, 3 de octubre de 2017, https://twitter.com/adam3us/status/915232292825698305?s=20

múltiples implementadores? Al fomentar las actualizaciones rápidas, en realidad está centralizando aún más el ecosistema».[6]

Muchos veteranos, familiarizados con las tácticas de la agresiva facción de los *small-blockers*, predijeron de antemano la presión que se produciría para evitar la actualización a 2X y, por tanto, que se sortease a Core. El tema estaba siendo discutido en los foros no censurados, con algunas personas afirmando que esperar que el *hard fork* nunca ocurriera era similar a defender una teoría de la conspiración. El usuario *jessquit* respondió a esta idea diciendo:

«¿Dónde puedo conseguir la droga que sea que te hace olvidar por completo los últimos X años de promesas incumplidas por los malhechores que hay por aquí? Porque está claro que eres capaz de anular por completo toda la historia y dejarte llevar por tu imaginación... ¿Es posible que *SW2X* siga por el buen camino y consiga que se active el 80% o más y que siga por el buen camino para el HF? Sí. Sin duda es posible. Solo requiere una asombrosa suspensión de la incredulidad».[7]

Otro usuario coincidió:

«No creo que *Blockstream* y Core sean honestos, ¿no lo demostraron ya con el acuerdo de Hong Kong? Ya renegaron descaradamente de un acuerdo, ¿no es cierto? Es como eso de que si me engañan una vez, es una vergüenza y, si me engañan dos veces... me lo merezco».

Una táctica especialmente deshonesta fue la de afirmar que la actualización de *SegWit* era un aumento del tamaño de bloque, dando a entender que Core

[6] Btc Drak, "A Segwit2x BIP", Bitcoin-dev mailing list, 8 de julio de 2017, https://lists.linuxfoundation.org/pipermail/bitcoin-dev/2017-July/014716.html

[7] AlexHM, "BTCC just started signalling NYA. They went offline briefly. That's over 80%. Good job, everyone.", *Reddit*, 20 de junio de 2017, https://www.reddit.com/r/btc/comments/6ice15/btcc_just_started_signalling_nya_they_went/dj5dsuy/

ya había cumplido la promesa que había hecho en Hong Kong. Samson Mow inició esta narrativa en *Twitter* con un breve diálogo:

«La activación de *SegWit* pondría fin definitivamente a la supuesta *guerra civil* de Bitcoin y a la amenaza de un *hard-fork* que dividiría la red.[8]

Edmund Edgar respondió con escepticismo:

«Lo que quieren decir con esto es que, una vez que consigan segwit, no habrá aumento del tamaño de los bloques, nunca».[9]

A lo que Mow respondió, alegando:

«*SegWit* es un aumento del tamaño de bloque. Demuestra que no lo es».[10]

Esta afirmación se vería repetida sin pudor por los personajes habituales, tales como Adam Back,[11] Peter Todd,[12] Greg Maxwell,[13] Eric Lombrozo,[14] e incluso en el sitio *web segwit.org*.[15] La razón por la que podían hacer esta afirmación era la forma en que *SegWit* reestructuraba las transacciones. Los detalles técnicos no son importantes, pero lo lograron cambiando la métrica de «tamaño de bloque» por la de «peso de bloque», ponderando sobre

---

[8]   Samson Mow (@Excellion), *Twitter*, 29 de marzo de 2017, https://twitter. com/Excellion/status/847159680556187648

[9]   Edmund Edgar (@edmundedgar), *Twitter*, 30 de marzo de 2017, https:// twitter.com/edmundedgar/status/847213867503460352

[10]   Samson Mow (@Excellion), *Twitter*, 29 de marzo de 2017, https://twitter. com/excellion/status/847273464461352960

[11]   Adam Back (@adam3us), *Twitter*, 1 de abril de 2017, https://archive.ph/WJdZj

[12]   Peter Todd (@peterktodd), *Twitter*, 19 de julio de 2017, https://twitter.com/peterktodd/status/887656660801605633

[13]   Nullc, "Segwit is a 2MB block size increase, full stop.", *Reddit*, 13 de agosto de 2017, https://archive.ph/8d6Jm

[14]   Eric Lombrozo (@eric_lombrozo), *Twitter*, 20 de abril de 2017, https:// archive.ph/9xTbZ

[15]   "Is SegWit a block size increase?", Segwit.org, 29 de agosto de 2017, https://archive.ph/lEpFf

todo, de forma diferente, las distintas partes de la transacción. Con este nuevo método contable, el tamaño literal de los bloques podía aumentarse ligeramente por encima de 1 MB —la media actual es de 1,3 MB—, pero sin lograr un aumento sustancial de la capacidad de rendimiento de las transacciones. Afirmar que esto suponía un aumento del tamaño de bloque, de 2 MB, era engañoso, como si los defensores de *SegWit2x* simplemente quisieran tener bloques que contuvieran más datos, independientemente de si les permitía procesar más transacciones por bloque. Utilizando la métrica del «peso de bloque», *SegWit2x* habría dado lugar a un límite de peso por bloque de 8 MB, aunque la capacidad de rendimiento sería esencialmente la misma que con un límite de tamaño de bloque de 2 MB. *SegWit*, por sí solo, permitía el 50% de la capacidad que la industria tenía prevista tras los Acuerdos de Hong Kong y Nueva York. Si *SegWit* hubiera sido de verdad un aumento del tamaño de bloque según la definición habitual, la polémica sobre *SegWit2x* no habría existido en absoluto.

Todo el mundo es culpable

Theymos y *Cobra* aprovecharon una vez más su control sobre sitios web clave para impulsar la narrativa única de Core. También se hizo presión en *Bitcoin.org* para eliminar de la lista a las empresas que apoyaban *SegWit2x*. *Cobra* escribió:

«De momento, eliminemos cualquier mención a *Coinbase* y *Bitpay* (y sus productos asociados), y pongamos una alerta diciendo a los usuarios que TENGAN CUIDADO con *Coinbase* y *Bitpay*, porque planean cambiar a algo que creemos que no es Bitcoin real. La alerta puede contener instrucciones que indiquen a los usuarios cómo sacar su BTC de estos servicios y recomendar empresas alternativas que se comprometan a utilizar el Bitcoin real».[16]

---

[16] "Delist NYA participants from bitcoin.org #1753", *GitHub*, 18 de agosto de 2017, https://github.com/bitcoin-dot-org/bitcoin.org/issues/1753#issuecomment-332300306

Un par de días más tarde, *Cobra* compartiría sus planes de añadir una «Alerta de Seguridad *Segwit2x*» para advertir a los usuarios de «lo que estas empresas insidiosas están planeando, para que podamos evitar que lo lleven a cabo en silencio».[17] Estas empresas insidiosas estaban compuestas por la mayoría de los participantes más grandes, más antiguos, más exitosos y más respetados de la industria, casi todos fuera de la burbuja *Blockstream*/Core. Sin embargo, solo una semana después, *Bitcoin.org* anunció su intención de incluir en una lista negra a la mayoría de las empresas de *Bitcoin:*[18]

Bitcoin.org está planeando publicar un *banner* en cada página del sitio, advirtiendo a los usuarios sobre los riesgos de utilizar servicios que, por defecto, apoyarán el llamado *hard fork* contencioso *Segwit2x1* (S2X). A las empresas S2X se las llamará por su nombre... De entrada, daremos la siguiente lista de empresas, conocidas por apoyar S2X, en esta advertencia:

—1Hash (China)
—Abra (Estados Unidos)
—ANX (Hong Kong)
—Bitangel.com /Chandler
—BitClub Network
—Bitcoin.com
—Bitex (Argentina)
—bitFlyer (Japón)

—CryptoFacilities (Reino Unido)
—Decentral (Canadá)
—Moneda digital Grupo (Estados Unidos)
—Filament (Estados Unidos) Guo (China)
—Genesis Global Trading (Estados Unidos) (Hong Kong)
—Genesis Mining (Hong Kong) (St. Kitts & Nevis)
—GoCoin (Isla de Man)
—Grayscale Investments (Estados Unidos)

[17] Cobra-Bitcoin, "Add Segwit2x Safety Alert #1824 ", *GitHub*, 11 de octubre de 2017, https://github.com/bitcoin-dot-org/bitcoin.org/pull/1824
[18] "Bitcoin.org to denounce "Segwit2x"", Bitcoin.org, 5 de octubre de 2017, https://web.archive.org/web/20171028193101/https://bitcoin.org/en/posts/denounce-segwit2x

—Bitfury (Estados Unidos)

—Bitmain (China)

—BitPay (Estados Unidos)

—BitPesa (Kenia)

—BitOasis (Emiratos Árabes Unidos)

—Bitso (México)

—Bixin.com (China)

—*Blockchain* (Reino Unido)

—Bloq (Estados Unidos)

—BTC.com (China)

—BTCC (China)

—BTC.TOP (China)

—BTER.com (China)

—Circle (Estados Unidos)

—Civic (Estados Unidos)

—Coinbase (Estados Unidos

—Coins.ph (Filipinas)

—Jaxx (Canadá)

—Korbit (Corea del Sur)

—Luno (Singapur)

—MONI (Finlandia)

—Netki (Estados Unidos)

—OB1 (Estados Unidos)

—Purse (Estados Unidos)

—Ripio (Argentina)

—Safello (Suecia)

—SFOX (Estados Unidos)

—ShapeShift (Suiza)

—SurBTC (Chile)

—Unocoin (India)

—Veem (Estados Unidos)

—ViaBTC (China)

—Xapo (Estados Unidos)

—Yours (Estados Unidos)

En 2017, esta lista representaba lo más parecido a un consenso dentro de la comunidad Bitcoin, ya que abarcaba a casi todo el sector. Sin embargo, según los propietarios de *Bitcoin.org*, se trataba simplemente de una lista de empresas *insidiosas* que, de hecho, estaban abandonando el consenso, empeñadas en apropiarse de Bitcoin para ellas mismas, para cambiar de manera irresponsable el *software* y permitir bloques de 2 MB. Lo absurdo de la situación quedó bien reflejado en el título de un artículo de «trustnodes.com: Bitcoin. org planea "denunciar" a casi todas las empresas y mineros de Bitcoin».[19]

---

[19] "Bitcoin.org Plans to "Denounce" Almost All Bitcoin Businesses and Miners", *Trustnodes*, 6 de octubre de 2017, https://www.trustnodes.com/2017/10/06/bitcoin-org-plans-denounce-almost-bitcoin-businessesminers

Por todos los medios

En lugar de evitar las bifurcaciones, parecía que Bitcoin llegaría a dividirse en tres cadenas diferentes, a finales de 2017: la cadena *Segwit1x* (S1X), la cadena *Segwit2x* (S2X) y *Bitcoin Cash* (BCH). La lucha entre S1X y S2X planteó una cuestión crítica: ¿qué cadena mantendría el nombre *Bitcoin* y la etiqueta *BTC*? Si *Bitcoin* es idéntico a la red creada por el *software Bitcoin Core*, es obvio que S1X es Bitcoin. Pero si Bitcoin es la red creada por los mineros y la industria en general —y no es sinónimo de una implementación de *software*— entonces S2X sería, obviamente, Bitcoin.

La mayor parte de la industria adoptó la misma política, a menudo considerada como la neutral. El nombre *Bitcoin* se asignaría a la cadena que acumulara más *hashrate*, independientemente de si era S1X o S2X. Esto no solo era coherente con el diseño de Satoshi, sino que también tenía sentido en términos de ofrecer a los clientes la máxima estabilidad. Una cadena con un *hashrate* minoritario no solo es poco fiable, sino que podría provocar la pérdida de fondos. Aunque esta política era razonable, también era una amenaza existencial para *Blockstream* y los desarrolladores de Core. En septiembre de 2017, aproximadamente el 95% del *hashrate* estaba apuntando a S2X,[20] lo que prácticamente garantizaba que el nombre de Bitcoin, la etiqueta y los efectos de red irían con la cadena de 2MB. Y, a menos que los desarrolladores de Core implementaran protecciones adicionales, como las que se pusieron en marcha cuando *Bitcoin Cash* se bifurcó, corrían el riesgo de que su cadena fuera completamente aniquilada. Sin embargo, poner esas protecciones supondría admitir que eran una bifurcación minoritaria y que habían perdido la batalla por Bitcoin. Así que, en lugar de admitir la derrota, se volvieron aún más agresivos e intentaron involucrar al gobierno.

El desarrollador principal, Eric Lombrozo, calificó S2X de «grave ciberataque» y amenazó con emprender acciones legales contra él, declarando:

---

[20] "SegWit2x Blocks (historical) Summary", *Coin Dance*, 18 de agosto de 2023, https://web.archive.org/web/20171006030014/https://coin.dance/ blocks/segwit2xhistorical

«Una buena parte de la comunidad quiere conservar la cadena heredada... los intentos de destruirla se tratarán como un ataque a la propiedad de todas estas personas. Constituye un ciberataque grave y se han preparado medidas decisivas contra él, tanto técnicas como jurídicas».[21]

El cofundador de *Blockstream*, Matt Corallo, escribió directamente a la SEC para pedirle que interviniera y proporcionara «protección al consumidor» frente a la bifurcación:

«Soy Matt Corallo, desarrollador de Bitcoin desde hace mucho tiempo... experto en el funcionamiento de Bitcoin, defensor a ultranza de Bitcoin y firme defensor de la disponibilidad de un "Producto Cotizado en Bolsa" (ETP) de Bitcoin. Me preocupan seriamente las normas propuestas para el mantenimiento de los depósitos de Bitcoin y la falta de protección de los consumidores, en caso de que se modifiquen las normas de la red Bitcoin en los procedimientos actuales.

Tal como se describe en la presentación S-1 del *Bitcoin Investment Trust* (BIT), una "bifurcación permanente" de Bitcoin puede producirse cuando dos grupos de usuarios no están de acuerdo sobre las reglas que definen el sistema (sus "reglas de consenso"). Más concretamente, tal «bifurcación permanente» puede ocurrir cuando un grupo de usuarios desea hacer un cambio en las reglas de consenso de Bitcoin, mientras que otro grupo no... [E]s importante señalar que, en el caso de una bifurcación permanente, es probable que se produzca una confusión significativa en el mercado, ya que los inversores, las empresas y los usuarios deciden qué criptomoneda llamarán *Bitcoin*.... En tal escenario, el BIT podría causar una confusión significativa en el mercado a largo plazo, confundiendo totalmente a los consumidores, y todo ello cumpliendo con sus normas y presentaciones actualmente propuestas».[22]

---

[21] Eric Lombrozo, "*Bitcoin Cash*'s mandatory replay protection - an example for B2X", Bitcoin-segwit2x mailing list, 22 de agosto de 2017, https://lists.linuxfoundation.org/pipermail/bitcoin-segwit2x/2017August/000259.html

[22] Matt Corallo, "Subject: File No. SR-NYSEArca-2017-06", 11 de septiembre de 2017, https://www.sec.gov/comments/sr-nysearca-2017-06/ nysearca201706-161046.htm

Samson Mow se expresó en *Twitter*, sugiriendo que *Coinbase* estaba violando las leyes de la *BitLicense* de Nueva York. Etiquetando tanto a *Coinbase* como al *Departamento de Servicios Financieros de Nueva York*, escribió:

«¿Está *@coinbase* incumpliendo los términos de la *#BitLicense*? Avalando *2xfork*, definitivamente, genera preocupaciones de seguridad. *@NYDFS*[23]»

Y, más tarde, continuó:

«¿El superintendente de *@NYDFS* dio su aprobación previa por escrito para que *Coinbase* firmara #NYA? »[24]

Además de las amenazas de demandas, también utilizaron formas más directas de atacar a las empresas que no definían *Bitcoin* según el *software* de *Bitcoin Core*. Los proveedores de monederos, por ejemplo, podrían enfrentarse a oleadas de falsas reseñas, con puntuación de una estrella, sobre sus aplicaciones, advirtiendo a los usuarios de posibles *lost funds* o *malware*, debido a que esa empresa no iba a apoyar el *verdadero* Bitcoin.

Bitcoin.com fue incluido en una lista de bombardeo de correos electrónicos maliciosos, gracias a la que todas nuestras direcciones de correo electrónico *@bitcoin.com* recibirían miles de correos *spam* cada día. Otra ronda de ataques DDoS comenzó contra los partidarios de NYA. Las constantes demonizaciones, difamaciones y acoso *online* se extendieron incluso a personas culpables de asociarse con enemigos declarados. Mientras *Bitcoin.org* discutía la eliminación del monedero *BTC.com* de su sitio web, *Cobra* respondió:

---

[23] Samson Mow (@Excellion), *Twitter*, 7 de octubre de 2017, https://twitter.com/Excellion/status/916491407270879232

[24] Samson Mow (@Excellion), *Twitter*, 7 de octubre 2017, https://twitter. com/Excellion/status/916492211700690945

«Están asociados con ese monstruo que es Jihan Wu, así que no me importa que los eliminen por esto, son gente terrible. Sin lugar a dudas, considero que se ha cruzado una línea aquí».[25]

Jihan Wu es cofundador de *Bitmain*, el mayor fabricante de chips para mineros de Bitcoin. También fue la primera persona en traducir el libro blanco al chino. A pesar de involucrarse en 2011 y construir una de las compañías de Bitcoin más exitosas del mundo, Wu fue calumniado, tildándole de monstruo, por su falta de obediencia total a *Bitcoin Core*. De hecho, dado que casi todos los mineros apoyaban S2X en lugar de Core, la narrativa cambió rápidamente a una hostilidad abierta hacia los mineros en general, como si *Segwit2x* supusiese una «toma de control minera» de Bitcoin. El papel de los mineros ya no era proteger, asegurar y escalar la red, sino ejecutar discretamente el *software* que les proporcionaban los desarrolladores de Core.

La mafia gana

Una vez más, la presión empezó a funcionar. Las empresas se estaban viendo seriamente perjudicadas por las campañas organizadas contra ellas. Mientras se mantenía la censura a los *big-blockers* en los foros *online*, se promocionaban los posts que atacaban a las empresas que apoyaban S2X, sin importar lo capitales que hubieran sido para la economía Bitcoin. Brian Hoffman de OB1 fue uno de los primeros en retractarse públicamente de su apoyo a S2X, no porque apoyara S1X, sino porque estaba agotado por los ataques contra su empresa. En un artículo titulado *SegWit2X: You're f***ed if you do, you're f***ed if you don't*, escribió:

«Otra razón por la que apoyé *SegWit2x* es porque esperaba que, haciendo realidad *SegWit*, podríamos de alguna manera unir más a una comunidad Bitcoin fracturada, en el momento en que más lo necesitaba. Estaba

---

[25] Microbit, "Removal of BTC.com wallet? #1660", *GitHub*, 3 de julio 2017, https://github.com/bitcoin-dot-org/bitcoin.org/issues/1660#issuecomment-312738631

equivocado. Ya no siento que esto sea una realidad. A la comunidad Bitcoin no le importa la unidad más que para preservar la riqueza ya acumulada por tantos primeros poseedores e inversores ricos».

Luego escribió sobre el enorme cambio cultural que se había producido en Bitcoin. En lugar de celebrar la adopción y el uso masivos, la cultura se había vuelto hostil hacia la gente que gastaba sus Bitcoins:

«Me bombardean constantemente con mensajes de gente que me dice que estoy perjudicando a Bitcoin al animar a los usuarios a gastar sus Bitcoin en *OpenBazaar*. De hecho, alguien señaló nuestro *Crypto* como un esfuerzo *Currency Day*, tildándolo de artificio malicioso, porque no creían en el uso de Bitcoin como forma de pago. Resulta decepcionante que la gente sea tan mezquina, pero, una vez más, esto es lo que hay... Así que, para terminar, podéis ponerme oficialmente en la columna *#Whatever2X*. Estoy más interesado en crear situaciones positivas en el mundo, y no en luchar contra *trolls* y gilipollas en la comunidad».[26]

En medio de la controversia y la confusión, el *exchange* de criptomonedas *BitFinex* —una que, en concreto, no firmó la NYA— encontró una manera de aumentar los costes de seguir adelante con *Segwit2x*. A diferencia de la mayor parte del sector, decidió que el símbolo BTC no se asignaría en función del *hashrate*. En su lugar, se otorgaría a la «implementación titular». Su anuncio decía:

«Como parece probable que se active el protocolo de consenso propuesto por el proyecto *Segwit2x*, hemos optado por designar la bifurcación *Segwit2x* como B2X, por ahora. La implementación actual (basada en el protocolo de consenso Bitcoin existente) continuará operando como BTC incluso si la cadena B2X tiene más poder de *hashing*... Por el

---

[26] Kokou Adzo, "Best Programming Homework Help Websites for You to Choose", Startup.info, 8 de junio 2023, https://techburst.io/segwit2x-yourefucked-if-you-do-you-re-fucked-if-you-don-t-6655a853d8e7

momento, BTC continuará siendo etiquetado como *Bitcoin*, y B2X se etiquetará como B2X. Esto seguirá siendo así hasta que las fuerzas del mercado sugieran un sistema de etiquetado alternativo más apropiado para una o ambas cadenas».[27]

Otros exchanges más pequeños no tardarían en seguir la misma política. Eso significaba que los usuarios podrían encontrarse negociando BTC a un precio en *BitFinex*, a un precio muy diferente en *Coinbase*, y los procesadores de pagos como *BitPay* podrían incluso no reconocer sus monedas en absoluto, algo que era, esencialmente, un escenario de pesadilla para el usuario medio. Imagínate a un procesador de transacciones como *BitPay* intentando explicar esta situación a los comerciantes o a los clientes que preguntan por qué sus pagos en BTC no se han realizado. El dolor de cabeza sería enorme, por lo que el 8 de noviembre de 2017, aproximadamente una semana antes de la bifurcación prevista, *BitPay* escribió una carta pidiendo la cancelación de *Segwit2x*.[28] Poco después, algunos de sus principales partidarios, incluido el desarrollador principal Jeff Garzik, hicieron un anuncio conjunto:

«Nuestro objetivo siempre ha sido una actualización sin problemas para Bitcoin. Aunque creemos firmemente en la necesidad de un mayor tamaño de bloque, hay algo que consideramos aún más importante: mantener unida a la comunidad. Desafortunadamente, está claro que no hemos construido el consenso suficiente como para lograr una actualización limpia del tamaño de bloque, en este momento. Continuar por el camino actual podría dividir a la comunidad y suponer un revés para el crecimiento de Bitcoin. Este nunca fue el objetivo de *Segwit2x*. A medida que aumenten las comisiones en la *blockchain*, creemos que acabará siendo obvio que es necesario aumentar la capacidad de la cadena.

---

[27] "Statement Regarding Upcoming Segwit2x Hard Fork", *Bitfinex*, 6 de octubre de 2017, https://www.bitfinex.com/posts/223

[28] Stephen Pair, "Segwit2x Should Be Canceled", *Medium*, 8 de noviembre de 2017, https://medium.com/@spair/segwit2x-should-be-canceledb7399c767d34

Cuando eso ocurra, esperamos que la comunidad se una y encuentre una solución, posiblemente con un aumento del tamaño del bloque. Hasta entonces, suspendemos nuestros planes para la próxima ampliación a 2MB».[29]

Y con eso, el Acuerdo de Nueva York fracasó, al igual que lo hizo antes el Acuerdo de Hong Kong, y como lo hicieron antes de ellos *Bitcoin Unlimited*, *Classic* y *XT*. La amenaza de interrupción era un riesgo demasiado grande, especialmente para un límite de solo 2MB que solo proporcionaría una fracción de la capacidad de rendimiento necesaria para la adopción masiva. El fracaso de S2X demostraría, de una vez por todas, que *Bitcoin Core* se había apropiado por completo de BTC y sería quien supervisase siempre su diseño. Cualquiera que se adhiriera a la visión original de Bitcoin como dinero digital se vería obligado a cambiar de proyecto. Por suerte, *Bitcoin Cash* proporcionó inmediatamente esa salida como Bitcoin de bloque grande, sin sufrir las cargas de *Blockstream* y los desarrolladores del Core. Tres días después de la cancelación de *Segwit2x*, Gavin Andresen identificó BCH como la continuación del proyecto Bitcoin original:

> «*Bitcoin Cash* es aquello en lo que empecé a trabajar en 2010: un depósito de valor Y TAMBIÉN un medio de intercambio». [30]

La época más oscura de Bitcoin fue durante su Guerra Civil, y se saldó con un exitoso secuestro del proyecto original. Pero, afortunadamente, su historia no termina ahí. Los maximalistas insistirán en que la batalla por Bitcoin ha terminado, que los desarrolladores del Core son ahora la autoridad final y que la revalorización del precio de BTC ha reivindicado la filosofía de los *small-blockers*. Nada de esto es cierto. La tecnología

---

[29] Mike Belshe, "Final Steps", Bitcoin-segwit2x mailing list, 8 de noviembre de 2017, https://lists.linuxfoundation.org/pipermail/bitcoin-segwit2x/2017November/000685.html

[30] Gavin Andresen (@gavinandresen), *Twitter*, 11 de noviembre de 2017, https://twitter.com/gavinandresen/status/929377620000681984

Bitcoin es todavía nueva, y contando con bloques grandes, puede competir contra cualquier sistema de dinero en efectivo del mundo. Puede que los desarrolladores del Core controlen BTC, pero no tienen ningún control sobre BCH. El precio de cada moneda depende de la calidad de la información dentro de la economía. Si la desinformación está actualmente muy extendida, los precios están destinados a ajustarse a medida que se conozca mejor información. El ambicioso objetivo original de Bitcoin era llegar a ser un sistema de pago rápido, barato y fiable para Internet sin necesidad de confiar en una autoridad centralizada. Ese proyecto sigue vivo. Solo se ha retrasado unos años.

Parte III
Recuperando el Bitcoin

20.
Aspirante al título

Ningún proyecto de criptomoneda está exento de corrupción, por muy prometedora que resulte la tecnología, porque todas las criptomonedas dependen del *software* —y, por tanto, de los seres humanos— para su existencia. Los individuos siempre pueden verse comprometidos, y el *software* siempre puede reescribirse. La apropiación exitosa de *Bitcoin Core* fue una clara demostración de esta desafortunada verdad. Aunque es probable que las criptomonedas sean el dinero del futuro, sigue siendo una incógnita si harán del mundo un lugar más libre. Si sigue su trayectoria actual, la tecnología podría acabar completamente corrompida. En lugar de utilizarse para capacitar a las personas y darles más libertad financiera, podría utilizarse para el propósito opuesto: capacitar a los gobiernos para rastrear, vigilar y controlar a las personas. Este resultado negativo es mucho más probable, si la gente no puede acceder a la *blockchain* y se ve obligada a confiar en segundas capas. El dinero *peer-to-peer* es una herramienta increíble para promover la libertad humana; una *blockchain* autorizada es una herramienta increíble para restringirla. Que Bitcoin acabe siendo un sistema de efectivo *peer-to-peer* o un sistema de control, dentro de una pesadilla distópica, depende de las decisiones que tomemos en el futuro.

El auténtico Bitcoin

A finales de 2017, Bitcoin comenzó su transición desde la era de la «Guerra Civil» a la actual era *Mainstream*. El fracaso de *Segwit2x* envió un mensaje claro de que el diseño de Satoshi nunca se implementaría en la red *Bitcoin Core*. Los bloques pequeños se habían convertido en una característica fundamental de BTC. Así pues, cualquiera que quisiera escalar Bitcoin mediante bloques grandes se veía obligado a cambiar de BTC a BCH. Debido a esto, de inmediato, dediqué todos mis esfuerzos a promover *Bitcoin Cash*, ya que era la continuación del proyecto en el que había estado trabajando durante los siete años anteriores. No pasó mucho tiempo antes de que las mayores empresas, tales como *BitPay* y *Coinbase*, integraran BCH en sus servicios para permitir a la gente comprar y pagar con BCH en lugar de BTC.

Inmediatamente comenzó una competición entre *Bitcoin Cash* y *Bitcoin Core*, y no solo competían por los usuarios. La mera existencia de *Bitcoin Cash* suponía un desafío fundamental para *Bitcoin Core*, porque mantenía una reclamación legítima al título de «el verdadero Bitcoin». Durante el primer año de existencia de *Bitcoin Cash*, BTC y BCH se disputaban el título de *Bitcoin*. Aunque, hoy en día, la norma de la industria es llamar a BTC *Bitcoin*, esa convención no se estableció durante algún tiempo, y cuando se conoce esta tecnología y su historia, queda claro por qué. La batalla por el nombre *Bitcoin* era, y sigue siendo, de vital importancia, y no se puede permitir que ningún grupo la monopolice. Vitalik Buterin se hizo eco de este sentimiento en 2017, a pesar de que pensaba que era prematuro llamar a BCH *Bitcoin*, escribiendo en *Twitter*:

«Considero que BCH es un competidor legítimo para el nombre bitcoin. Considero que el "fracaso" de bitcoin a la hora de aumentar el tamaño de los bloques para mantener unas tarifas razonables es un gran cambio (no consensuado) del "plan original", moralmente equivalente a un *hard fork*...

Dicho esto, *ahora mismo*, creo que intentar afirmar que "BCH = bitcoin" es una mala idea, ya que *es* una opinión minoritaria en la "gran comunidad bitcoin"».[1]

Tres cuestiones críticas

La bifurcación del BCH ha planteado tres preguntas críticas que todo Bitcoiner debe responder:

¿Es Bitcoin idéntico a lo que producen los desarrolladores de *Bitcoin Core*?

Incluso los partidarios más furibundos de *Bitcoin Core* tienen que admitir que Bitcoin no puede ser simplemente lo que los desarrolladores de Core produzcan. Hace falta tener poca imaginación para ver cómo un proyecto así podría corromperse. Por ejemplo, imagina que las principales cuentas de *GitHub*, asociadas con *Bitcoin Core*, están compinchadas y cambian el código para requerir que cada transacción pague una tasa a una dirección desconocida. Es manifiesto que algo así sugeriría que *Bitcoin Core* ha sido secuestrado, y el «verdadero Bitcoin» tendría que continuar con una implementación de *software* diferente. Dado que la amenaza de secuestro está siempre presente, eso significa que Bitcoin debe permanecer separado de la implementación de *Bitcoin Core* para proteger la integridad de la red. Pero esto nos lleva a la siguiente pregunta:

¿Cuándo se hace necesaria la bifurcación de *Bitcoin Core*?

El ecosistema Bitcoin debe estar siempre preparado para cambiar las implementaciones de *software* si es necesario; porque, de lo contrario, no se dispone de ninguna defensa contra la corrupción de los desarrolladores. Así que debe existir algún criterio para determinar cuándo es necesaria una bifurcación. Si, de repente, todas las transacciones tienen que pagar una cuota a una entidad misteriosa, eso es una señal evidente de que

---

[1] Vitalik.eth (@VitalikButerin), *Twitter*, 14 de noviembre de 2017, https:// mobile. twitter.com/vitalikbuterin/status/930276246671450112

ha llegado el momento de bifurcarse, pero no todas las situaciones son tan claras. Por ejemplo, si se cambia el diseño fundamental de Bitcoin para restringir el acceso de la gente a la *blockchain*, eso también podría ser una señal. O si los desarrolladores más poderosos crean una empresa que desvía el tráfico de Bitcoin hacia su propia cadena lateral, también podría ser una señal. La centralización del desarrollo es una preocupación permanente, e irónicamente, incluso el principal desarrollador, Van der Laan, admitió tal circunstancia en 2021. En una entrada de blog en la que anunciaba que ya no quería liderar el proyecto, escribió:

«Soy consciente de que yo mismo soy, en cierto modo, un cuello de botella centralizado. Y aunque Bitcoin me parece un proyecto sumamente interesante y creo que es una de las cosas más importantes que están sucediendo en este momento, también tengo muchos otros intereses. También es particularmente estresante y no quiero que ni él ni las extrañas disputas en los medios sociales que se producen acerca del mismo empiecen a definirme como persona».[2]

Cuando el desarrollador principal admite que se ha convertido en un cuello de botella centralizado, también puede ser una señal de que ha llegado el momento de bifurcarse. El hecho de que las bifurcaciones estén justificadas y sean necesarias en determinadas situaciones plantea la siguiente cuestión crítica:

¿Cuándo se gana una bifurcación el título de «el verdadero Bitcoin»?

Por sí misma, la capacidad de bifurcar el *software* no impide la apropiación del desarrollo. La bifurcación del *software* también debe ir acompañada de la amenaza de apropiación efectos de red preexistentes: cada parte de una bifurcación debe competir por el título de «el verdadero Bitcoin» y la etiqueta BTC. La integridad de todo el sistema depende de ello.

---

[2] Van der Laan, "The widening gyre", Laanwj's blog, 21 de enero de 2021, https://laanwj.github.io/2021/01/21/decentralize.html

La mayoría de la gente no se da cuenta de que las etiquetas (BTC, BCH, ETH, XMR, etc.) son independientes de la *blockchain* subyacente a la que están vinculados. De hecho, en los primeros días de existencia de *Bitcoin Cash*, cotizaba en algunos exchanges de criptomonedas como *BCC* antes de que se adoptara la convención BCH. Estos símbolos son una parte importante de los efectos de red de cualquier moneda. En la práctica, lo que se negocia en los exchanges bajo la etiqueta BTC es a lo que la gente se refiere como Bitcoin. Por lo tanto, es de vital importancia que las bifurcaciones también puedan competir por el símbolo dominante de etiqueta. Si *Bitcoin Core*, por sistema, hereda estos efectos de red, es una enorme ventaja y un paso sustancial hacia la apropiación total de Bitcoin, ya que cualquier nuevo competidor tendría que construir su propia red desde cero. Si la infraestructura existente adopta por defecto *Bitcoin Core* pase lo que pase, habrá desaparecido toda competencia seria y los desarrolladores de Core nunca podrán ser despedidos o sustituidos.

A pesar de su importancia, las tres preguntas anteriores rara vez se plantean. Hacerlas en público levanta la ira de los ingenieros de medios sociales, que quieren desesperadamente mantener el control de la narrativa de Bitcoin. Si el público en general reconoce alguna vez que la apropiación por parte de desarrolladores es una amenaza existencial para cualquier proyecto de criptomoneda, podrían darse cuenta de que *Bitcoin Core* ya se ha apropiado de Bitcoin y que *Bitcoin Cash* es el intento de recuperarlo.

Invertir la situación

Inmediatamente después del fracaso de *Segwit2x*, hubo una posibilidad real de que *Bitcoin Cash* simplemente reemplazara a BTC como el verdadero Bitcoin. No fui el único que lo pensó. En un mes, el precio de BCH pasó de alrededor de 650 dólares a un máximo interdiario de ¡más de 4.000 dólares! Durante un breve periodo, parecía que Bitcoin iba a liberarse de Core de una vez por todas. El impulso no continuó, sin embargo, y, ante el asfixiante control de la información, el precio del BCH ha disminuido constantemente en relación al BTC durante los últimos años. Los partidarios de *Bitcoin Core* están ansiosos por declarar una victoria, gracias a la gran diferencia de precio entre las dos monedas, pero esto es algo prematuro.

En mi opinión, el mayor precio de BTC se debe casi por completo a la herencia de los efectos de red, no a que la gente se entusiasmara con los bloques pequeños, ya que, años después, todavía casi nadie entiende la diferencia entre bloques grandes y pequeños. El usuario del foro *MortuusBestia*, ilustra este punto con un experimento mental imaginando que BTC fuera una bifurcación de BCH, y no al revés:

«Invertir la situación.

Imagina que el bitcoin dominante tuviera bloques de 32 MB con un plan de escalado detallado que incluyera pruebas exitosas de bloques de más de GB, así como el apoyo de todas las principales empresas, proyectos y servicios de criptomonedas, tarifas por debajo del céntimo garantizadas y una estrategia de crecimiento de "cuanto más, mejor" para una verdadera adopción global del mismo.

Ahora imaginemos que algunos desarrolladores advenedizos se bifurcan y reducen el tamaño de los bloques a 1MB, restringiendo fuertemente la capacidad transaccional, para crear un mercado de comisiones fluctuantes destinado a producir comisiones a largo plazo de más de 100 dólares, llevando a los usuarios a un sistema de segunda capa de intermediarios financieros regulados por el gobierno a los que llaman "hubs".

¿Tendría algún éxito esta nueva moneda de alta comisión?

Hay que entender que el precio actual de BTC es el resultado de la intromisión, no del mérito. Cualquier sugerencia de que el mercado nunca podría darse cuenta de que el rediseño *Blockstream*/Core de bitcoin fue un error es pura ideología de secta».[3]

---

[3]   MortuusBestia, "BTC--->BCH has been the most popular trade on ShapeShift. io for some time", *Reddit*, https://www.reddit.com/r/CryptoCurrency/comments/8e3eon/comment/dxs2puh/

Este es un punto clave. Es difícil tomarse en serio la idea de que las *blockchains* pequeñas y comisiones altas hubiera tenido un impulso real. Estaría bien como experimento o *sidechain*, porque es, en efecto, una idea nueva comparada con la visión de Satoshi. Apoyo plenamente tal experimentación, pero no debería haber heredado los efectos de red de BTC y toda la industria ha estado estancada durante años porque su experimento ha fracasado en gran medida desde una perspectiva tecnológica.

No lo llamaste Bcash

El arma más potente del arsenal de los maximalistas de BTC siempre ha sido el control de la narrativa. Así que inmediatamente se pusieron a trabajar utilizando sus viejas tácticas de desprestigiar a la gente y dirigir el flujo de información *online*. Mi apodo de *Bitcoin Jesús* fue invertido a *Bitcoin Judas*, como si yo fuera un gran traidor a Bitcoin, a pesar de que mis ideas se han mantenido constantes desde 2011. Se creó una campaña para referirse únicamente a *Bitcoin Cash* como *bcash* para desacreditar y distanciar a BCH de la marca Bitcoin. Nadie dentro de la comunidad BCH utilizaba *bcash* para referirse a *Bitcoin Cash*, pero eso no importaba. Incluso crearon una página *fake* de *Reddit* llamada *r/bcash* —controlada por *small blockers*— y dirigían a la gente a ella desde la popular página *r/Bitcoin* para confundirlos.[4] El debate honrado sobre *Bitcoin Cash* fue una vez más suprimido con mayor dureza y a menudo censurado directamente.

Habiendo visto estas tácticas antes, muchos *big-blockers* asumieron que la campaña de *bcash* estaba coordinada por los mismos actores malintencionados, y las conversaciones filtradas reforzaron esa sospecha. En una conversación de Slack entre Adam Back y *Cobra* —el pseudónimo copropietario del dominio *Bitcoin.org*— Back intenta convencer a *Cobra* de que ceda el dominio a otra persona, porque acusa a *Cobra* de

---

4 BitcoinIsTehFuture, "It's called "*Bitcoin Cash*". The term "Bcash" is a social attack run by r/bitcoin." *Reddit*, 2 de agosto de 2017, https://www.reddit. com/r/btc/comments/6r4no6/its_called_bitcoin_cash_the_term_bcash_ is_a/

simpatizar en secreto con la filosofía del bloque grande. Para defender su postura, Back señala que *Cobra* «solo dijo que *bcash* tiene ventajas y no lo llamó *bcash*», como si el mero hecho de no utilizar el término *bcash* fuera un comportamiento sospechoso.[5] A pesar de ser extremadamente mezquina, esta estrecha coordinación del lenguaje entre los maximalistas ha resultado eficaz para reforzar la idea de que *Bitcoin Cash* no es un proyecto que deba tomarse en serio.

Jonald Fyookball, desarrollador de BCH, escribió un artículo en el que resumía sus ideas sobre la motivación de la campaña *bcash*. Explicó que:

«Es muy sencillo: quieren disociar *Bitcoin Cash* de Bitcoin. No quieren permitir que *Bitcoin Cash* utilice la marca Bitcoin. Y eso es algo completamente hipócrita, dado el hecho de que el grupo Core ha usado todos los trucos sucios de manual (censura, corporativismo, mentiras y dilaciones) para usurpar el proyecto Bitcoin para sus propios fines...

Esperan que los nuevos usuarios no se den cuenta de que existe otra versión de Bitcoin. Esperan que esos usuarios no se den cuenta de que Bitcoin era originalmente dinero electrónico *peer-to-peer* (no esta capa de liquidación que Core está impulsando).

Y, en última instancia, esperan que la gente no vea que Bitcoin ha cambiado de rumbo y que hay una versión de Bitcoin que se ha quedado con la fórmula original.[6]

Los pensamientos de Jonald coinciden con los míos, y conozco a muchos que están de acuerdo en privado.

---

[5] "Bashco at least we got a warning right? Cobra I got a concrete head ups, I warned users to check signatures, it's that simple", https://imgur.com/a/wwVSXZW

[6] Jonald Fyookball, "Why Some People Call *Bitcoin Cash* 'bcash'. This Will Be Shocking to New Readers.", *Medium*, 18 de septiembre de 2017, https://medium.com/@jonaldfyookball/why-some-people-call-bitcoincash-bcash-this-will-be-shocking-to-new-readers-956558da12fb

21.
Malas objeciones

El manual de jugadas de los maximalistas de Bitcoin debería resultar claro a estas alturas: impulsar implacablemente una narrativa y atacar a cualquiera que la cuestione. Censurar el debate y revisar la historia si es necesario. Utilizar las redes sociales para acosar, avergonzar e intimidar a la gente hasta reducirla a la sumisión. Supongo que estas tácticas continuarán en el futuro, ya que han sido efectivas hasta ahora, y también porque la narrativa de *Bitcoin Core* es bastante frágil. Cualquiera que esté dispuesto a escarbar bajo la superficie encontrará con rapidez huecos en su historia. Aunque existen infinitos ejemplos de comportamiento escandaloso y engañoso, no todas las críticas *Bitcoin Cash* provienen de actores malintencionados. La información ha estado estrechamente controlada en Internet durante varios años, por lo que la mayoría de la gente simplemente está confundida, porque solo ha oído una parte de la historia. Las críticas más comunes a BCH son fáciles de refutar, pero vale la pena que entremos en detalle en ellas.

«Graves problemas técnicos»

El Estándar Bitcoin es uno de los mayores contribuyentes a la confusión, porque contiene algunos errores básicos. Las afirmaciones de Ammous sobre el escalado ya se han tratado, pero también hace afirmaciones dudosas sobre el BCH. Después de señalar la gran diferencia de precio entre BTC y BCH, escribe:

«*Bitcoin Cash*] no solo es incapaz de adquirir valor económico, sino que además adolece de un grave problema técnico que lo hace prácticamente inutilizable».[1]

Esto parece ser una referencia exagerada al *Ajuste de Dificultad de Emergencia* (EDA) que *Bitcoin Cash* utilizó brevemente después de su creación. Antes de que se produjera la bifurcación de 2017, no estaba claro cuánto *hashrate* tendría la cadena BCH, por lo que se creó el EDA para garantizar que la *blockchain* siguiera funcionando incluso con un número reducido de mineros. El inconveniente era que el EDA podía causar oscilaciones de *hashrate*, alternando entre una producción de bloques excesivamente rápida y otra excesivamente lenta. Estas fluctuaciones no eran un «problema técnico grave». Se esperaban de antemano, aunque se subestimó su magnitud. Sin embargo, llegaron a ser perturbadoras y, al cabo de un par de meses, simplemente se retiró el EDA y se sustituyó por un algoritmo mejor, tal como estaba previsto.

«Es la moneda de Roger Ver»

He perdido la cuenta del número de veces que me han llamado el *creador* de *Bitcoin Cash* debido a mi promoción del mismo. Pero esta afirmación es, sencillamente, falsa. No tuve nada que ver con la creación de *Bitcoin Cash*. De hecho, apoyé *Segwit2x* porque no quería que la industria se partiera en dos. Mi primera opción era la de mantener BTC unido, y fue solo después de que S2X fracasara cuando decidí dar todo mi apoyo a *Bitcoin Cash*.

Y, lo que es más importante, me niego a jurar lealtad a ninguna moneda en particular. Siempre he estado a favor de un futuro multi-

---

[1] 1 Ammous, *The Bitcoin Standard*, pág. 229.

moneda, en el que los usuarios puedan elegir entre muchas opciones. La competencia es sana, y si BCH pierde la competencia ante otra moneda —y ese proyecto aumenta la cantidad total de libertad económica en el mundo— lo apoyo plenamente. *Bitcoin Cash* parece prometedor debido a su capacidad técnica subyacente; pero, si otra moneda tiene mejores fundamentos, entonces, también apoyo su uso y adopción.

Además, desde que presencié personalmente la apropiación y corrupción de BTC, soy dolorosamente consciente de que puede ocurrirle a BCH o a cualquier otro proyecto. Ninguna tecnología o comunidad es perfecta, y el éxito nunca está garantizado. Por lo tanto, mi atención se centra en la utilidad general de la criptomoneda para mejorar el mundo y no en una moneda en particular por sí misma. No soy el creador de *Bitcoin Cash*, pero soy uno de sus mayores defensores.

«Solo un puñado de mineros»

Otra objeción popular consiste en decir que solo un puñado de mineros controla *Bitcoin Cash*. La preocupación por la centralización por parte de los mineros es válida en el caso de las cadenas de bloques de prueba de trabajo —siempre es posible que se produzcan ataques del 51%—, pero esta crítica no tiene recorrido porque no se aplica de forma coherente. Los grandes grupos de mineros controlan un porcentaje significativo del *hashrate*, debido al diseño de Satoshi, pero este hecho es cierto para BTC, BCH, BSV, y cualquier otra cadena de prueba de trabajo que utilice el algoritmo SHA-256. De hecho, exactamente los mismos mineros cambiarán entre las cadenas según fluctúe la rentabilidad de minarlas. El siguiente gráfico muestra la centralización de la minería en BTC, en marzo de 2023:[2]

---

[2] "Latest Bitcoin Blocks by Mining Pool (last 7 days) Summary", *Coin Dance*, 18 de agosto de 2023, https://coin.dance/blocks/thisweek

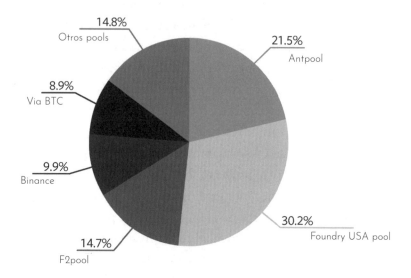

Figura 8 : Últimos bloques de BTC por pool minero (una semana)

Este diagrama muestra tres *pools* de minería con más del 65% del *hashrate* total. Si se incluyen los dos *pools* siguientes, el total supera el 85%. Es obvio que la minería de Bitcoin no está tan descentralizada. Aunque se trata de una preocupación válida, no hay que exagerar los riesgos reales. Los *pools* de minería no controlan directamente a los mineros conectados con ellos. Por la razón que sea, los mineros individuales —y las máquinas que estos operan— pueden cambiar de *pool*. Así que, incluso si un operador de *pool* quisiera coordinar un ataque del 51%, no tiene ningún mecanismo para obligar a los mineros individuales a secundarlo. Cualquier crítica a *Bitcoin Cash* por su centralización del minado debe aplicarse de forma consistente a todas las cadenas SHA-256.

Además, vale la pena recordar uno de los mensajes de Satoshi a Mike Hearn en 2011, cuando escribió:

«A medida que las cosas han ido evolucionando, el número de personas que necesitan gestionar nodos completos es menor de lo que imaginé en un principio. La red funcionaría bien con un número reducido de nodos, si la carga de procesamiento se vuelve pesada».[3]

Satoshi comprendió que cierto grado de centralización es inevitable, y ese patrón se repite en diferentes industrias. El problema no es la centralización en sí misma, sino los riesgos de ataques del 51%. A medida que crece la industria minera, resulta menos realista imaginar que los mayores participantes coordinarían un ataque malicioso contra una red en la que han invertido cientos de millones de dólares.

«Los promotores tienen malas intenciones»

Los partidarios de *Bitcoin Core* son famosos por afirmar que tienen los mejores desarrolladores de cualquier proyecto de criptomoneda, y que, además, son sumamente mejores que los desarrolladores de *Bitcoin Cash*. Durante el primer año, después de la bifurcación de *Bitcoin Cash*, esta fue una de las difamaciones más populares contra BCH, pero se ha vuelto notablemente menos común desde un suceso que tuvo lugar a finales de 2018, cuando un desarrollador de BCH llamado Awemany descubrió un error catastrófico en el *software Bitcoin Core*. En su artículo de *Medium* explicando lo sucedido, Awemany escribió:

«Seiscientos microsegundos. Ese es más o menos el tiempo que Matt Corallo quería recortar de la validación de bloques con su *pull request* en 2016 a *Bitcoin Core*... Esta optimización de 600 microsegundos ahora se implementado en CVE-2018-17144. Sin duda, es el fallo más catastrófico de los últimos años, y es sin duda uno de los fallos más catastróficos de Bitcoin.
Inicialmente, se sospechó que este *bug* podía causar inflación, se informó acerca del mismo, porque provocaba fallos fiables, y se confirmó mediante un análisis más detallado... ¡que lo que hacía era permitir la inflación!».

---

[3] Mike Hearn, "Re: More BitCoin questions", *Bitcoin.com*, 10 de enero de 2011, https://www.bitcoin.com/satoshi-archive/emails/mike-hearn/12/

De todos los fallos posibles en Bitcoin, el de la inflación es uno de los peores: si se le saca partido, podría haber permitido a alguien crear en secreto nuevas monedas de la nada. Awemany estaba tan sorprendido por la gravedad del fallo y por el hecho de que hubiera sido revisado por personas como Van der Laan y Greg Maxwell, que se preguntó si había sido intencionado:

«También tengo que ser honesto: este cambio crea en mí un elemento inevitable de sospecha... Me [gustaría] matizar que esto no es lo que afirmo ni creo que esté sucediendo, pero definitivamente se me pasa por la cabeza como una posibilidad...

Siempre temí que alguien de los círculos de banqueros, alguien infiltrado en los círculos de desarrollo de Bitcoin con el único objetivo de causar estragos insalvables, hiciera exactamente lo que ocurrió. Provocar un error de inflación silencioso. Porque eso es lo que destruiría una de las principales ventajas que Bitcoin tiene sobre el *status quo* actual...

Ahora, de nuevo, no estoy afirmando con certeza que este sea el caso del PR 9049. De hecho, creo que la explicación más probable puede ser un joven y engreído desarrollador de Core, un nuevo "master del universo" que causa estragos por pura arrogancia y arrogancia».[4]

Awemany descubrió este fallo en septiembre de 2018. A pesar de sufrir la hostilidad de los desarrolladores de Core durante años, decidió revelarles el fallo en privado y no sacarle rédito para obtener beneficios económicos. Podría haber dañado seriamente la reputación de *Bitcoin Core* —y la credibilidad de BTC—, pero decidió no hacerlo. Su buena voluntad no obtuvo correspondencia, y en lugar de gratitud, su revelación fue recibida con más críticas, y las personas implicadas se negaron a asumir la responsabilidad del catastrófico fallo. Escribió:

---

[4]   Awemany, "600 Microseconds: A perspective from the *Bitcoin Cash* and Bitcoin Unlimited developer who discovered CVE-2018-17144", *Bitcoin Unlimited*, 22 de septiembre de 2018, https://medium.com/@ awemany/600-microseconds-b70f87b0b2a6

«Todavía no he visto nada que se parezca a una admisión de imperfección por parte del desarrollador en cuestión, ni de ningún otro desarrollador destacado de Core».

Tras este suceso, los maximalistas siguieron negándose a conceder a Awemany el respeto que merecía, pero sí silenció las afirmaciones de que *Bitcoin Core* tenía el monopolio de todos los desarrolladores competentes.

22.
Libres para innovar

El que se bifurcase *Bitcoin Core* permitió a los desarrolladores de *Bitcoin Cash* mejorar algo más que el límite de tamaño de bloque. Otras características que Satoshi incorporó en el diseño original se han reactivado, y diversas innovaciones han mejorado la capacidad de BCH para crear contratos inteligentes, emitir *tokens* sin problemas y maximizar la privacidad de las transacciones. Los emprendedores y desarrolladores tienen ahora más herramientas disponibles para construir directamente sobre Bitcoin sin tener que preocuparse de que su producto se quiebre, debido a las limitaciones extremas de los bloques pequeños.

Restauración y mejora

Los desarrolladores de *Bitcoin Cash* eliminaron con rapidez algunas de las restricciones innecesarias impuestas a Bitcoin. El *software* funciona usando códigos de operación (*opcodes*) para construir y procesar transacciones. Uno de estos *opcodes*, "OP_RETURN", se mencionó con anterioridad en el capítulo 14. OP_RETURN permite añadir datos a la *blockchain* de forma sencilla y escalable. El tamaño de OP_RETURN se triplicó en BCH, lo que permite utilizarlo con mucha mayor facilidad. Diferentes empresas ya han utilizado esta característica para construir servicios de Internet de nueva generación, tales como plataformas descentralizadas de medios sociales.

Al principio de la historia de Bitcoin, algunos de los *opcodes* originales de Satoshi se desactivaron por precaución, pero los desarrolladores del Core nunca se molestaron en reexaminarlos o reactivarlos. Los desarrolladores de *Bitcoin Cash* reactivaron con éxito varios de ellos en mayo de 2018, ampliando aún más la funcionalidad. También agregaron un *opcode* completamente nuevo, llamado OP_CHECKDATASIG, que permite que el *software* incorpore datos fuera de la *blockchain* para ser utilizados dentro de contratos inteligentes.[1] Desde entonces, se han agregado aún más *opcodes*, incluyendo una gran cantidad de nuevos «*opcodes* de Introspección Nativa», que se combinan entre ellos para aumentar en gran medida la sofisticación del sistema de contratos inteligentes de BCH y ayudar a que el código sea más simple, más pequeño, más eficiente y más potente.

Una vez libres de la hoja de ruta de *Bitcoin Core*, los desarrolladores de BCH pudieron finalmente volver al enfoque y propósito original de Bitcoin: como sistema de pago en efectivo digital. Se eliminó la polémica función *Replace-By-Fee* (RBF), que permitía anular fácilmente las transacciones sin confirmación, lo que hizo que las transacciones instantáneas fueran mucho más fiables para los comerciantes y los procesadores de pagos.

Bitcoin es complejo y, cuanto más complejo se vuelve, más difícil es construir monederos y otras herramientas. RBF añadió una complejidad innecesaria, pero que palidece en comparación con los cambios introducidos por *Segwit*. Entre otras complejidades, *Segwit* utilizaba un nuevo formato de dirección, lo que dificultaba las transacciones entre monederos que no soportaban *Segwit* y el nuevo formato. La mayoría de los *big-blockers* pensaban que *Segwit* era innecesariamente complejo y que no era una solución para escalar, así que, cuando se produjo la división de *Bitcoin Cash*, se bifurcaron intencionadamente antes de que se activara *Segwit*, asegurándose así de no tener que molestarse en eliminarlo del código base. Esta decisión resultó ser muy acertada. Los desarrolladores, comerciantes y usuarios de *Bitcoin Cash* no se han visto afectados por la complejidad introducida por *Segwit*.

---

[1] Mengerian, "The Story of OP_CHECKDATASIG", *Medium*, 15 de diciembre de 2018, https://mengerian.medium.com/the-story-of-opcheckdatasig-c2b1b38e801a

Seguridad y privacidad

La cantidad de potencia informática necesaria para minar Bitcoin es una parte esencial de la seguridad del sistema. Si la minería resulta demasiado fácil, los actores maliciosos podrán perturbar la red con mayor facilidad. Si la minería resulta demasiado difícil, se tardará demasiado en producir los bloques, ralentizando los tiempos de confirmación y la velocidad de procesamiento. Este nivel de dificultad se ajusta periódicamente para mantener la autorregulación del sistema, pero, a veces, ha resultado incoherente. Por ello, se añadió un «Algoritmo de Ajuste de la Dificultad» (DAA) para aumentar la estabilidad, que se actualizó en 2020. La red ha disfrutado de ajustes del nivel de dificultad aún más suaves desde que el nuevo algoritmo tomó el relevo.

La privacidad es siempre un reto para las *blockchains*, ya que todas las transacciones son públicas. Pero, de vez en cuando, surge una nueva innovación que ofrece a los usuarios un poco más de privacidad en sus transacciones. Las *firmas Schnorr* son una de esas innovaciones que mejoran la criptografía utilizada en Bitcoin. La tecnología ofrece varias ventajas sobre el antiguo método de firma, como por ejemplo resolver el antiguo problema de la maleabilidad de las transacciones. Lo más importante para la privacidad es que permite a varias partes crear una transacción conjunta utilizando una sola firma. Esto significa que un observador externo que revisase la *blockchain* vería una única transacción y no reconocería fácilmente que había varias partes implicadas, lo que proporciona a todos los participantes un mayor nivel de privacidad.

Esta actualización llevó a la creación de *CashFusion*, un protocolo de privacidad que hace exactamente lo descrito anteriormente, además de implementar otras técnicas para mejorar la privacidad. En 2020, *Kudelski Security* realizó una auditoría de seguridad independiente de *CashFusion* y concluyó:

«En general, creemos que *CashFusion* aborda un problema existente en la gestión de transacciones anónimas en *Bitcoin Cash*, adoptando un compromiso de seguridad razonable... [E]n general, creemos que *CashFusion* ofrece una forma práctica de recombinar transacciones anónimas fragmentadas de forma segura, sin que el servidor pueda robar los fondos o revelar la identidad de los usuarios».[2]

En el momento de escribir estas líneas, este protocolo se ha utilizado en más de 190.000 transacciones, por un total de más de 17 millones de BCH, en la red.[3]

Escalación masiva

Bitcoin Cash ya puede soportar muchas más transacciones que la estancada *blockchain Bitcoin Core*, pero el desarrollo continúa, para alcanzar la meta de un efectivo digital global. Contamos con varias propuestas que han recibido el apoyo de la comunidad, aunque no es seguro que lleguen al código. Algunas de ellas son cambios menores para aumentar la seguridad del sistema; pero una propuesta en concreto, *CashTokens*, continúa el impulso para hacer que BCH sea aún más útil para los contratos inteligentes. Si la tecnología funciona según lo prometido, *CashTokens* permitiría aplicaciones descentralizadas en BCH de una manera similar a la red *Ethereum*, con la escalabilidad añadida de Bitcoin de bloque grande.

Los investigadores llevan mucho tiempo interesados en ampliar los límites del escalado *onchain*. *Bitcoin Cash* ya tiene un límite de tamaño de bloque de 32MB, pero, obviamente, no es suficiente para que se produzca su adopción a nivel global. Ya en 2017, el Dr. Peter Rizun utilizó la *testnet* de BCH —una *sandbox* para realizar pruebas sin afectar a la cadena principal— y minó con éxito un bloque de 1GB.[4] Dado el

---

[2]   Kudelski Security, "CashFusion Security Audit", *CashFusion*, 29 de julio de 2020, https://electroncash.org/fusionaudit.pdf

[3]   "191457 Fusions since 28/11/2019", *Bitcoin Privacy Stats*, 18 de agosto de 2023, https://stats.sploit.cash/#/fusion

[4]   Jamie Redman, "Gigablock Testnet Researchers Mine the World's First 1GB Block", *Bitcoin.com*, 16 de octubre de 2017, https://news.bitcoin.com/ gigablock-testnet-researchers-mine-the-worlds-first-1gb-block/

ritmo de desarrollo de la tecnología informática, la afirmación de Satoshi de que «nunca llegaremos realmente a un techo de escalado» parece correcta. De hecho, un investigador quiso comprobar si el *Raspberry Pi 4*, un ordenador de placa única, extremadamente pequeño y barato, podía verificar un bloque de 256 MB en menos de diez minutos. Tardó menos de dos minutos en conseguirlo.[5]

Lejos de las afirmaciones de los partidarios de *Bitcoin Core*, el Bitcoin original tiene una capacidad de escalado extrema, y por fin se está haciendo realidad en la red *Bitcoin Cash*. Ahora mismo, los mineros pueden elegir aumentar ellos mismos el límite de tamaño de bloque. Si una mayoría de *hashrate* quiere triplicar el límite, pueden simplemente cambiar la configuración dentro del *software* BCH sin necesidad de permiso por parte de un grupo centralizado de desarrolladores. Actualmente, se está debatiendo si el límite de tamaño de bloque se puede por fin eliminar por completo, tal y como consideraron Mike Hearn y Gavin Andresen hace años. A pesar de que la tecnología se diseñó en 2009, Bitcoin sigue siendo una de las criptomonedas más escalables del mundo.

Cada criptomoneda tiene partidarios que proclaman a viva voz que su moneda es superior, por una razón u otra. En lugar de construir argumentos abstractos o un discurso de marketing, sugiero encarecidamente a los lectores que experimenten con *Bitcoin Cash* por sí mismos. Las comisiones son extremadamente bajas, lo que significa que no perderá un montón de dinero en comisiones de transacción, por jugar. Hemos invertido una gran cantidad de trabajo en nuestro monedero *Bitcoin.com*, que puede descargarse en la *App Store*, y los usuarios pueden experimentar por sí mismos el Bitcoin que Satoshi imaginó, con comisiones por debajo del céntimo y transacciones instantáneas. La experiencia es tan buena en comparación con otros proyectos que habla por sí sola.

---

[5] "I have previously stated that the latest RPi4 can process Scalenet's 256MB blocks in just under ten minutes. I was wrong.", *Reddit*, 8 de julio de 2022, https://np.reddit.com/r/btc/comments/vuiqwm/im_terribly_sorry_ as_the_noob_that_i_am_i_have/

23.
Todavía en bifurcación

Bitcoin Cash no es la criptomoneda perfecta, y no tiene una comunidad perfecta a su alrededor. Todavía hay problemas reales que están presentes, algunos de los cuales solo pueden gestionarse, pero nunca resolverse. Aunque la tecnología es increíble, no ha resuelto los difíciles problemas sociales que surgen cuando un gran número de personas trabajan juntas en un proyecto, y las cuestiones sobre la gobernanza adecuada no han desaparecido. Los problemas de los que nos alejamos de *Bitcoin Core* han resurgido en menor medida en *Bitcoin Cash*. Como resultado, se han producido dos bifurcaciones más, desde la separación con BTC en 2017. Ninguna de las dos bifurcaciones estuvo motivada en esencia por disputas tecnológicas, sino más bien por las personalidades involucradas en el asunto. Desde mi punto de vista, la parte menos atractiva de *Bitcoin Cash* es el hecho de que se hayan producido estas bifurcaciones y hayan escindido aún más a la comunidad del bloque grande. A pesar de este grave problema, las bifurcaciones también demostraron que la comunidad de *Bitcoin Cash* no tolerará intentos de secuestrar el protocolo, a diferencia de lo que ocurrió con *Bitcoin Core*.

Las bifurcaciones no son intrínsecamente malas. En retrospectiva, probablemente hubiera sido mejor que Bitcoin se hubiera separado de Core varios años atrás. Cuando surgen diferencias irreconciliables dentro de una comunidad, la bifurcación es una forma de que cada parte desarrolle su propio proyecto de forma independiente. Es como un proceso evolutivo, en el que diferentes grupos se separan para encontrar su propia forma. Si hacen cambios positivos, sus proyectos tendrán más posibilidades de éxito; si hacen cambios negativos, sus proyectos morirán de forma natural. Sin embargo, estas bifurcaciones tienen un coste, porque, por fuerza, fragmentan los efectos de red en partes más pequeñas, y los efectos de red son una parte enorme del éxito de cualquier criptomoneda. Las bifurcaciones también reducen la reserva de talento y energía dentro de un proyecto, y parecen causar inevitablemente amargura y rivalidad entre los bandos: otra pérdida de energía y de concentración en objetivos productivos. Los comerciantes también pueden verse perjudicados por las bifurcaciones, ya que a menudo se producen situaciones dramáticas y tienen que decidir si toman partido o se mantienen neutrales.

Las bifurcaciones pueden ser extremadamente valiosas si son necesarias, pero pueden ser extremadamente perjudiciales si no lo son. Así que, teniendo en cuenta lo que está en juego, ¿qué era tan grave como para haber provocado dos nuevas bifurcaciones dentro de la comunidad de los bloques grandes? La historia es similar a lo ocurrido en BTC: unos cuantos autoproclamados líderes intentaron hacerse con el control total del desarrollo del *software*, pero esta vez ambos intentos fracasaron, aunque, por desgracia, no sin fracturar aún más la red.

«La visión de Satoshi»

Los *big-blockers* acabaron por unificarse en torno a *Bitcoin Cash* tras la escisión de BTC, en 2017. Todos reconocimos la genialidad del diseño original y quisimos liberarnos de *Bitcoin Core*, para escalar la tecnología inmediatamente. Sin embargo, las discusiones sobre el escalado no desaparecieron. «A qué velocidad» debería aumentarse el límite de tamaño de bloque y a qué niveles?

La primera división que se produjo fue entre diferentes implementaciones de *Bitcoin Cash*. La implementación más popular seguía siendo *Bitcoin ABC*, liderada por Amaury Sechet, el principal programador de los que estaban detrás de la bifurcación BCH de 2017. Pero algunas personas pensaron que la hoja de ruta de *Bitcoin ABC* era demasiado reservada y no escalaba con suficiente agresividad. Así que se formó un equipo de desarrollo independiente llamado *Bitcoin SV*. Lo de *SV* significa *Visión de Satoshi*, ya que afirmaban estar implementando la visión del creador de Bitcoin. Si bien este puede haber sido un objetivo loable, el esfuerzo se complicó por culpa del liderazgo de un hombre que afirmaba ser en realidad el propio Satoshi: Craig S. Wright (CSW).

CSW es un personaje único, y la mayoría de la gente se muestra muy escéptica ante su afirmación. Sin embargo, durante algún tiempo, yo mismo pensé que podría ser Satoshi. Siento un gran respeto por Gavin Andresen, y Gavin afirmó una vez que creía que Craig era Satoshi, aunque no podía estar seguro. Después de que cierto número de otras mentes respetadas dentro de Bitcoin dijeran lo mismo, confié en su juicio —además, a ello ayudó que Craig era abiertamente un *big-blocker* que sabía que Bitcoin tenía el potencial de escalar masivamente—. Sin embargo, desde entonces, ha surgido una enorme controversia en torno a su afirmación de ser Satoshi, y las pruebas que ha proporcionado públicamente son extremadamente sospechosas. Sean ciertas o no sus afirmaciones, fue capaz de reunir con éxito a una comunidad de personas en torno a su visión del futuro de Bitcoin. Un destacado partidario de *Bitcoin SV* fue Calvin Ayre, un exitoso hombre de negocios con experiencia en el juego *online*, que acabó proporcionando los recursos financieros para desarrollar el *software* de *Bitcoin SV*.

Por desgracia, algunos detalles técnicos de *Bitcoin SV* y *Bitcoin ABC* eran incompatibles, y no parecía que ninguna de las partes estuviera dispuesta a llegar a un acuerdo. Así que, en agosto de 2018, un grupo de mineros y empresarios se reunió en Tailandia para ver si se podía evitar otra división. En ese momento, pensé que la implementación de *Bitcoin ABC* era más prometedora, pero era optimista de que encontraríamos un terreno común. Asistí y mantuve una discusión razonable con Ayre durante la cena de la noche anterior a la conferencia. Pero me disgustó descubrir que, a la mañana siguiente, el medio de comunicación de Ayre publicó un artículo afirmando que todos los mineros presentes en la conferencia habían acordado seguir la implementación de SV, ¡aunque las discusiones ni siquiera habían comenzado! Mi desconfianza aumentó cuando CSW abandonó la conferencia unas horas más tarde, impidiendo cualquier debate o compromiso efectivo. Estas tácticas solapadas me dejaron un mal sabor de boca.

Durante los dos meses siguientes, creció la animadversión entre los bandos. Parecía probable que se produjera otra bifurcación, aunque esta vez no estaba claro cómo se resolvería. *Bitcoin SV* y *Bitcoin ABC* eran compatibles entre sí hasta que una de las partes hiciera cambios fundamentales en su *software* e, incluso entonces, dos implementaciones incompatibles no necesariamente darían lugar a dos *blockchain*s separadas. Otra posibilidad era que, con un *hashrate* suficiente, una de las partes pudiera derrotar completamente a la otra, destruyendo por completo la cadena minoritaria. Aunque parezca un resultado más perturbador, podría ser preferible, ya que, en un escenario en el que el ganador se lo lleva todo, el vencedor conserva todos los efectos de red existentes. Si surgen dos cadenas de bloques viables y separadas, los efectos de red existentes se dividen entre ellas y de la lucha surgirán dos monedas distintas. Este tipo de competencia se ha denominado como *guerra del hash*, ya que la batalla consiste en ver quién consigue el apoyo del mayor número de mineros.

Bitcoin ABC y *Bitcoin SV* parecían estar en rumbo de colisión para librar una *guerra el hash*. Como siempre me he centrado en el uso de Bitcoin para pagos, sabía que la credibilidad de *Bitcoin Cash* podría verse afectada si la red sufría una interrupción significativa. Así que me gasté más de un millón de dólares alquilando equipos de minería para asegurarme de que ABC se aseguraba más *hashrate* que SV. Como precaución adicional, Amaury Sechet añadió un código que impedía reorganizaciones de la cadena ABC de más de diez bloques. Sin embargo, este código nunca entró en vigor, ya que la cadena ABC acumuló más *hashrate* que la cadena SV, y ambas partes acabaron existiendo como redes separadas. *Bitcoin SV* acabó creando una nueva moneda que obtuvo la etiqueta *symbol BSV*. Aunque me alegré de que mi bando ganara la batalla —y conseguimos deshacernos del extremadamente divisor Craig Wright—, la victoria se produjo a costa de reducir aún más el tamaño de nuestra red. Tras la escisión de BSV, los Bitcoiners de bloque grande ya no estaban unidos en torno a un proyecto.

Desde esa división en noviembre de 2018, BSV ha caído aún más detrás de BCH en términos de precio y *hashrate*. Como resultado, su estrategia parece haber pivotado hacia el uso del *trolling* en cuestión patentes y en las demandas. He sufrido repetidas demandas por parte de Craig, al igual que una larga lista de personas en la industria *cryptocurrency*. Estas tácticas se han condenado de forma generaliza y el resultado es que BSV tiene una de las peores reputaciones de todas las criptodivisas. La mayoría de los *exchanges* han prohibido la moneda de BSV en sus plataformas, obstaculizando aún más su aceptación. Aunque apoyo y aliento completamente la competencia entre proyectos, me resulta imposible pasar por alto el hecho de que la dirección de BSV ha decidido utilizar el sistema legal como arma para acosar y perjudicar a la gente, yo incluido. En febrero de 2023, Gavin Andresen actualizó su blog personal con una nota a los lectores. En la parte superior de su famoso artículo de 2016 que explicaba por qué pensaba que Craig era Satoshi, añadió:

> «No creo en reescribir la historia, así que voy a dejar este post. Pero, en los siete años transcurridos desde que lo escribí, han pasado muchas cosas, y ahora sé que fue un error confiar tanto en Craig Wright como lo hice. Me arrepiento de haber caído en el juego de "quién es (o no es) Satoshi", y me niego a seguir jugando a ese juego».[1]

ABC, ¿otro *Bitcoin Core*?

La totalidad de los *big-blockers* constató que el modelo de financiación de los desarrolladores de *Bitcoin Core* estaba roto. *Blockstream* corrompió

---

[1] Gavin Andresen, "Satoshi", Gavin Andresen, 2 de mayo de 2016, http://gavinandresen.ninja/satoshi

a varios programadores clave que trabajaban con conflictos de intereses. Sin embargo, que podamos ver los problemas en *Bitcoin Core* no significa que hayamos encontrado una solución perfecta en *Bitcoin Cash*. Todavía quedan preguntas sin resolver sobre el mejor mecanismo para financiar el desarrollo. Estas cuestiones han aflorado ocasionalmente desde 2017, y acabaron provocando una nueva escisión en 2020.

Amaury Sechet fue el principal desarrollador de *Bitcoin ABC*, que fue la principal implementación de *software* de BCH hasta 2020. Sechet tenía fama de ser técnicamente competente, pero su capacidad de liderazgo se ha visto cuestionada durante años. La industria de las criptomonedas es una compleja mezcla de personas y ordenadores; los buenos líderes deben tener habilidades tanto blandas como duras. Por la razón que sea, el sector tiende a atraer a trabajadores que se sitúan en uno de los dos extremos: o muy hábiles con las personas o muy hábiles con los ordenadores, pero rara vez con ambos. Sechet se había forjado una reputación de persona con la que resultaba difícil trabajar y, a menudo, manifestaba su descontento con la financiación que recibía ABC.

En 2019, se planteó la cuestión de la financiación de los desarrolladores en BCH, y la comunidad respondió con una recaudación de fondos que donó más de 800 BCH a diferentes equipos. Yo, personalmente, he donado millones de dólares a diferentes equipos a lo largo de los años, incluyendo alrededor de 500.000 dólares a *Bitcoin ABC*. A principios de 2020, el tema resurgió de nuevo.

En respuesta a eso, un grupo de mineros que representa a la mayoría del *hashrate* propuso un «Plan de Financiación de Infraestructuras» (IFP), que desviaría el 12,5% de la recompensa por bloque, durante seis meses, a un fondo destinado al desarrollo. El fondo estaría controlado por una corporación independiente de Hong Kong e, inicialmente, estimaron que el IFP recaudaría unos 6 millones de dólares. Los mineros describieron su propuesta en un artículo:

a) No hay votación de *masternode* ni de ningún otro tipo. Se trata de una decisión de los mineros para financiar directamente el desarrollo.

b) La iniciativa tendrá una duración de 6 meses (15 de mayo de 2020 – 15 de noviembre de 2020).

c) La iniciativa está bajo la dirección y el control de los mineros, que pueden decidir en cualquier momento no continuar.

d) No se trata de un cambio de protocolo. Se trata más bien de una decisión de los mineros sobre cómo gastar sus recompensas de *coinbase* y sobre qué bloques deben construirse.[2]

A mí me pareció un buen plan, ya que eran los mineros quienes lo organizaban entre ellos y solo sería temporal. Pero la reacción de la comunidad *Bitcoin Cash*, en su conjunto, fue variada. Algunas personas pensaron que el 12,5% era demasiado alto, y otros señalaron —con razón— que los mineros mostraban vaguedad en los detalles sobre cómo se distribuirían los fondos.

Después de algunas deliberaciones, *Bitcoin ABC* añadió el código para el IFP en su *software* con un compromiso: la recompensa se reduciría al 5%, y un cierto umbral de mineros tendría que estar de acuerdo, antes de que se activara el cambio. Si los mineros no votaban, en tal caso, fracasaría.

La idea resultó impopular y provocó la creación de una implementación de *software* competidora llamada *Bitcoin Cash Node* (BCHN), que no apoyaba el IFP. El equipo de BCHN también proporcionó una alternativa al liderazgo de Amaury Sechet, que se había debilitado tras atacar y relegar a la gente de su entorno. Con el creciente apoyo de los mineros al BCHN y la disminución del apoyo al ABC y a Sechet, el FIP fracasó.

En respuesta, Sechet anunció en agosto de 2020 que *Bitcoin ABC* implementaría una nueva versión del IFP ese noviembre. Su nueva versión cambiaba algunas variables clave: el porcentaje de la recompensa de bloque destinado al desarrollo aumentaba del 5% al 8%, se hacía permanente, no requería un umbral de mineros para activarse y, quizás lo más escandaloso de todo, los fondos se enviarían a una única dirección, controlada por el

---

[2] Jiang Zhuoer, "Infrastructure Funding Plan for *Bitcoin Cash*", *Medium*, 22 de enero de 2020, https://medium.com/@jiangzhuoer/infrastructurefunding-plan-for-bitcoin-cash-131fdcd2412e

propio Sechet o alguien estrechamente afiliado a él. En otras palabras, Amaury Sechet decidió que su implementación de *Bitcoin ABC* debía financiarse directamente con la recompensa del bloque BCH, de forma indefinida. Ni siquiera *Bitcoin Core* hizo las cosas con tanto descaro.

En un artículo en el que anunciaba el nuevo plan, Sechet dejaba claro que no le importaba quién estuviera en desacuerdo. El plan seguiría adelante sin discusión:

«Aunque algunos preferirían que *Bitcoin ABC* no implementara esta mejora, este anuncio no es una invitación al debate. La decisión está tomada y se activará en la actualización de noviembre».[3]

Una gran parte de la comunidad *Bitcoin Cash* estaba indignada. *Bitcoin ABC* quería posicionarse como *Blockstream / Bitcoin Core* 2.0 y asegurarse la friolera del 8% de la recompensa del bloque para sí mismo, indefinidamente, en el futuro; lo que era una gran oportunidad financiera, si la red BCH lo permitía. El investigador Dr. Peter Rizun escribió rotundamente: «Amaury Sechet está modificando literalmente el protocolo BCH con el objetivo de emitir monedas para él y sus amigos».[4] La frustración aumentó en otros desarrolladores de BCH como Jonathan Toomim, que intervino en el debate:

«Durante 3 años, Amaury Sechet fue el desarrollador más productivo en el espacio de nodos completos de BCH. Esto era cierto porque, como mantenedor de *Bitcoin ABC*, era capaz de evitar que nadie más consiguiera hacer casi nada ».[5]

[3] Amaury Sechet, "Bitcoin ABC's plan for the November 2020 upgrade", *Medium*, 6 de agosto de 2020, https://amaurysechet.medium.com/bitcoin-abcsplan-for-the-november-2020-upgrade-65fb84c4348f

[4] Peter R. Rizun (@PeterRizun), *Twitter*, 15 de febrero de 2020, https:// twitter.com/ PeterRizun/status/1228787028734574592

[5] MemoryDealers, "Even if Amaury and ABC are the best developers in the world, that doesn't mean they deserve 8% of the block reward.", *Reddit*, 18 de octubre de 2020, https://www.reddit.com/r/btc/comments/jdft5s/ comment/g98y9l3/

A pesar de las críticas, Sechet no cedió y su nuevo código se incorporó a *Bitcoin ABC*, cuya puesta en marcha estaba prevista para noviembre de 2020. Así que, tres años después de la escisión de *Bitcoin Core* —en la que BCH se convirtió en la cadena minoritaria y tuvo que construir sus efectos de red desde cero—, se volvió a producir una situación similar. Si Sechet hubiera logrado secuestrar *Bitcoin Cash*, admito que me habría vuelto extremadamente pesimista sobre la viabilidad de Bitcoin, no por ninguna razón técnica, sino porque habría demostrado una debilidad sistémica a la captura de desarrolladores.

Sin embargo, para mi alegría, la comunidad de *Bitcoin Cash* no aceptó su absorción, ni tampoco los mineros. Más *hashrate* se trasladó a BCHN y, cuando llegó noviembre, *Bitcoin ABC* no pudo asegurar suficiente apoyo y se bifurcó de la red principal. Amaury Sechet fue despedido y su proyecto adoptó un nuevo nombre, *eCash*, que existe en una *blockchain* independiente.

Por una parte, estas bifurcaciones han sido perjudiciales para la continuidad y el crecimiento de *Bitcoin Cash*. Cada vez que se produce una escisión polémica, la red se reduce, crece el rencor, la experiencia del usuario empeora y personas con talento se marchan por culpa del conflicto. Sin embargo, por otro lado, *Bitcoin Cash* despidió con éxito a un equipo de desarrollo que intentó secuestrar el protocolo para su propio beneficio. Es una gran señal. *Bitcoin Cash* está ahora libre de *Blockstream*, de Craig Wright, y de un descontento Amaury Sechet. Desafío a cualquiera a encontrar una *blockchain* más resistente a la captura por parte de desarrolladores.

24.
Conclusión

Estamos en el comienzo de una revolución monetaria. Desde una perspectiva histórica, la *blockchain* sigue siendo un invento totalmente nuevo y, como cualquier tecnología nueva y poderosa, puede hacer del mundo un lugar considerablemente mejor o peor. Si no tenemos cuidado, podría cooptarse y utilizarse para rastrear y controlar a la gente a un nivel sin precedentes. Pero, si liberamos su potencial para bien, marcará el comienzo de una nueva era de dinero consistente, libertad personal y prosperidad. Los beneficios de un dinero digital consistente son enormes, tan enormes como los riesgos de un dinero digital poco consistente. Si algo he aprendido en la última década es que este poder no ha pasado desapercibido. La clase política y financiera ha tomado nota de la existencia de Bitcoin y otras criptomonedas, porque son una amenaza fehaciente para el *statu quo*.

Las transacciones que no son *peer-to-peer* requieren terceros que las faciliten, y el antiguo sistema financiero está compuesto en gran parte por terceros: bancos, procesadores de pagos, empresas de tarjetas de crédito, organismos reguladores y bancos centrales que manipulan la oferta monetaria. Los intermediarios están por todas partes y se benefician de alguna manera de cada transacción que realizan. La versión de Bitcoin de Satoshi —utilizada para el comercio diario, con bloques grandes y acceso universal a la cadena de bloques— soslaya a estos intermediarios. La versión *Bitcoin Core* no lo hace. De hecho, BTC depende ahora del antiguo sistema para funcionar, para el ciudadano de a pie. Incluso la *Lightning Network* depende de terceros de confianza, ya que casi todo el mundo debe utilizar monederos de custodia, que no son más que saldos de cuentas mantenidas a través una empresa. Esto no tiene nada de revolucionario. A finales de 2021, *Cointelegraph* publicó un artículo que demostraba bien este punto:

> «La *cripto exchange* surcoreana *Coinone* ha anunciado que planea dejar de permitir la retirada de *tokens* a monederos externos no verificados a partir de enero....
>
> *Coinone* informó de que los usuarios tendrían del 30 de diciembre al 23 de enero para registrar sus monederos externos en el *exchange*, tras lo cual restringiría las retiradas. El *exchange* especificó que los usuarios de criptomonedas solo podrían registrar sus propios monederos, y que el proceso de verificación "puede llevar algún tiempo" y podría cambiar en el futuro.
>
> Según informó *Coinone*, tenía previsto verificar los nombres de los usuarios y sus números de registro de residente —emitidos a todos los residentes en Corea del Sur— para garantizar que las criptotransacciones "no se utilizaban para actividades ilegales, tales como el blanqueo de dinero"».[1]

El mundo tiende a dirigirse en esta dirección, en la que las empresas se ven obligadas a cumplir normativas que despojan por completo de privacidad a sus clientes. Una forma de luchar contra esta tendencia es mantener las transacciones *peer-to-peer* y no utilizar carteras de custodia. Sin embargo, esto no es factible si la criptomoneda que se utiliza no se escala para permitir que todo el mundo acceda a la *blockchain*.

Puede que nunca sepamos la verdadera motivación detrás de la decisión de *Bitcoin Core* de revisar el diseño de Satoshi. Tal vez se produjo de

---

[1] Turner Wright, "Coinone will stop withdrawals to unverified external wallets", Cointelegraph, 29 de diciembre de 2021, https://cointelegraph.com/ news/coinone-will-stop-withdrawals-to-unverified-external-wallets

buena fe. Tal vez ocurrió porque Core estaba ya infiltrado. En cualquier caso, el resultado es el mismo: una versión de bloque pequeño de Bitcoin que es considerablemente menos disruptiva para el *status quo*. Si las partes interesadas no corrompieron directamente Bitcoin, desde luego que se benefician de su corrupción. Lo mismo puede decirse de la censura abierta *online*, el control generalizado de la información, y la ingeniería de los medios sociales que rodea este tema: incluso si la oposición no lo causó, no cabe duda de que se benefician de ella.

Buscando el equilibrio

Los Bitcoiners de primera generación, como yo, que queríamos ver Bitcoin ampliamente adoptado como un sistema de dinero electrónico *peer-to-peer*, hemos fracasado hasta ahora. Sin embargo, podemos aprender de nuestros errores. La visión de un efectivo digital rápido, barato, fiable y a prueba de inflación sigue viva, pero requiere una red de personas que la hagan realidad. Los programas informáticos, por sí solos, no pueden mejorar el mundo; ¡siguen siendo necesarios los seres humanos!

La próxima generación de entusiastas del efectivo digital tendrá que tener una filosofía más sofisticada que la que teníamos en los primeros tiempos. Para construir tal filosofía, deberíamos empezar por analizar las diferentes tensiones que existen dentro de los sistemas. Cada proyecto de criptomoneda se enfrenta a una lista interminable de problemas, y estos problemas nunca tienen soluciones perfectas. Por el contrario, existen compensaciones que deben equilibrarse entre sí. Analizar estas compensaciones es fundamental para mejorar nuestra comprensión general.

La primera disyuntiva está entre si centrar nuestros esfuerzos en un proyecto de criptomoneda o en varios. A grandes rasgos, la competencia entre varios proyectos es algo positivo. Nunca deberíamos jurar lealtad a ninguna moneda en particular. Sin embargo, nuestro tiempo, atención y recursos son escasos. Si cualquier criptodivisa va a competir contra los sistemas financieros existentes, necesitamos coordinarnos entre nosotros. Cuanta más coordinación exista en un mismo proyecto, más fuerte se hará con el tiempo. Si cada uno construye en una red separada, ninguna de esas redes tendrá éxito. Esta es la razón por la que me estoy centrando principalmente en *Bitcoin Cash* en este momento, porque sé que la tecnología subyacente puede escalar, y ya ha sido probada en el mundo real. Hasta que no haya pruebas claras de que existe una opción realmente superior, y no solo la posibilidad teórica de que exista, seguiré promocionando BCH como la criptomoneda más prometedora para convertirse en dinero digital.

Existe una tensión similar entre la necesidad de tener múltiples implementaciones de *software* y la necesidad de un liderazgo fuerte y competente. El secuestro de *Bitcoin Core* y el intento de secuestro de *Bitcoin Cash* demostraron que no se puede confiar en un único equipo de desarrollo a perpetuidad. Bitcoin debe permanecer separado de cualquier implementación particular. Sin embargo, esto no significa que cada desarrollador necesite crear su propia implementación separada. Los líderes competentes deben tener un equipo a su alrededor que respete la jerarquía profesional, tal como sugirió Mike Hearn. Tener una implementación líder está bien, siempre que el sistema siga siendo meritocrático. De lo contrario, se degradará hasta convertirse en otro caso de apropiación del desarrollo.

Lo mismo puede decirse de los *hard forks* contenciosos. Por un lado, la capacidad de bifurcar es una parte crítica de la gobernanza de Bitcoin. Por otro lado, las bifurcaciones son extremadamente perjudiciales y dañinas para los efectos de la red. Deben seguir siendo el último recurso o, de lo contrario, una comunidad se bifurcará a sí misma hasta llegar a la irrelevancia. Mike Hearn comentó algunas de estas ideas en un fantástico *Preguntas y Respuestas* en 2018. Cuando se le preguntó sobre la estructura de la comunidad y el desarrollo de *Bitcoin Cash*, respondió:

«Mi opinión es que *Bitcoin Cash* se parece mucho a la comunidad Bitcoin de 2014. Esto no es bueno. Ese experimento se intentó y no funcionó. Es tentador pensar que lo que ocurrió fue un hecho aislado, pero no lo creo. Creo que era inevitable dada la estructura y el perfil psicológico de la comunidad en ese momento.

Así que intentar "volver al buen camino", tal y como yo lo veo, no es ni mucho menos lo suficientemente radical. Si pudiera transmitiros un mensaje en esta sesión, sería el siguiente: sed valientes. Estad dispuestos a aceptar que lo que ocurrió no fue solo mala suerte».[2]

Una vez más, la historia ha dado la razón a Hearn y, desde que escribió estos comentarios, el BCH se ha dividido dos veces más. Una más podría resultar desastrosa. Esos problemas estructurales subyacentes deben solucionarse. Una forma de hacerlo es reducir el número de parámetros críticos que controlan los desarrolladores. Por ejemplo, todo el drama que rodea al límite del tamaño de los bloques puede evitarse simplemente eliminando el límite por completo y dejando que los mineros determinen el tamaño de los bloques a producir. Cuantas más decisiones podamos poner en manos de mineros y empresas, y no de desarrolladores de protocolos, mejor.

Básicamente, un proyecto de éxito tendrá que demostrar estabilidad a lo largo del tiempo. Añadir nuevas funciones puede ser atractivo, sobre todo para los programadores informáticos, pero será a costa de la estabilidad. Las empresas, simplemente, no pueden construir sobre plataformas inestables y, si la tecnología de pago que utilizan cambia cada pocos meses, eso se convierte, con rapidez, más en una molestia que en una ventaja. Un sistema global de efectivo digital debe ser sólido como una roca. Una vez establecidas las características básicas, no se deben modificar a menos que sea absolutamente necesario. Hay un montón de otras criptomonedas que están tratando de ser como *Ethereum* y proporcionar una plataforma universal para contratos inteligentes y otras funcionalidades complejas. Pero no todas las monedas tienen que ser como *Ethereum*; necesitamos que algunos proyectos se centren en transacciones en efectivo sencillas y sin esfuerzo, y que puedan alcanzar una escala global.

Merece la pena abordar otra característica exclusiva de Bitcoin. Tanto BTC como BCH tienen recompensas por bloque decrecientes con el

---

[2] Mike_Hearn, "AMA: Ask Mike Anything", *Reddit*, 5 de abril de 2018, https://www. reddit.com/r/btc/comments/89z483/ama_ask_mike_ anything/

tiempo, lo que significa que, en poco tiempo, los mineros recibirán la mayor parte de sus ingresos de las comisiones por transacción, no de las monedas recién acuñadas. Esto supone un serio desafío para BTC, debido a los bloques pequeños, en los que son necesarias altas comisiones para mantener la seguridad. Pero los mineros de BCH seguirán teniendo un mecanismo de beneficios sencillo, gracias al diseño original de Satoshi. Simplemente escalando la base de usuarios y procesando más transacciones, pueden obtener una buena remuneración. Por ejemplo, si quinientos millones de personas realizan transacciones con *Bitcoin Cash*, dos veces al día, eso supone mil millones de transacciones diarias. Con una comisión de 0,01 dólares por transacción, eso supone unos ingresos de unos 10 millones de dólares al día, o más de 3.500 millones de dólares al año repartidos entre los mineros. Esto supone un gran incentivo para seguir escalando la red indefinidamente.

La búsqueda de la libertad

El sector de las criptomonedas tiene fama de ser tóxico y divisivo, y los proyectos que compiten entre ellos se consideran enemigos mortales. Pero, en general, la mayoría de nosotros estamos en el mismo bando. Queremos más libertad humana y menos control centralizado sobre nuestras vidas. El mundo está preparado para el dinero electrónico *peer-to-peer*. La narrativa de *Bitcoin Core* —a pesar de sus muchos errores fácticos— ha inspirado a millones de personas deseosas de ver la separación del dinero y el Estado. El concepto de «oro digital» ha demostrado ser popular; esperad a que la gente se dé cuenta de que puede tener oro digital y dinero digital al mismo tiempo, en la misma red, con la misma moneda.

La mayoría de la gente, simplemente, no conoce la historia de *Bitcoin Core*. No saben que las *blockchains* se pueden escalar perfectamente y que la red Bitcoin se rediseñó intencionadamente para tener tarifas altas. No saben que *Blockstream* se beneficia desviando el tráfico a su propia cadena de bloques. No saben de los fallos de la *Lightning Network* y de la inevitable proliferación de monederos de custodia. No saben que la información que reciben *online* ha sido estrictamente controlada y censurada durante años para promover una narrativa única y dominante. Pero están totalmente de acuerdo con la idea de un dinero digital consistente que no esté controlado por una autoridad centralizada; una hermosa visión que simplemente no puede hacerse realidad en la red BTC. Así que, en cierto sentido, a pesar de la desinformación generalizada, la venta más difícil ya está hecha. Pasar de una *blockchain* a otra es fácil si se compara con la idea de las criptomonedas.

La última década ha sido un torbellino para mí, personalmente. He visto nacer una tecnología revolucionaria y su posterior corrupción. He ayudado a plantar las semillas de una industria emergente, las he visto crecer y he hecho amigos para toda la vida. Mi entusiasmo por promover Bitcoin me valió el apodo de *Bitcoin Jesús*, solo para ser demonizado unos años más tarde como *Bitcoin Judas* por predicar el mismo mensaje. He visto cómo el valor de mis activos subía y bajaba millones de puntos porcentuales.

Ha sido un viaje agitado. Espero que, dentro de treinta años, quede claro que las inversiones físicas, mentales, financieras y emocionales realizadas en esta industria han hecho del mundo un lugar mucho mejor. El éxito de Bitcoin y de las criptomonedas no debería medirse por lo caras que sean las monedas ni por lo ricos que se hayan hecho los primeros inversores, sino más bien por lo mucho más libre que se ha vuelto el mundo al utilizar esta nueva y maravillosa tecnología.

Tabla de contenido

Índice temático